Sorj Chalandon

Herz in der Faust

Sorj Chalandon

Herz in der Faust

Roman

Aus dem Französischen
von Brigitte Große

dtv

Die Übersetzerin dankt dem Deutschen Übersetzerfonds
für die Unterstützung ihrer Arbeit.

Die französische Originalausgabe erschien 2023
unter dem Titel ›L'Enragé‹ bei Grasset in Paris.

Tumblingerstraße 21, 80337 München
produktsicherheit@dtv.de
Gesetzt aus der Bulmer MT
Satz: Greiner & Reichel GmbH, Köln
Druck und Bindung: CPI books GmbH, Leck
Printed in Germany · ISBN 978-3-423-28489-9

Allen,
die in der Schule vor Langeweile umkamen
oder zu Haus weinten,
die in der Kindheit
von ihren Lehrern tyrannisiert oder
von ihren Eltern verprügelt wurden,
widme ich dieses Buch.

Jules Vallès, Das Kind

1.
DIE KRÖTE

11. Oktober 1932

Mit gesenktem Kopf, die Nase im Fressnapf, schlabbern, saugen, schaufeln alle wortlos das Futter in sich hinein. Beim Essen ist jedes Wort verboten. In der Kantine ist Ruhe Pflicht.

»Ruhe, kapiert?«, blafft Oberaufseher Ambroise Chautemps, um die Neuen zu beeindrucken.

Außer in der Pause setzt es für jeden Laut eine Strafe.

Sogar die Blicke werden kontrolliert.

»Ich kann eure Gedanken lesen, ihr Banditen!«

In seine blaue Uniform gezwängt, geht der Ex-Unteroffizier durch die Reihen.

»Eure Augen verraten mir, wenn ihr euch krumme Touren ausdenkt!«

Sein Käppi zwischen unseren rasierten Schädeln. Moysan, Trousselot, Carrier, Biene, Klein Malo, sogar der Kapo Soudars – alle haben den Kopf eingezogen. Unsere nichtsnutzige Truppe wirkt wie eine geschlagene Armee.

»Ihr seid doch alle abartig!«

Chautemps haut mit seiner betressten Schirmmütze auf einen Tisch. Und kommt auf mich zu.

»Augen runter, Kröte, zackzack!«

Ich halte seinem Blick stand.

Gleich schlägt er zu. Das weiß ich.

Er räuspert sich – Vorzeichen eines Wutausbruchs.

»Kröte!«

Niemand hat das Recht, mich so zu nennen. Nie. Das ist mein Kampfname, den ich mir dank einiger ausgeschlagener Zähne redlich erworben habe. Nur ich darf ihn benutzen. Er ist mein Stolz und der Schrecken der anderen. Keiner von den Jungs, kein Schließer, nicht einmal Colmont, der Direktor, darf ihn in den Mund nehmen. »Kröte« ist meine Kennnummer und meine Wut. Mein Ehrenmal.

Chautemps kommt näher. Ich sitze am Ende der Bank, als Fünfter in meiner Reihe. Vor mir lauter gekrümmte Rücken. Sogar im Knast sitzt man sich an den Tischen gegenüber und redet miteinander wie im Restaurant. Hier, in der Korrektionsanstalt Haute-Boulogne auf Belle-Île, sind wir hintereinander platziert und sehen vor uns nur Reihen von Nacken. Umdrehen ist verboten.

»Schau auf deinen Teller!«

Ein Blechnapf.

In der Mayenne fressen unsere Schweine aus so was. Ich bleibe trotzig. Grinse böse.

»Meinen Trog, willst du sagen.«

Ohne Vorwarnung greift er sich den verbeulten Napf und schmeißt ihn mir ins Gesicht. Blech trifft mein Jochbein. Ich bin total eingesaut. Und Chautemps steht blöd da, wie ein Riesenbaby, das nicht mehr weiterweiß.

Als er »Augen runter!« sagte, habe ich meine Gabel mit dem abgebrochenen und den drei angespitzten Zinken in die Hand genommen. Das ist ihm nicht entgangen.

»Schau auf deinen Teller!«

Ich gehe ihm an die Gurgel. Der Drecksack ist groß. So groß wie ich, so schwer wie ich, aber fünfzig, und ich bin achtzehn. Ein Tier, das seinen Herrn anspringt. Und umwirft. Er taumelt unter meinem Ansturm, fällt auf den Rücken, die Hände in der Luft, knallt mit dem Kopf auf den Boden. Schon sitze ich rittlings auf ihm, die Finger in seinen Uniformkragen gekrallt. Starre ihm in die Augen, schreiend. Drücke ihm mit dem Unterarm den Hals ab. Strecke die Zunge heraus und lasse sie in alle Richtungen kreisen. Sabbernd wie ein Hund.

»Abartig, ja?«

Stirn gegen Stirn, seine Angst, meine Lust.

»Los, Chef, antworte, ist das abartig?«

Er der Sklave, ich sein Herr und Meister.

Von hinten kommen jetzt die Schließer angelaufen. Das höre ich am Gebrüll und dem Klappern ihrer beschlagenen Schuhe auf dem Zement. Ich hebe Chautemps' Käppi auf und ziehe es mir tief in die Stirn, ohne meine Beute loszulassen.

»Kröte! Lass den Scheiß!«

Seine erstickte Stimme. Sein irrer Blick. Und sein Gesicht, das langsam blau wird.

Als sich drei Wärter auf mich stürzen, schnappe ich zu. Verbeiße mich in seine Kehle. Ein wölfisches Festmahl. Aber schlechte Zähne kommen gegen Knorpel nicht an. Der ist elastisch, zäh, nicht zu knacken. Ich schmecke kein Fleisch. Nur Blut. Unter den Hieben der Schließer löst sich mein Kiefer. Die Horde über mir reißt mich hoch und legt mir Handschellen an. Einer zieht mir seinen Ochsenziemer über den Nacken und spuckt mir ins Gesicht.

»Verdammter Bastard!«

Ich zittere. Alle zittern. Zwei Pfiffe aus der Trillerpfeife – die tobende Kantine wird zur Ordnung gerufen.

Es ist vorbei. Jetzt komme ich ins Loch, bei Wasser und Brot. Oder vor Gericht und dann ins Zuchthaus.

»Wenn du so weitermachst, kommst du nach Eysses!«

Das Zuchthaus von Eysses ist der Zwinger für die Wütenden. Die schlimmste Drohung.

Soudars war drei Jahre dort, bevor er hierherkam. Er redet nicht darüber, gibt aber gern damit an. Trägt es wie eine Tapferkeitsmedaille vor sich her. Aber eine aus Mäusespeck. Der arme Junge war nämlich zu zart für das gnadenlose Gefängnis in Villeneuve-sur-Lot. Und wurde von der Vollzugsverwaltung wegen guter Führung nach Haute-Boulogne versetzt.

Chautemps rappelt sich mühsam auf. Die Arme um die angezogenen Knie geschlungen, kommt er allmählich wieder zu sich. Er, der sich immer damit brüstet, der Cousin von Camille Chautemps, dem Ratspräsidenten, zu sein, sieht aus wie ein vom Fahrrad gefallener Junge: leerer Blick, blutiger Hals. Und ich habe immer noch sein Angeberkäppi auf.

Bis ein Wärter es mir vom Kopf reißt.

*

Chautemps stand mit verschränkten Armen vor mir, ein Riese, das Kinn gereckt, die Stirn gerunzelt. Räusperte sich. Forderte mich heraus.

»Schau auf deinen Teller!«

Er wusste von meinen Wutanfällen. Meinem Wahn, wie er es nannte. Ich hatte einmal dem Arzt davon erzählt. Und der hatte es ihm weitergesagt. Ich träumte vom Töten, um es nicht tun zu müssen. Ich dachte mir alles aus, die Schreie, die Blicke, die Angst, und stellte mir vor, wie es wäre. Mich zuschlagen zu hören. Ein Büschel Haare, ein abgerissenes Ohr in der geballten Faust. Der Blutgeschmack im Mund, metallisch, salzig, ekelhaft. Die Tränen der anderen auf meiner Zunge. Nach so einem Ausbruch begann ich immer zu frieren und zu zittern. Hatte Angst. Ohne mich von meiner Bank zu erheben, aufzustehen oder auch nur den Blick vom Blechnapf zu lösen, habe ich dann einen Zögling verwundet, einen Wärter getötet, die Kantine verwüstet und bin geflohen.

Diesmal habe ich den Oberaufseher zerfleischt.

Mein Atem ging schnell, meine bebende Faust lag auf dem Tisch. Mit der anderen Hand knetete ich das geflochtene Band meiner Mutter in der Tasche.

Ich brauchte ein paar Minuten, um mich wieder zu fangen. Zu verstehen, dass gar nichts passiert war. Mich zu beruhigen. Mir zu sagen, dass alles Einbildung gewesen war. Dass Ruhe herrschte die ganze Zeit. Chautemps hatte bemerkt, wie ich ihn ansah. Mit wildem Blick. Und offenem Mund. Da hatte ich gerade in seine Kehle gebissen, und er wusste es. Spürte, wie ich ihm die dreizinkige Gabel in den Nacken rammte, kaum dass er mir den Rücken kehrte. Wie ich ihn mit dem aus der Seilerei gemopsten Marlspieker durchbohrte. Seine Stirn lachend gegen eine Tischkante stieß. Er erriet meine Gedanken. An meinem Gesicht konnte er seinen Leidensweg ablesen.

Er beugte sich über mich.

»Augen runter, Bonneau!«

Ich senkte den Blick.

Trousselot, Carrier, Soudars, Biene und alle anderen auch.

»Ruhe, Malo!«

Ich saß am Ende der Bank, meinem üblichen Platz. Chautemps setzte seine Runde fort. Für ihn waren wir alle abartig. Gefährlich, wenn wir sauer waren. Aber noch viel gefährlicher mit einem Lächeln auf den Lippen. Er war überzeugt, dass wir ihn nur einlullen wollten, um irgendeine Sauerei auszuhecken. Und er hatte recht. Wir waren nie entspannt. Auch mit der Nase im Napf schmiedete ich Rachepläne. Trotzte ihm und vergoss sein Blut. Widersetzte mich den Schließern. Bestrafte die dummen Jungs, die sich an die Regeln hielten wie Schafe. Verprügelte Soudars und die anderen Kapos, Großmäuler und Schläger, jeden, der die Kleinen unter der Dusche anfasste, der mir dumm kam oder schlecht über mich redete.

Ich nahm den bekleckerten Löffel wieder auf und kratzte den Rest aus dem Napf. War nur noch Nacken und Rücken. Die Stirn fast am Schüsselrand. Ein besiegter Berserker. Lammfromm.

*

Sieben Anstaltsinsassen waren seit Tagen auf der Flucht. Und ich wollte auch mein bisschen Wut genießen. Geduckt am Tisch sitzend, geilte ich mich an der Vorstellung auf, andere zu misshandeln. Die Jungs hatten einen Ausgang genutzt, um abzuhauen. Bald waren ihnen Schließer, Bauern und Fischer auf den Fersen.

Ein Werkstattleiter hatte einem Lehrer davon erzählt. Und Trousselot, der Putzdienst hatte, trödelte in der Nähe herum, um sie zu belauschen.

Nachdem die Ausbrecher zwei Tage durch die Gegend geirrt waren, brachen sie in das Fort von Port-Fouquet ein, das der Anstalt einmal für Disziplinarstrafen gedient hatte. Ursprünglich war es als Sitz des Vicomte Nicolas Fouquet gedacht gewesen, der Belle-Île erworben hatte, wie man einen Laib Brot kauft.

Mittlerweile gehörte es einem Pariser Zahnarzt, der aber nicht darin wohnte. Unter der Führung von Délivas stürmten die Ausbrecher das leere Gebäude, klauten eine Pistole, ein paar Florette und einen Säbel, plünderten den Keller und tranken den guten Wein aus der Flasche. Die von den Nachbarn alarmierten Gendarmen versuchten, sie mit Schüssen in die Luft aus dem Fort zu vertreiben. Schließlich flohen sie mit Brot und einem Stück Butter als Proviant in den Wald. Sechs Tage später wurden sie in einer Grotte an der Küste aufgespürt. Sie kamen mit gezücktem Säbel heraus und sagten, sie wollten lieber sterben, als nach Haute-Boulogne zurückzukehren. Einem Befehl aus der Besserungsanstalt gehorchend, versprachen die Gendarmen, sie ins Zuchthaus von Lorient zu bringen. Daraufhin ergaben sich Délivas und die sechs anderen. Sie wurden von den Anwohnern bespuckt und mit Steinen und Erdklumpen beworfen.

»Die Rädelsführer kommen vor Gericht, ihre Komplizen nach Eysses«, schloss der Werkstattleiter.

Dann drehte er sich zu Trousselot um, der gedankenverloren die Fliesen betupfte.

»Was treibst du da?«, fuhr er ihn an. »Beweg dich, du Faulpelz!«

So erfuhren wir von dem Ausbruch.

*

Am Abend waren die Aufseher nervös. Wir mussten in einer Reihe vor den Baracken antreten. Es war kalt und regnerisch.

»Ihr geht gleich einer nach dem andern in eure Zellen!«, brüllte Chautemps.

Die Jüngsten stiegen zuerst die roh gezimmerte Außentreppe hinauf und klammerten sich dabei fest ans Geländer. Fünfzehn offene Stufen waren zu überwinden, und das Holz war glitschig vom Regen.

Der Oberaufseher wartete, bis einer angekommen war, und rief dann den nächsten.

»Los, weiter, ihm nach!«

Im Gleichschritt stapften die Kinder mit ihren schweren Holzschuhen die Treppe hinauf.

»Dauert das jetzt bis morgen mit dem Schwachsinn?«, grummelte es in der Schlange.

Chautemps rannte mit gezücktem Ochsenziemer auf uns zu.

»Wer war das?«

Ich hatte die tiefe Stimme von Marc Auzenet erkannt. Alle standen mit gesenktem Kopf da.

Der Oberaufseher spannte den Kiefer an.

»Soll ich mir irgendwen rausgreifen oder euch alle hier draußen stehen lassen?«

Schweigen.

»Warst du das, Loiseau?«

Der Junge riss seine riesigen Augen auf. Ein Gesicht wie aus Porzellan, sehr blaue Augen, er versank in seiner Uniform. Kapos wie Auzenet nannten ihn »Mademoiselle«. Er beklagte sich nie. Schlich mit hängendem Kopf die Wände entlang, nahm noch die mühsamste Arbeit auf sich und kannte nur ein Glück: auf seiner Klarinette die Fanfare zu blasen. Camille Loiseau war Waise. Sein Verbrechen? Mit zwölf Tagen hatten ihn seine Eltern nachts in Windeln vor dem Eingang der Kathedrale Saint-Corentin in Quimper ausgesetzt. Mit zwölf Jahren kam er in die Anstalt, aus der er erst als Volljähriger entlassen werden würde. Ein Leben mit gesenktem Blick.

Chautemps vergriff sich gern an den Schwächsten.

Mit seinem verdrillten Schlagstock hob er das Kinn des Kindes an.

»Na, Engelsfötzchen? Verstecken wir uns hinter den Großen, ja?«

Loiseau ließ den Kopf hängen.

»Ach so, du willst über Nacht draußen bleiben?«

Der Kleine schüttelte den Kopf. Der Regen trommelte auf seinen nackten Schädel.

Der Oberaufseher ließ seinen Blick über uns schweifen. Räusperte sich.

»Wollt ihr, dass das Mädchen da an eurer Stelle bestraft wird?«

Ich senkte den Kopf.

»Das würde dem Dreckskerl, der sich nicht stellt, so passen!«

Chautemps ging die Reihe ab. Das Wasser rann von seinem Mützenschirm. Ich wusste, dass er jeden von uns genau beobachtete. Mir war kalt.

»Nur dass das so nicht stattfinden wird.«

Ich schaute auf. Er hatte den Arm um Loiseaus zarte Schultern gelegt.

»Weil nämlich Loiseau uns netterweise den Namen desjenigen verraten wird, der sich hier für oberschlau hält, und dann können wir alle schlafen gehen.«

Er erwürgte, erstickte den Kleinen fast. Beugte sich über seinen gesenkten Kopf.

»Sagst du's mir, Loiseau?«

Schweigen.

»Ich höre nichts!«

Ein Seufzer.

»Loiiiiiiseau?«

Dann schlug er zu. Ohne Vorwarnung. Hinterrücks.

Der Kleine verbarg sein Gesicht in den Unterarmen. Wie er es immer machte.

Ein Quietschen wie von einer Maus.

»Auzenet, Chef.«

Chautemps ließ ihn los. Betrachtete seine Truppe. Hielt sich lächelnd eine Hand hinters Ohr.

»Ich habe dich nicht verstanden.«

»Auzenet, Chef«, wiederholte Loiseau mit bebender Stimme.

Auzenet fuhr herum, als hätte er einen Schuss gehört. Er wollte sich auf Loiseau stürzen, aber ich hielt ihn am Arm fest.

»Dreckiger Verräter!«, schrie er.

Dann verschränkte er die Hände im Nacken und ging in die Knie. Der Meuterer ergab sich.

Die Außentreppen waren leer, die Kleinen alle im Schlafsaal. Chautemps blies dreimal in die Trillerpfeife, um Verstärkung zu rufen. Zwei Schließer kamen aus dem zweiten Block angerannt. Ein paar Stiefellecker mit gutem Führungszeugnis nannten diese Typen »Erzieher«. So hießen sie seit der Reform offiziell. Aus Korrektionsanstalten waren Erziehungsheime geworden, aus Wärtern Erzieher. »Wärter« klang zu sehr nach Straflager, »Erzieher« eher nach Ferienkolonie. Sie hatten sogar ihre Polizeikäppis gegen normale Schirmmützen getauscht. Die beiden nahmen Habtachtstellung ein. Einer war betrunken. Er hatte glasige Augen und schwankte. Chautemps zeigte auf Auzenet.

»Der schläft heute draußen.«

Die Wächter packten ihn und hoben ihn auf. Er wehrte sich nicht.

Dann ließ Chautemps uns die Treppe hochsteigen, schweigend, einer nach dem anderen.

Die Jüngsten schliefen jeweils zu acht unterm Dach. In den Schlafsälen gab es Eisenbetten, Kommoden, Bettlaken und Decken, die morgens zusammengefaltet werden mussten. Die Älteren hatten das Recht auf eine vergitterte Zelle. Einen von außen verriegelten Kaninchenstall. Mir gefiel es allein in meinem Kobel.

Auzenet würde ein paar Stunden oder die ganze Nacht draußen bleiben, im Gewitter, mit Handschellen ans Geländer gefesselt. Er hatte gerade eine Woche Einzelhaft im Strafblock hinter sich. Jetzt gab es noch was obendrauf.

Kurz vor dem Lichtlöschen und dem Einschluss ging ich mit Moysan und Carrier zu den Schlafsälen. Chautemps war noch unten bei Auzenet. Gleich würde er heraufkommen. Notdürftig hinter einer Schranktür verborgen, zog Loiseau sich aus. Ich hatte meine Mütze tief in die Stirn gezogen und einen Schal über Mund und Nase. Die anderen drehten sich zur Wand, als sie uns kommen sahen.

»He, du Verräter!«, schrie ich.

Der kleine Klarinettist zuckte zusammen. Er hatte nur noch die Unterhose an. Ich sah seine hervorstehenden Knochen. Den zerkratzten Rücken und die blauen Flecken an den Beinen. Er wusste, was ihm bevorstand, und krümmte sich auf dem Lehmboden zusammen. Ich trat nur einmal zu. Nicht auf den Kopf und nicht in den Bauch. Jeden anderen hätte ich umgebracht. Einen Kameraden verraten und ihn eine Nacht im Regen stehen lassen, dafür muss man bezahlen. Aber als ich Loiseau da liegen sah, kam er mir wie ein aus dem Nest gefallenes Vögelchen vor. Durchscheinend, mit zarter, blau geädeter Haut und gerupftem Schädel. Ich sah seinen misshandelten, früh gealterten Körper voller Blutergüsse, kränklich und ausgemergelt. Ein kleiner Judas, der nicht mehr verdient hatte als einen Arschtritt.

»Der ist aber gut weggekommen«, knurrte Moysan, als wir wieder in unseren Zellen waren.

André Moysan war der Tambour der Blaskapelle. Wie wild drosch er auf seine Trommel ein und auf alle, die ihm im Weg waren.

»Das war's schon?«, fragte der große Carrier.

»Ja, das reicht«, antwortete ich.

Camille Loiseau war dreizehn Jahre alt.

Bis zwei Uhr morgens blieb Auzenet draußen im Regen. Nachdem er auf den Stufen zusammengebrochen war, wurde der Oberaufseher gerufen. Chautemps fürchtete Scherereien. Früher wurden die Anstaltsinsassen einfach verscharrt, neuerdings sollten die Zöglinge beschützt werden.

Als ich aus dem zweiten Block zurückkam und Auzenet mich fragte, ob ich den Verräter bestraft hätte, sagte ich Ja. Am nächsten Tag saß Loiseau wieder auf seinem Platz in der Schneiderei, wo die Anführer hinkamen, um sich eine »Braut« zu suchen. Er hatte nicht die Spur einer Verletzung im Gesicht, keinen Verband am Arm und humpelte nicht. Auzenet fragte nicht nach. Und Loiseau hielt dicht.

*

Eine Woche lang hofften wir darauf, die Ausbrecher wiederzusehen, aber nichts. Keiner redete mehr über sie. Einmal allerdings haben wir ihre Gespenster erblickt. Auf einem kurvenreichen Weg zur Zitadelle, der von Farn, Brombeeren und Felsen gesäumt war. Zusammen mit vier anderen hatte ich Mülldienst draußen vor dem großen Tor. Auzenet hatte sie entdeckt und mir einen Rippenstoß verpasst.

Ich sah eine weiße Prozession, einen Büßermarsch. Gebückt, einen schweren Sack mit Gurten auf den Rücken geschnallt, zogen sie im Gleichschritt dahin. Manche hatten eine Mütze auf, andere den spitzen Strohhut der Melanesier. Nur einer hatte keine Kopfbedeckung. Ihre Absätze schleiften über den Boden.

»Eins, zwei! Eins, zwei!«

Das Gebrüll der Aufseher hörten wir bis zu uns.

»Willst du mal meinen Knüppel spüren, Vigny?«

Auzenet warf mir einen Blick zu und zwinkerte diskret. Clément Vigny war einer der sieben Meuterer.

Das war ihre Fron, bevor sie ins Zuchthaus oder in eine noch schlimmere Anstalt gesteckt würden. Vom Morgengrauen bis zum Sonnenuntergang schleppten sie Sand aus einer zweihundert Meter unterhalb der Zitadelle gelegenen Bucht über steile Wege bis zur Mauer. Gratisarbeit für die Instandhaltung französischer Gleisbetten. Manche Säcke waren auch mit Steinen aus dem Meer gefüllt, die als Schotter im Straßenbau dienten.

»Da putze ich doch lieber die Klos für die Kumpel und verteile ihre Scheiße auf den Feldern«, sagte Auzenet und grinste.

Ein paar Tage nach seiner Ankunft auf Belle-Île war Auzenet selbst zur »Steinestrafe« verurteilt worden, wie das bei uns hieß. Eine Woche Sand oder Kies in Säcke schaufeln und irgendwohin tragen. Im Juli. Von der Last fast erdrückt, wurden manche vor Hunger und Erschöpfung ohnmächtig. Die eine Scheibe Graubrot war viel zu wenig. Und der Viertelliter Brunnenwasser hielt nicht bis zum Arbeitsende. Einige schluckten Salzwasser und wurden davon krank. Am dritten Tag versuchten es der Kapo und drei seiner Kumpel mit Urin. Sie hatten einander geschworen, das Geheimnis zu bewahren, bis einer von einem Wachposten dabei erwischt wurde, wie er in seinen Becher pisste.

»Was bist du für ein Dreckschwein!«, brüllte der Wärter mit erhobenem Schlagstock.

Am nächsten Morgen wurden die Becher eingezogen.

*

Ein einziges Mal wollte ich über die Mauer fliehen. Sechs Meter hoch umgab sie die Anstalt und verstellte die Sicht aufs Meer. Ich war dreizehn und gerade in Haute-Boulogne angekommen. Wir hatten die Idee, uns während der Arbeit in einer Lore unter Schutt und Holz zu verstecken. Meine beiden Kumpel machten es, ich zauderte. Angenommen, wir schafften es. Vielleicht kämen wir bis zum Strand von Port-Guen oder zu den Klippen, die Polizei immer hinter uns her. Und wie sollten wir die Insel verlassen? Ein Boot klauen? Und was dann? Von den Lichtern von Quiberon träumend untergehen? Aber nahmen wir mal an, wir legten uns auf unserem geklauten Boot ordentlich in die Riemen und landeten glücklich am Festland. Und wohin dann? Nach Auray? Nach Vannes? Mit dem kahl geschorenen Schädel und der weißen Arbeitskluft, in der wir wie Gipser aussahen? Klar, wir müssten ein paar Klamotten klauen, die zum Trocknen in einem Garten hingen, eine Mütze und ein Fahrrad auftreiben, um zum Bahnhof zu kommen. Und dann? Auf dem Trittbrett eines Zuges mitfahren, sich irgendwie nach Paris durchschlagen, in den Menschenmassen dort untertauchen und sich den Gaunern und Ganoven im Quartier des Batignolles anschließen. Leben lernen auf die harte Tour. Und dann? Würde ich Käse aus einer Auslage klauen, die Trillerpfeife hinter mir hören, weglaufen, auf dem nassen Pflaster ausrutschen und hinfallen, sodass mich die blaugraue Pelerine noch vor dem Schlagstock streifte. Wie alt bist du? Dreizehn? Dann kannst du dich auf die Korrektionsanstalt Haute-Boulogne freuen. Ach, du kommst gerade von der Insel? Und bildest dir auch noch was drauf ein? Dann ab mit dir in den Zwinger, ins Zuchthaus von Eysses. Nach diesen Überlegungen habe ich es gleich aufgegeben. Die beiden anderen wurden noch am selben Abend auf Belle-Île geschnappt.

Von einer Insel gibt es kein Entrinnen. Man geht an den endlosen Küsten entlang und verflucht das Meer. Da sind nur Riffe, Strudel, Stürme. Manche haben es trotzdem versucht.

Nach meinen ersten zwei Jahren gab es so einen Vorfall, an den ich mich erinnere. Drei von den Großen nutzten eine Kutterfahrt mit nur einem Aufseher an Bord für die Flucht. Sie haben ihn niedergeschlagen, im Laderaum festgebunden und versucht, mit dem Beiboot zum Festland zu gelangen. Und wurden bei der Landung festgenommen. Ein anderes Mal meuterten vier Jungs zwischen fünfzehn und achtzehn auf dem Schulschiff der Anstalt, der *Sarien*. Anführer war Goazempis, ein kleiner Dieb. Sie erschlugen den Aufseher Burlut mit ihren Rudern und hängten ihn mit dem Fockfall an den Mast. Die ganze Insel suchte nach ihnen. Sie wurden schnell gefasst und beinahe gelyncht. Ihr Traum endete im Zuchthaus von Lorient. Dabei hatten sie noch Glück. Der Kaplan hat uns einmal erzählt, die Bucht von Quiberon sei ein Friedhof für jene, die alle Krankheiten überlebt hätten.

Chautemps, Le Goff, Napoléon, Chameau, der Schinder, Toupet und Ratte: Schläger in Uniform, brüllende, nach Schnaps stinkende Schweine mit schmierigem Schnauzer. Sie wollen es uns zeigen. Uns bessern, sagen sie. Uns bilden und auf den Pfad der Tugend zurückführen. Uns Ehrgefühl einbläuen mit Knüppeln und Fußtritten mit verdreckten Sohlen. Sie beschimpfen uns, misshandeln uns, sperren uns zur Strafe in die Box, einen dunklen Raum mit schmalem Schrank, ein Grab. Sie drohen uns Tag und Nacht. Sie drehen uns durch den Wolf, brechen uns, walken uns durch wie Teig. Damit wir weich und glatt werden wie Weißbrot. Und die Schlechten kommen ins Kröpfchen! Halunken, Banditen, Verbrecher in den Arrest. Abartige, Verderbte, Unerziehbare zum Großen Ball. Schurken ins Loch. Die Träume der Kleinsten zertrampeln, die Wut der Großen ersticken. Aus Kriminellen sollen Soldaten werden, dann Männer, dann nichts mehr. Gespenster, die durchs Leben torkeln wie durch Gefängnisflure, unterwürfig und voller Scham. Die mit hängenden Schultern zur Arbeit schleichen wie zur Beichte. Ohne je zu revoltieren. Die sich beim samstäglichen Tanzvergnügen mit Wein und Weibern betäuben und dann eine heiraten müssen, die sie geschwängert haben. Ein lumpiges Leben ohne Licht und Gnade. Und eines öden Morgens sind sie tot, auf dem Gesicht die graue Maske eines Zöglings von Belle-Île.

Die Korrektionsanstalt Haute-Boulogne steht auf dem Glacis der von Vauban gebauten Zitadelle. Schwarze Mauern hoch über tiefen Schluchten mit dem einzigen Zweck, junges Gesindel zu vernichten. Den Körper hungern und den Geist darben zu lassen, bis wir zusammenbrechen. In den Werkstätten der Marinesektion wird statt Rudern, Segeln oder Tauen bloß Erschöpfung produziert. Aus der Agrarsektion sollen Bauern hervorgehen, aber die Feldarbeit ist eine Strafe, um uns fertigzumachen. Zu Schatten, die nachts todmüde auf einen Strohsack fallen. Aber wozu das alles, wenn wir doch auf der Insel gefangen sind? Die hohen Mauern, die fünf düsteren Baracken, die vergitterten Kaninchenställe, die Kantine mit dem Sprechverbot – nichts auf der Welt ist so grausam wie das Meer. Auch unsere Aufpasser mit ihren Bahnwärterkäppis, Hochwasserhosen, zerknautschten Uniformen, abgerissenen Knöpfen und von Fusel und Tabak rötlich leuchtenden Schnauzern sind nur Lakaien des Ozeans. Der ist unsere Kerkermauer. Unser wahres Gefängnis. Der brutalste Schließer. Der uns überwacht, verschont oder umbringt.

2.
DAS HÖLLENFEUER

11. Juni 1933

Dr. Verhaeghe beobachtete mich. In Unterhose saß ich auf der Liege, die nackten Füße auf dem Boden.

»Wie hast du das hingekriegt, Chef?«

Ich zuckte mit den Schultern.

»Bin kein Chef.«

Der Arzt winkte matt ab.

»Na gut, Kröte, wie hast du das angestellt?«

»Was?«

»Erbrechen, Fieber – wie hast du das gemacht?«

Ich gab keine Antwort. Sah ihn nur an.

In der Koje nebenan, hinter der Isolierstation, bandagierte eine Schwester gerade das Schienbein von Klein Malo. Die Bretter in der Tischlerei waren zu schwer für ihn gewesen. Die Schwester kam aus Sauzon. Mit ihrem langärmeligen weißen Kittel, der weißen Schürze und dem über der Stirn festgezurrten Schleier erinnerte sie an eine Nonne. Da wir ihren Namen nicht kannten, hieß sie wegen der braunen Pünktchen auf ihrer hellen Haut und den herausstehenden roten Strähnen unter uns die Rote. Zweimal die Woche arbeitete sie hier. Sie war die Einzige, die mit uns redete wie mit Kindern.

»Hast du mit giftigen Pflanzen gespielt?«, fragte sie mich

mit dem Rücken zu mir, während sie Klein Malos Verband erneuerte.

Schweigen.

»Hast du dir einen Tee aus schlechten Beeren gemacht?«, bohrte Verhaeghe nach.

Manche von uns vergifteten sich, um krank zu werden. Andere rieben sich Brennnesselsaft in die Augen. In der Küche hatte sich ein Junge einmal den Daumen abgeschnitten. Er bekam einen Verband und sechzig Tage Einzelhaft. Ich hatte heimlich drei alte rohe Kartoffeln mit fleckiger Haut gegessen und davon seit morgens Durchfall und Bauchweh.

»Und das genau an dem Tag, wo du zur Heuernte sollst.«

Der Arzt lächelte.

»Blöd, nicht wahr?«

Ich reagierte nicht.

»Du weißt, was vorsätzliche Selbstbeschädigung einbringt?«

Ja, das wusste ich: Verhör, Arrest, Einzelhaft.

»Ich hab nichts gemacht, Monsieur, das schwör ich!«

Er glaubte mir nicht. Vier andere, die wie ich in der Agrarsektion mithelfen sollten, hatten rebelliert, ihre Betten umgeworfen und sich geweigert, den Schlafsaal zu verlassen.

»Wir sind Seeleute, keine Bauerntrampel!«, schrie einer der Aufrührer.

Ich wollte ja auch kein Mayenner Bauer mehr sein, die Nase im Stroh oder im Arsch einer Kuh. Höchstens würde ich auf einem Heuschober schlafen.

Wir hatten unsere Seemannsehre, auch wenn wir noch

nicht mal Leichtmatrosen waren, nur Abziehbilder, lachhafte Fahrtenfinder, die auf dem Trockenen navigierten: einem gestrandeten Schiff von dreiundzwanzig Meter Länge, einem in Beton gegossenen Dreimaster im großen Innenhof, auf dem wir das Seemannshandwerk lernen sollten. Mit Schurigeleien und Kornelkirschholzknüppeln wollten sie uns zu Seeleuten abrichten? Besser, sie hätten uns in den dunkelsten Laderaum geworfen. Oder wie echte Meuterer an die Rahen gehängt. Stattdessen verpachteten sie uns an einen Gutsherrn! Einen Geldsack, der einen Vertrag mit der Anstalt hatte. Wir waren Anstaltsinsassen, aber keine Gratis-Handlanger! Keine Bauernjungs oder Saisonarbeiter! Mit sieben hatte ich Eier gesammelt und Schweine gefüttert. Aber nun war ich achtzehn. Meine Familie hatte mich im Stich gelassen. Und das Heim mich unter seine Fittiche genommen. Sagten sie. Die Zöglinge vor dem verderblichen Einfluss der Straße schützen und mittels Arbeit in die Gesellschaft eingliedern? Dass ich nicht lache! Ich will zur See fahren, verdammt! Ich komme vom Land und weiß nichts vom Meer. Das sollten sie mir beibringen. Die Dressur könnten sie ruhig den Wellen, dem Wind und den Strömungen überlassen!

Ein paar Kameraden waren wochenlang mit der Dundee *Araok* vor der spanischen Küste unterwegs, um Sardinen zu fangen. Ich war erst zweimal auf dem Wasser, mit der *Devoir*, einem kleinen Boot mit rotem Segel, um das Meer kennenzulernen. Aber ich war noch nie auf offener See, habe nie die Möwen an geschwellten Netzen picken gesehen, mich nie weit vom Ufer entfernt und vielleicht einmal die Fock im Wind klatschen gehört. In der Marinesektion machten sie uns zu

Spielzeugmatrosen. Aufstehen um fünf, um rechtzeitig auf den Posten im einbetonierten Schulschiff zu sein. Die Toppsgasten in den Masten, wurden Manöver wie Auslaufen, Ankern, Wenden, Kontrolle des stehenden Guts und der Segel, Wartung und Reparaturen simuliert. Gruppenweises Mittagessen, stumm, jeweils eine halbe Stunde. Danach Unterricht bei den Lehrern an Bord: Lichterführung, Anlegen, Seezeichen, Steuerung. Zurück an Deck für weitere Arbeiten: Netze flicken, die in der Vorwoche absichtlich zerrissen worden waren, die an den Davits hängenden Beiboote überprüfen, dann klarmachen zum Aussteigen und in Dreierreihen zum Abendessen marschieren.

Auf dem offenen Meer riskierst du dein Leben, da bist du ein echter Seemann. Du schwankst mit dem stampfenden Schiff, du schlingerst übers Deck, schürfst dir die Hände an durchnässten Trossen auf. Hier auf dem Geisterschiff im Anstaltshof droht mir schlimmstenfalls ein Sturz auf Beton, wenn ich rittlings auf einer Spiere hocke, oder ein aufgeschürftes Knie. Auf hoher See packt dich der Sturm und schüttelt dich durch. Doch du kehrst stolz und kühn zurück und taumelst nur noch an Land. Die Trikolore des Schulschoners hängt schlaff am Besanmast herunter und flattert nur, wenn der vom Meer kommende Wind über die Mauer nach ihr greift und uns verhöhnt. Auf See stehen nach dem Klarschiffmachen jedem die gleichen Rationen zu wie einem Rekruten: 150 Gramm Fleisch, 20 Zentiliter Kaffee, 25 Zentiliter Wein am Sonntag und 3 Zentiliter Rum. Wir haben nichts. Nur Brot, das wir in die Suppe tunken, Gemüse und Wasser. Aber ich gebe mir Mühe. Eines Tages, so hoffe ich, wird mich unser Mannschaftsleiter, ein ehemaliger Offizier der Handelsmarine, zu sich rufen und sagen: »Bonneau – reif für die See!«

Seit drei Jahren bin ich in der Seilerei beschäftigt. Dort arbeiten wir weniger für die Marinesektion als für die Gefängnisverwaltung. Mir ist das egal. Bis ich aufs Meer darf, besteht meine Arbeit darin, Reepe zu schlagen, nicht, die Mistgabel zu schwingen.

Nie wieder gehe ich zurück aufs Feld.

Die rothaarige Krankenschwester half Klein Malo beim Aufstehen von der Liege. Die Entzündung war zurückgegangen, er hinkte nur noch ein bisschen. Glücklicherweise hatte er keine Blutvergiftung.

Der Arzt war an seinen Schreibtisch zurückgekehrt und schrieb etwas auf ein Stück Papier.

»Was schreiben Sie da?«, fragte ich.

Ohne den Kopf zu heben, sagte er: »Lebensmittelvergiftung. Zwei Tage Krankenstation.«

Ich atmete auf. Er hatte mich nicht durchschaut.

»Du brauchst dich nicht zu bedanken.«

Ich machte ein erstauntes Gesicht.

»Wofür?«

Er ließ den Stift zwischen seinen Fingern wandern.

»Dass ich dich vor einer Disziplinarmaßnahme gerettet habe.«

Ich wollte protestieren, aber er legte den Finger auf seine Lippen.

»Ich möchte das nicht bereuen …«

Ich schaute auf meine Schuhe.

Die Rothaarige wischte sich die Hände mit einem Handtuch ab und kam auf mich zu.

»Warst du nicht gestern Abend zum Kartoffelschälen eingeteilt?«

Ich schwieg.

Doktor Verhaeghe sah zu ihr hin und nickte lächelnd.

»Genau, Lebensmittelvergiftung, hab ich's doch gesagt.«

*

Er hat mich nicht verraten. Ich bin aber auch nie auf ihn losgegangen. Nicht einmal im Traum. Hass und Groll reichten nicht aus, um diesem weißhaarigen Doktor etwas anzutun. Seine runde Brille zu zertreten, seinen Kittel zu zerfetzen, sein kaltes Stethoskop zu verbiegen. Dr. Verhaeghe hat mir nie etwas getan. Wenn er mich Kröte nannte, fühlte ich mich fast geschmeichelt. Obwohl er verpflichtet war, Selbstmordversuche anzuzeigen und Drückeberger zu verpfeifen, floss zwischen uns kein Blut.

Zwei Tage lang lag ich in einem richtigen Bett. Nicht in einem Kaninchenstall mit Holzgitter, sondern in einer sauberen Koje hinter einem Vorhang. Am ersten Abend schaute der Arzt nach mir, am nächsten Morgen die Schwester. Sie hinderte Chautemps auch daran, mich gleich wieder mitzunehmen. Ich sollte noch am selben Tag zurück auf den Hof, um bei der Heuernte zu helfen. Die Rote zeigte ihm die Verordnung des Doktors: Ruhe, Suppe, viel kaltes Wasser. Und zwei Nächte Krankenstation. Er überflog den Zettel wie eine schlechte Nachricht.

Ich hatte mir das Laken bis über die Nase gezogen und hielt es mit beiden Händen fest. Ein rauer Schutzschild, der nach Sauberkeit und Chlor roch. Chautemps hatte sein Käppi abgenommen. Das machte er immer in Gegenwart von Personen, die wichtiger waren als er: Direktor, Arzt, Kaplan, Bootsmann, Oberlehrer, Werkstattleiter – Titel und Kittel beeindruckten ihn, sogar an einer Krankenschwester. Für das Soldatenkind, das von der Grundschule direkt in die Schützengräben von Verdun gekommen war, bevor es zum Aufseher wurde, war der Kittel eine Uniform des Wissens. Die ihm Neid und Groll, aber auch Respekt einflößte.

Mit gerunzelter Stirn las er die Empfehlungen des Arztes zum zweiten Mal, als hätte er eine verschlüsselte Botschaft zu entziffern. Dann verzog er den Mund. Er war nicht überzeugt.

»Lebensmittelvergiftung? Woher denn?«

Er fragte nicht mich.

Die Schwester machte eine vage Handbewegung.

»Wer weiß? Vom Essen vielleicht?«

»Da war er aber der Einzige in der ganzen Kantine.«

Die Schwester legte die Hand auf meine Stirn.

»Vielleicht ist er ja empfindlicher als andere.«

Chautemps begann zu lachen.

»Empfindlich? Die Kröte?«

Ihre Hand lag noch immer auf meiner Stirn. Sie antwortete nicht.

»Das Fieber ist gefallen«, sagte sie leise zu mir.

Chautemps setzte sein Käppi wieder auf und ging zur Tür.

»Und ich sage, der Kerl hat sich vergiftet, um nicht nach Bruté zu müssen.«

Die Krankenschwester widersprach ihm mit einem Blick. Er lächelte.

»Wenn der kleine Teufel hier so könnte, wie er wollte, würde er Ihnen die Augen auskratzen, Madame.«

Dann wandte er ihr den Rücken zu und sagte, schon im Gehen: »Sie sind zu gut zu diesen Wilden.«

Dann verließ er die Krankenstation. Ich hörte seine eisenbeschlagenen Schuhe und sein Räuspern im Flur.

Ich schlug das Laken auf bis zur Brust. Die Rote sah mich merkwürdig an.

»Du würdest mir die Augen auskratzen, Bonneau?«

»Mit Vergnügen«, erwiderte ich.

Das war mir so herausgerutscht. Stinkefinger statt einer Antwort. Zu schnell gekontert. Dabei hatte ich Respekt vor dem Arzt, und die Schwester schätzte ich auch. Aber Bonneau darf nie zum Verräter an der Kröte werden. Gefühle sind nichts für mich. Das ist wie beim Ozean: Du ertrinkst darin. Um hier zu überleben, musst du Granit sein. Nicht klagen, nicht weinen, nicht schreien, nichts bereuen, niemals. Nicht bei Angst, nicht bei Hunger, nicht bei Kälte, auch nicht vor dem nächtlichen Einschluss, wenn die Dunkelheit in deine Zelle kriecht und eine Erinnerung an deine Mutter in eine Ecke malt. Immer aufrecht, hart und stur. Jederzeit zum Schlag bereit. Prügel, Strafen, Schmähungen? Scheiß drauf. Mit offenen Augen fliehen und siegreich durchs Blut der anderen waten – das ist mein roter Teppich. Lieber Wolf sein als Schaf.

Die Rote lächelte.

»Das glaub ich dir nicht, mein Junge.«

Sie füllte den Becher auf meinem Nachttisch mit Wasser.

»Aber wenn es dir Spaß macht.«

Dann verließ sie die Koje.

*

Um die Heuernte kam ich nicht herum, aber immerhin trat ich die Fron erst zwei Tage später an. Le Goff holte mich aus der Krankenstation und eskortierte mich durch den Garten zur Kapelle. Wie eine Kriegsbeute. Er hatte mir keine Handschellen angelegt, hielt aber meine Handgelenke mit seiner einen Hand in meinem Rücken fest. Die andere, seine rechte, war ihm im Oktober 1916 in der Schlacht um Fort Douaumont abhandengekommen. Ebenso ein Auge und ein Stück seiner Wange. Eine deutsche Kugel hatte einen Kameraden getroffen, der gerade eine Granate entsichert hatte. Le Goff stürzte hin, um das Geschoss aus dem Schützengraben zu schleudern. Zu spät. Nun, sechzehn Jahre später, schritt der Kriegsheld so gewichtig neben mir her wie ein Gefreiter, der eben Kaiser Wilhelm arretiert hat, um ihn Clemenceau zu übergeben.

Wie Sergeant Ambroise Chautemps trug Schütze Pierre Le Goff stets den Orden der Ehrenlegion über der Brusttasche seiner Jacke. Und das Kriegskreuz. Mit dem Rot und Grün ihrer Bänder belebten sie das Blaugrau der Uniform. Chautemps trug seine Ehrenzeichen – Wange, Auge, Arm, Orden, Verdun – stets am Mann. Immer wieder rief er uns »Jungspunden« ins Gedächtnis, dass er schon ganz anderes erlebt hatte, bevor er anfing, zwischen unseren Zellen zu patrouillieren. Er hatte den Deutschen bezwungen, wieso sollte er sich vor Heimkindern fürchten? Einmal habe ich aber gesehen, wie er sich hinter einem Schrank versteckt hat, als es zu einer Schlägerei um verdorbenes Fleisch kam. Chautemps prügelte mit einem Ochsenziemer auf uns ein. Chameau hatte mich zu Boden geworfen und sich auf mich draufgesetzt. Ratte rief Napoléon die Namen der Rädelsführer zu, damit er sie aufschrieb, und er, der Held von 1916, hatte sich verkrochen. Als mich die Wärter danach in den Zellenkorridor brachten, sah ich die Angst auf seinem Gesicht. Und die Scham.

Während Le Goff mich mit einem lächerlichen militärischen Salut dem Kaplan übergab, musste ich an den Schwerverletzten in seiner Todesangst damals denken. Halbtot hing er im Stacheldraht, wurde auf einer Trage durchgeschüttelt, der Arm mit einer Säge amputiert, dann ins Hinterland versetzt, mit anderen Verwundeten in ein Lazarett gestopft, schließlich ins zivile Leben entlassen und mit Orden behängt – und er fürchtete sich immer noch vorm Sterben? Und hier, in Haute-Boulogne, brach ihm der Angstschweiß aus wegen ein paar Jungs, die größer waren als er, Kapos mit einem Messer im Ärmel oder Rotzlöffeln mit dem Bösen im Blut.

Le Goff blieb an der Pforte der Kapelle stehen. Der Pfarrer ließ mich niederknien. Auf der Krankenstation hatte ich die Sonntagsmesse versäumt. Biene war auch hier, weil er Pfingsten geschwänzt hatte. Er war sehr dünn, hatte gelbliche Haut und große schwarze Ringe unter den Augen. Gelb und schwarz –

deswegen nannten wir ihn so. Wegen »Störung der Religionsausübung« war er zu zwei Jahren in der Anstalt verdonnert worden und wollte nur irgendwie durchkommen. Am 15. August hatte er in Vannes einen Liter Cidre in praller Sonne getrunken. Danach war er mit einer Zigarette im Mundwinkel, den Händen in den Taschen und einer Mütze auf dem Kopf in eine religiöse Prozession getorkelt und hatte dem Priester empfohlen, sich seine Engel sonst wohin zu stecken.

Der Kaplan sprach wie zu sich selbst und würdigte uns keines Blickes.

»Zu Pfingsten kommt der Heilige Geist, um euch zu verkünden: Es gibt einen Ausweg, ein Schlupfloch, eine Zukunft, und es gibt immer eine zweite Chance.«

Ich musste grinsen.

Was meinte er mit Ausweg und Schlupfloch? Danach suchte ich seit sechs Jahren. Zweite Chance? Zukunft? Nein, der redete gar nicht mit uns. Der leierte nur vor sich hin. Mit klangloser Stimme und heruntergelassenen Lidern – damit wir verirrten Schäfchen ihm nicht in die Augen schauen konnten.

Pater Bricout träumte wohl von einem anderen Ort, einer anderen Gemeinde. Vielleicht sah er sich von der Kanzel der Kirche Saint-Géran zu den bravsten, frömmsten Bürgern von Le Palais – fleißigen Ehemännern, ergebenen Ehefrauen und wohlerzogenen Kindern – über den Gesalbten sprechen. Oder, noch besser, bei einem Gottesdienst in der Kathedrale Saint-Pierre in Vannes vor Hunderten knienden Gläubigen, inmitten von Messdienern, Kerzen und Weihrauch. Dann wäre er nicht mehr nur Pater, sondern Monsignore Bricout, von Pius XI. zum Kardinal ernannt. Und mit der Zeit zum Vertrauten des Papstes geworden. Zur rechten Hand des Statthalters Jesu Christi bis zu seinem heiligmäßigen Tod und der verdienten Seligsprechung.

Wir alle kannten den Ehrgeiz des Kaplans. Selbst die Schließer spotteten hinter seinem Rücken darüber. Immer wieder betonte er, dass sein Platz woanders sei. Dass höhere Weihen auf ihn warteten und er nur vorübergehend hier weile. Er war sechsundfünfzig. Schlupfloch, Ausweg, zweite Chance – er sprach von sich selbst.

»Vielleicht habt ihr einen Verrat begangen, einen Fehler gemacht und euch in eurer Schuld, in eurem Groll verkapselt. Doch heute sagt Jesus Christus zu euch, es gibt einen Ausweg, eine zweite Chance.«

Endlich hob er die Lider und sah Biene und mich vor ihm knien. Künftige Zuchthäusler. Schmarotzer, unterste Schublade, wie der Direktor uns nannte. Unsichere Kantonisten, die auf seine salbungsvollen Predigten pfiffen. Schäfchen mit dem Teufel im Leib. Ich hatte die Hände um das perlgraue Band meiner Mutter zum Gebet gefaltet.

»Das Abendmahl ist keine Belohnung für den, der ohne Sünde ist, sondern eine Stärkung, damit wir uns als Menschen und Christen weiterentwickeln. Und die Kommunion verbindet uns nicht nur mit Jesus Christus, sondern soll auch unsere Beziehung zu uns selbst und den anderen stärken!«

»Amen«, sagten wir.

Als ich nach Belle-Île kam, war ich noch nie in einer Messe gewesen. Ich hielt »Messe« für ein bretonisches Wort.

Der Möchtegernkardinal breitete die Arme aus. Das Hochamt war zu Ende.

Nie hatte er eine Hand gegen uns erhoben. Die Kapos ließen sich von den Kleinen einen blasen, die Schließer machten anzügliche Gesten, manche beobachteten uns unter der Dusche oder verlangten, dass wir uns für die geringste Strafe nackt auszogen. Er nicht. Außer der Krankenschwester war er der Einzige, der Mitgefühl für die Neuen hatte. Er beschützte sie nicht, legte ihnen aber nahe, ihre Schmerzen für sich zu behalten, ihre Tränen hinunterzuschlucken und laut zu beten.

*

Le Goff ließ mich vorangehen, hinter mir dreißig Jungs, die in Zweierreihen Richtung Bruté marschierten. Fünf Schließer führten den Zug an. Und François-Donatien de Colmont überwachte das Ganze, an die offene Wagentür seines Peugeot 201 gelehnt. Seit der Direktor seinen Bart auf einen strengen Schnauzer und ein weißes Ziegenbärtchen zurechtgestutzt hatte, nannten wir ihn den Bock.

»Er macht auf Charles Maurras«, spottete Le Goff eines Morgens.

Zu laut. Er wurde rot und verstummte. Abends erklärte uns dann Auzenet, der Allwissende, dieser Maurras sei ein Schauspieler, der zusammen mit Maurice Chevalier in *Le Mauvais Garçon* aufgetreten sei. Er, Auzenet, hätte den Film an einem Pariser Boulevard gesehen, bevor er in Haute-Boulogne strandete. Dank einer Platzanweiserin, die in ihn verschossen war, habe er sich während der Vorstellung in den dunklen Saal schleichen können. Als der Film ins Kino kam, war Auzenet gerade mal neun. Und er stammte nicht aus Paris, sondern aus Brest. Aber keiner traute sich, seine Geschichte in Zweifel zu ziehen.

Kaum setzten wir einen Fuß vor die Mauern der Anstalt, bedrängte uns François-Donatien de Colmont – Lorgnon auf der Nase, dreiteiliger Anzug, Vatermörder, Seidenkrawatte und Veloursledergamaschen – mit seiner schweigsamen Gegenwart. So rief er allen ins Gedächtnis, dass er auf der ganzen Insel Recht und Ordnung verkörperte.

Durch das große Tor die Mauern zu verlassen war reines Glück. Auch wenn es auf dem Hof von Bruté endete. Die schmale Landstraße, das Gras, das Meer, der Schatten der Festung, Gerüche und Farben – ein Hauch von Freiheit.

»Ich will eure Pantinen bis Locmaria knallen hören!«, brüllte Chameau.

Und marschierte im Paradeschritt los. Dahinter stürmten Le Goff und der Schinder voran, dann kamen wir mit schwingenden Armen im Sonnenschein. Eine nichtsnutzige Armee. Ich setzte mein böses Gesicht auf. Die Mütze tief in die Stirn gezogen, den Kittel bis obenhin zugeknöpft, die Stiefel gewachst. Mit gerunzelter Stirn, zusammengebissenen Zähnen und verächtlich geschürztem Mund durchquerten wir die Stadt. Wir sind's, die Insassen von Haute-Boulogne! Wir rauben die Reichen aus, plündern die Villen und klauen dem Fischer das Boot. Wir sind der Wildwuchs. Die Quecken. Das Ungeziefer. Sperren Sie Ihre Töchter, Ihre Geldbörsen, Ihren

Schmuck vor uns weg, meine Damen. Der menschliche Abschaum schiebt sich durch Ihre Stadt. Die Presseberichte fassen es ganz gut zusammen. Jeder Artikel ein Todesurteil. Natürlich nicht für die Anstalt, sondern für die Gefangenen, die dort arbeiten müssen. Verschwindet ein Huhn aus einem Hinterhof oder fällt ein Sack von einer Karre, dann waren's immer wir. Und das ist mir ganz recht. Hass ist meine Nahrung. Immer wenn ich aus der Anstalt zum Schulschiff gehe, labe ich mich am Schrecken der braven Leute. Die Älteren wenden den Blick ab oder wechseln die Straßenseite. Aber die in unserem Alter suchen gern Streit. Ein Schlappschwanz allein kehrt uns den Rücken. Aber im Rudel greifen sie an. Provozieren uns, hoch zu Ross auf ihren Fahrrädern. Die schreien nicht rum, sagen kein Wort, haben nur so ein falsches Grinsen im Gesicht wie die Verkäuferin hinterm Tresen und fordern uns zum Tanz. Protzen, bis es Prügel setzt. Oder umarmen grinsend ihre Freundin. Stellen sie zur Schau. Führen uns vor Augen, dass sie frei sind und wir nicht. Einmal hat sich ein Pärchen ganz lange geküsst, als wir vorbeimarschiert sind. Er mit dem Rücken zu uns, sie lehnte an einer Hauswand und hatte uns die ganze Zeit im Blick. Die Zunge von ihrem Kerl im Maul, aber die Augen an unseren festgesogen. Von der ersten bis zur letzten Reihe. Als wir vorbei waren, lachten die beiden laut. Amüsierten sich über ihren tollen Scherz. Mir war das egal. Die Frau in ihrer geblümten Bluse und den Stiefeln mit den Blockabsätzen, ihre Mähne, ihre in sein Haar gewühlten Finger und wie sie mich angeschaut hatte. Stoff für aufregende Nächte.

Vier Kilometer im Gleichschritt. Durch die Stadt und über Land. Furchtsame Familien, neugierige Touristen, eine Mutter zog ihre Tochter hinter sich her, die es gar nicht eilig hatte, von uns wegzukommen. Unsere Blaskapelle, die Harmonie de Haute-Boulogne, schlug die Bürger nicht in die Flucht, im Gegenteil, sie säumten lächelnd die Straßen, wenn am 14. Juli der Spielmannszug der Marinesektion durch Le Palais marschierte. Um die fünfzig Musikanten in gebügelten Matrosenblusen und Uniformjacken, die Bommelmützen mit Kinnriemen festgezurrt, spielten Horn und Flügelhorn, Trompete und Klarinette, fünf Trommeln und eine Pauke. So als brave Kinder kostümiert, sahen sie gar nicht gefährlich aus. Außerdem konnten sie, wie man wusste, immerhin lesen und schreiben. Die Musikanten waren die am wenigsten Verkommenen, die am wenigsten Blutrünstigen unter uns, ja, vielleicht sogar besserungsfähig, die Elite und die Ehre von Haute-Boulogne. Fast hätten die Schaulustigen ihnen applaudiert. Weil sie so überzeugt davon waren, dass die triste Parade den Triumph der Erziehung bewies.

Zwei Gendarmen auf Fahrrädern kreuzten unseren Weg. Sie salutierten vor dem bordeauxroten Wagen des Direktors, der unsere Kolonne überholte. Auch der mit seinen Orden behängte Le Goff hob das Kinn und führte die rechte Hand zur Mütze. In der Ferne sah ich schon den Glockenturm auf dem Gutshaus Le Souverain aufragen. Drei Wochen würden wir nun in der Landwirtschaft arbeiten und in der Anstalt schlafen. Morgens hin, abends zurück, mit Heu zwischen den Zähnen und vor Müdigkeit schweren Beinen. Dann nach dem lächerlichen Abendessen erschöpft einschlafen, morgens um 5.30 Uhr Weckruf, Appell im großen Hof, antreten vor dem Tor. Und Abmarsch! Die Zuchthäusler gingen wieder zur Arbeit. Und ihre Schritte dröhnten durch die bebende Stadt.

*

In meiner zweiten Woche auf dem Gut von Bruté wurde ich von einem der dortigen Betreuer angerempelt. Ich wollte mich nur ein wenig ausruhen, lehnte an einem Heuballen, das hellgraue Seidenbändchen am Handgelenk. Er hatte sich von hinten angeschlichen.

»He, du bist hier nicht auf Urlaub!«

Er packte mich und warf mich zu Boden. Steckte die Hände in die Taschen und starrte mich an.

»Bist du nicht Kröte? Einer von den ganz Harten? Vor dir hat man mich gewarnt.«

Ich stand auf.

»Und du? Was bist du?«

»So redest du nicht mit mir, du Kasper!«

Drohend kam er auf mich zu. Ich trotzte seinem Blick.

»Ich bin Seemann und bekomme meine Befehle von Chautemps, Le Goff oder Napoléon. Ein Landei wie du hat mir gar nichts zu sagen!«

Er hob den Arm, ich packte ihn am Handgelenk.

»Bonneau!«

Ratte kam angelaufen. Ich ließ den Kerl los. Der schlug auf mich ein.

»Hierher, Bonneau!«, schrie Ratte und klatschte sich auf den Schenkel.

Ich rührte mich nicht.

»Ihr habt eure Verbrecherbande überhaupt nicht im Griff!«, maulte der Bauerntrampel.

»Bonneau!«, schrie Ratte noch einmal.

Ich hob meine Mütze auf und ging zu ihm hin.

Ja, ich habe mich kurz ausgeruht, aber der andere hätte mich nicht umhauen sollen. Außerdem lasse ich mir nicht von jedem etwas sagen, nur von den Chefs der Marinesektion, also von ihm und Le Goff.

Ein kurzes Aufblitzen in seinem Blick. Offensichtlich war er geschmeichelt. Schließlich hatte ich ihm gerade meine Ergebenheit versichert.

Dann versteifte er sich.

»Auch hier, Bonneau, bist du in Haute-Boulogne.«

Er stemmte seine Fäuste in die Seiten.

»Dieselben Chefs, dieselben Regeln.«

Der andere warf mir einen bösen Blick zu.

»Wenn du Monsieur Tual nicht folgst …«

So hieß er also.

»… dann verweigerst du auch mir den Gehorsam.«

Tual plusterte sich auf.

»Kapiert, Bonneau?«

Ich seufzte.

»Kapiert, Chef.«

Ich sollte mich bei diesem Tual entschuldigen und bekam eine Woche Verlängerung aufgebrummt. Auf dem Rückweg konnte ich den Schritt nicht mehr halten, meine Arme hingen schlaff herunter. Von Tag zu Tag nahm meine Erschöpfung zu. Kein Appell im Schnee, kein Morgenmanöver, keine Gymnastik im Regen, kein noch so anstrengender Dienst war so schlimm, wie das Scheißviehfutter zu wenden. Außerdem erinnerte es mich an den Hof meines Onkels.

Am nächsten Tag fiel mir ein Heuhaufen an der Außenwand des Lagerhauses ins Auge. Während ich mit meiner vollen Schubkarre immer wieder daran vorbeiging, träumte ich davon, Feuer zu legen. Die Vorstellung war überwältigend. Ich musste es dreimal versuchen, weil das Heu noch feucht war. Doch dann explodierte das Ganze. Wie ein Silo voller Gas und Staub. Die Flammen sprangen auf das Gebäude über, auf den riesigen Berg, den wir aus Tausenden Karren aufgeschüttet hatten. Ich hatte mich revanchiert. Es war herrlich.

An diesem Tag berührte ich bis zum Ende des Arbeitstags nicht mehr den Boden. Meine Schuhe waren wie Federn, mein Rücken entspannt. Auf dem Rückweg war ich kein Sträfling mehr, sondern der Rächer. Ganz Haute-Boulogne würde mir applaudieren.

Dieser Traum brachte mich auf eine Idee.

In der Woche darauf wurden Armand Viallard und ich handelseinig. Er arbeitete in der Spenglerei, sein kleiner Bruder Lucien auf dem Bauernhof. Als Kinder waren sie von ihrem Vater geschlagen, von ihrem Cousin mitten in der Nacht nackt ausgezogen worden, ihre Mutter trank. Also hauten sie gemeinsam ab. Beim ersten Mal wurden sie wegen Landstreicherei festgenommen und der Fürsorge übergeben. Sie rissen wieder aus und wurden wieder geschnappt, als sie einem Kantinenlieferanten ein Würstchen und zwei Kilo Brot mopsten. Das Urteil? Korrektionsanstalt bis zur Volljährigkeit mit einundzwanzig.

Ich hatte nie etwas gegen Viallard, aber von anderen wurde er schikaniert. Und sein Bruder auf dem Bauernhof missbraucht.

Jean Soudars beschimpfte sie als »Päderasten«.

Ein paar Kapos nutzten das aus. Sie zwangen die Brüder in eine Beziehung, aber mir war das egal. Mir waren alle egal, die Viallards genauso wie die Kapos. Die herumbrüllten genauso wie die, die leise weinten.

Meine Arbeit war mir genug.

»Glaubst du, das geht?«, fragte ich Viallard.

Ja, sagte er. Er würde Papier und zwei Streichhölzer aus der Wäscherei besorgen, und Lucien wollte spätabends, wenn wir auf dem Heimweg wären, Feuer legen. Tual gehörte zu Luciens schlimmsten Quälgeistern. Wenn er Nachtwache hatte, zwang er den Kleinen, sich in seinem Büro auszuziehen. Und vor ihm auf die Knie zu gehen.

»Willst du immer noch die Botschaft schreiben?«, fragte Viallard.

Er selbst konnte gerade mal lesen.

Ja, das wollte ich. Hätte Tual mich nicht so gedemütigt, wäre ich über seine sonstigen Schweinereien hinweggegangen wie alle anderen auch. Aber er hatte mich kleingemacht. Und das konnte ich nicht hinnehmen.

Armand Viallard überredete einen fast volljährigen Steuermannsanwärter, ihm für eine Wochenration Brot und ein paar Gefälligkeiten eine Rolle Büttenpapier zu besorgen. Das brauchten die künftigen Lotsen, um Seekarten zu zeichnen, man konnte aber damit auch etwa einen Meter Zündschnur fabrizieren. Außerdem gab er mir einen fetten Bleistift, den er aus der Tasche des Verwalters stibitzt hatte.

*

Tual, Du verDienst das höllenFeuer!

Wir hatten entschieden, das Plakat weit entfernt vom Brandherd an einem Karren aufzuhängen.

Die Formulierung gefiel mir. Und sie schützte die beiden Brüder, weil sie viel zu kompliziert war und zu schön geschrieben, um von Jungs zu stammen, die kaum lesen und schon gar nicht solche Wörter zu Papier bringen konnten.

Außerdem gab es nichts, was auf irgendeine Beziehung zwischen den zwei Brüdern und mir hindeutete. Niemand hatte uns je zusammen gesehen. Auf dem Rückweg von Bruté hatten Armand und ich uns unauffällig darüber verständigt, dass wir uns rächen wollten. Auf die Viallard-Brüder würde genauso wenig Verdacht fallen wie auf mich. Die Spur zurückzuverfolgen war unmöglich.

Noch dazu hatte ich Tual die Hand gegeben. Mich bei ihm entschuldigt, ein Häufchen Elend mit niedergeschlagenen Augen, parallel stehenden Füßen, Mütze in der Hand. Die Sache war vom Tisch.

»Das perfekte Verbrechen«, befand Armand lächelnd.

Ja, das perfekte Verbrechen.

*

Das Feuer war fürchterlich. Die Scheune loderte die ganze Nacht. Am Morgen verdeckten gelbgraue Wolken den Himmel über dem Gut, der Qualm drang bis in unsere Zellen. Wir standen schon in Reih und Glied vor dem Tor, um nach Bruté zu marschieren, da kam eine Order aus der Direktion: Feldarbeit gestrichen.

»Jeder zurück in seine Werkstatt«, befahl Ratte.

»Was ist los?«

»Das erfahrt ihr noch früh genug.«

Uns fünf Seiler brachte Le Goff in die Werkstatt zurück. Er war nervös. Alle waren nervös. Ratte, Napoléon, Toupet mit dem blonden Haarteil und die restlichen Schließer.

Der Direktor durchmaß mit großen Schritten das Gelände, Chautemps lief ihm wie ein Hund hinterher. Und Tual. Dabei hatte das Landei bei uns Seeleuten nichts verloren. Ich weiß nicht einmal, ob er überhaupt je einen Fuß in die Marinesektion gesetzt hatte. Als ich ihn sah, senkte ich den Kopf.

Gefolgt von fünf Erziehern und zwei Feuerwehrleuten in Uniform mit Messinghelm unterm Arm, gingen die drei zuerst zu den Steuermannsanwärtern. Der Direktor hielt unser zusammengerolltes Plakat wie einen Gummiknüppel und schlug sich damit im Gehen ans Bein. Das Papier hatte Risse und Eselsohren und war an den Rändern verkohlt. In der Hand des Direktors sah es aus wie ein rußgeschwärztes Rohr.

In den Werkstätten redeten alle nur über das Feuer.

»Le Goff hat gesagt, das war kriminell«, flüsterte Soupault mir zu.

Was denn dabei verbrannt sei, fragte ich leise.

»Ganz Bruté, da ist nichts mehr übrig.«

Ein Zittern befiel mich. Das konnte nicht sein. Die Scheune war viel zu weit entfernt vom Werkhof, den Schlafräumen, den Hauptgebäuden. Wie hätte der kleine Lucien den ganzen Hof, den Boden aus gestampfter Erde und den gekiesten Hauptweg in Flammen setzen sollen? Soupault redete Quatsch.

»Es soll sogar Tote gegeben haben.«

Mechanisch, wie ein Automat, machte ich mich an die Arbeit. Die unter einem Barackendach gelegene Werkstatt erschien mir noch größer als sonst.

»Hundert Meter lang«, hatte ein ehemaliger Reepschläger uns einmal erklärt.

Ich gehe an die Arbeit, aber mein Kopf schwirrt. Ich stelle mir vor, dass der Direktor direkt auf mich zukommt, mit dem Finger auf mich zeigt und meinen Namen brüllt. Ein Gendarm mit gezücktem Revolver ist auch dabei. Ich schleudere ihm meinen gesamten Hanfvorrat ins Gesicht, er weicht zurück, ich nehme ihm die Waffe ab und schieße. Erst auf ihn, dann auf Colmont, dann auf Tual, der zu fliehen versucht, auf Chautemps und auf Ratte, der mit dem Rücken zur Wand steht.

Mordfantasien sind für mich wie die Luft zum Atmen. Meine Überlebensstrategie.

»Bonneau!«

Ich zuckte zusammen.

Der Vorarbeiter zeigte auf den Haufen Hanf vor mir.

»Spinnt sich der bei dir von allein?«

Ich schlang mir die Fasern um die Taille und bewegte mich in wiegendem Gang langsam rückwärts, bis ans Ende der Reeperbahn, zwischen den ins Unendliche gespannten Litzen und Kardeelen, Böcken und Schlitten. Gedankenverloren drehte ich mit beiden Händen die Fasern zu Fäden. Auch die Kameraden träumten an ihren Spinnrädern. Auf der Fensterseite war es nicht anders. Der Brand beschäftigte alle. Aufmerksamkeit war Mangelware. Drei Lehrlinge waren einen Moment lang so abgelenkt, dass sie die Warbeln am Garngeschirr und am Schlitten in dieselbe Richtung drehten und so fast die Kardeele wieder entdrillten. Der Vorarbeiter stürzte zu ihnen hin, um die angescherten Stränge aus Kabelgarnen mit seinem kreuzförmigen Leitholz zu entwirren. Dabei schrie er sie nicht einmal an. Er wusste, alle waren nervös, und wollte die Anspannung nicht noch verschlimmern.

»Weißt du was?«, fragte mich ein Junge aus Saint-Nazaire.

Nein. Nur dass uns die Zelle drohte, wenn wir beim Quatschen erwischt wurden, statt uns auf unsere Aufgabe zu konzentrieren.

Vor dem Mittagessen mussten wir uns im großen Hof sammeln wie für die Sonntagsparade, nur ohne blaue Uniform. Alle waren da. Wärter und Zöglinge. Alle außer Viallard. Den konnte ich weder bei den Klempnern noch bei den Sardinendosenherstellern entdecken. Als François-Donatien de Colmont den Hof betrat und auf das hölzerne Podest stieg, klatschte Chautemps in die Hände. Wir nahmen unsere Mütze ab und Haltung an. Die beiden Aufseher standen instinktiv stramm.

Der Direktor setzte eine dramatische Miene auf und betrachtete uns lange, ohne ein Wort zu sagen. Letztes Jahr war er zum Ritter der Ehrenlegion ernannt worden. Aber in der Anstalt trug er seinen Orden nie. Den Ruhm überließ er denen, die an der Front waren. Das hatte uns Le Goff verraten. Auch sein Schiffchen trug der Direktor nur bei offiziellen Anlässen wie Empfängen von Honoratioren, Gedenkveranstaltungen oder Landwirtschaftsmessen. Um für das Erziehungsheim Ehre einzulegen.

An diesem Morgen jedoch kam er mit Orden und Band am Revers.

Und setzte sich richtig in Szene.

»Zuerst die Fakten!«

Er sprach laut, schob seine Daumen unter das Revers seines Jacketts.

»Heute Nacht hat ein Vandale die Scheune von Bruté in Brand gesetzt.«

Getuschel im Publikum.

»Von dort kommt dieser Gestank. Die Ernte eines ganzen Jahres ist in Flammen aufgegangen.«

Man hätte eine Nadel fallen hören können.

»Und laut Feuerwehr wird das Heu noch eine Woche lang glosen.«

Er stieg vom Podest, die Arme an den Körper gepresst. So ging er durch unsere Reihen – wie bei einer Truppeninspektion.

»Wenn das Feuer nicht überspringt, beschränkt sich die Katastrophe wohl auf den Schuppen.«

Also war doch nicht ganz Bruté abgebrannt.

»Glücklicherweise gab es kein Todesopfer.«

Ich atmete auf.

»Der Schuldige an diesem abartigen Verbrechen wurde bereits gefunden.«

Allgemeine Verblüffung. Ich schaute auf meine Schuhe.

»Es handelt sich um ein durch und durch verkommenes Subjekt, das uns bereits wegen gewisser widernatürlicher Handlungen bekannt ist.«

Alle schielten von unten zu ihren Nachbarn und warfen einander fragende Blicke zu.

»Der Täter wurde auf frischer Tat ertappt. Er saß da und bewunderte sein Werk.«

Der Direktor erklomm wieder die Bühne.

»Doch das ist noch nicht alles.«

Er drehte sich um und zeigte auf die Tür zur Kapelle. Sie ging auf, und heraus kam Armand Viallard, die Hände in Handschellen auf dem Rücken, vom Pfarrer und drei Gendarmen flankiert. Das Grüppchen hielt an. Der Direktor hatte das Ganze als tragische Zeremonie angelegt.

»Der Verbrecher hatte einen Komplizen. Es war sein Bruder.«

Unruhe im Publikum.

»Ja, meine Herren, der Zögling Viallard hat vor der Gendarmerie ein umfassendes Geständnis abgelegt.«

Mit verschränkten Armen musterte er den Gefangenen.

Ich konnte den Kopf nicht heben.

»Mit seinem Bruder gemeinsam hat er diesen kriminellen Akt geplant.«

Der Direktor sah uns an und zeigte auf den Gefangenen.

»Doch war er wohl nicht der einzige Komplize.«

Mir stockte der Atem.

Mit einer verächtlichen Handbewegung schickte der Direktor Viallard und seine Eskorte vom Hof.

»Hiermit verlässt uns der Zögling Viallard. Schaut ihn euch genau an!«

Wir wandten uns dem traurigen Grüppchen zu. Die Gendarmen mit geschwellter Brust, als hätten sie gerade den Anführer von Gwenn ha du verhaftet. Die autonomistische bretonische Gruppierung hatte im Jahr davor in Rennes ein Denkmal für die Verbundenheit zwischen der Bretagne und Frankreich in die Luft gesprengt, weil es für sie ein »Monument der Annexion« war: Es zeigte Herzogin Anne ergeben vor König Karl VIII. kniend.

Unser Kaplan hatte in seiner Predigt das Attentat scharf verurteilt. Anders Le Goff.

Der Held von Verdun bekreuzigte sich stillvergnügt lächelnd in seiner Bank. Er stammte aus dem Finistère, betete und fluchte bretonisch.

Der Junge, den die Gendarmen abführten, war aber kein Bombenleger, nur Armand Viallard, sechzehn, Fürsorgekind, Zögling unserer öffentlichen Mutter. Ein kleiner Dieb, den vor dem Gericht in Vannes eine Anklage wegen gemeinschaftlicher Brandstiftung erwartete. Später würde er ins Zuchthaus von Eysses überstellt werden. Wie sein dreizehnjähriger Bruder.

Die Gendarmen marschierten vom Werkhof los, als wären sie auf einer Parade. Richtung: Wachhaus und Eingangstor. Ihr Gefangener war nur noch ein gekrümmter Rücken.

»Schaut ihn euch gut an!«

Der Bock stemmte die Hände in die Hüften.

»Schaut, wie das schwarze Schaf die Herde, die es aufgenommen hat, verlässt.«

Damit war der Sermon beendet.

Er stieg eilends von der Bühne. Chautemps klatschte in die Hände.

Abmarsch in Dreierreihen zur Kantine.

Die Brüder hatten nicht geredet. Keiner hatte mich verraten. Ich war erleichtert und beunruhigt gleichermaßen. Irgendetwas stimmte nicht.

Eine Bedrohung lastete auf mir. Seit der Ankunft des Direktors im großen Hof belauerten mich die Aufseher. Vor allem Le Goff spähte jede meiner Regungen aus. Und als Colmont uns lebhaft aufforderte, zuzuschauen, wie unser gefesselter Kamerad abgeführt wurde, spürte ich wieder ihre Blicke auf mir. Und zwar nur auf mir.

Ich saß in der Kantine ganz außen auf meiner Bank, als Napoléon sich näherte.

»Mir nach, Bonneau!«

Ich stellte meinen Napf hin. Heuchelte Erstaunen.

»Jetzt?«

Er hob das Kinn, steckte eine Hand in seine Uniformjacke und legte mir die andere auf den Rücken. Ich studierte das Abzeichen an seinem Revers, einen bronzenen Totenkopf auf goldenem Feuerkreuz und zwei gekreuzten Schwertern.

»Ja, jetzt.«

Die Tür zur Marineschule stand offen. Der riesige Raum diente sonst der Ausbildung in verschiedenen Gewerken der Seefahrt oder als Festsaal, heute war er in ein Gericht verwandelt. Eingerahmt von Chautemps, Le Goff und zwei Ausbildern saß der Direktor an einem Kartentisch. Ein Junge kniete mit dem Gesicht zur Wand im Gang – wie ein Angeklagter, der wartet, bis er an der Reihe ist. Alle sahen mich streng an. Diesmal war es kein Traum.

Napoléon stieß mich in die Mitte des Raums.

»Komm rein, Bonneau«, zischte Colmont.

Er deutete auf einen Schreibtisch, auf dem ein Blatt Papier und ein fetter schwarzer Bleistift lagen.

»Nimm Platz.«

Ich nahm meine Mütze ab und setzte mich. Noch nie zuvor war ich hier drin gewesen. Überall an den Wänden, in den Regalen, auf den Werkbänken Seekarten, Navigationshandbücher, Kompasse, Flaggen verschiedener Nationen.

Vor mir das Tribunal.

»Du weißt, warum du hier bist, Bonneau?«

Der Bock sah mich über seine Brille hinweg an. Ich musste an die getigerte Grinsekatze in der Geschichte von Alice im Wunderland denken, die sie uns in der Schule erzählt hatten.

»Oder möchtest du lieber Kröte genannt werden?«

Ich setzte meine Unschuldsmiene auf. Er starrte mich an. Ich gab keine Antwort.

»Bonneau?«

Der Bleistift erinnerte an ein spitzes Stilett, aber ich versuchte nichts, träumte nichts. Die Situation war zu ernst, um Monsieur de Colmont im Geiste ein Auge auszustechen.

»Nein, Herr Direktor.«

»Was, nein?«

Wort für Wort kreiste er mich ein.

»Ich weiß nicht, warum ich hier bin.«

Er legte lächelnd die Hände auf seine Schenkel. Und fragte, ob ich von dem Brand in Bruté gehört hätte, ob ich verstanden hätte, dass die Schuldigen verhaftet seien und dass sie noch einen Komplizen gehabt haben mussten. Ich nickte zu jeder Frage. Ja, verstanden.

»Sehr gut, Bonneau. Der Anfang ist gemacht.«

Dann wandte er sich an den Jungen, der in der Ecke kniete.

»Lajoux?«

Der stand auf und löste sich von der Wand. Er kam mir bekannt vor. Kein Kapo, eher ein Dealer. Einer, der mit allem handelte, was er in die Finger kriegte. Auch Zärtlichkeiten. In ein paar Monaten wäre er volljährig und könnte die Anstalt verlassen, um zur Handelsmarine zu gehen. Er hatte in Haute-Boulogne einen Beruf erlernt.

Der Direktor forderte Lajoux auf, zu wiederholen, was er den Aufsehern gesagt hatte. Der spulte ein paar Sätze ab, die wie auswendig gelernt klangen. Der Klempnerlehrling Armand Viallard habe ihn nach einer Rolle Büttenpapier gefragt und ihm dafür eine Wochenration Brot gegeben.

»Und was noch, du Päderast?«

Lajoux senkte den Blick und gab keine Antwort. Er war kurz davor zu weinen.

»Du schämst dich hoffentlich!«

Er nickte eifrig.

»Weiter!«

Lajoux holte tief Luft. Und hörte sich wieder so an, als ob er eine Lektion herunterbetete.

»Viallard hat gesagt, das Papier ist für Bonneau aus der Seilerei.«

Er verstummte.

»Ist das alles?«

»Ja, alles. Für Bonneau aus der Seilerei.«

Der Direktor stand auf und ging zum Fenster. Sah in den Himmel.

»Und von Feuerlegen in Bruté hat er nichts gesagt?«

Der Junge schüttelte den Kopf.

»Ich höre nichts.«

»Nein, Monsieur.«

Ich saß am Pult, die Handflächen auf der Tischplatte. Er hatte erst Viallard, dann mich wegen des Papierdiebstahls denunziert. Vielleicht wusste er ja sonst nichts.

Der Direktor setzte sich wieder an den Kartentisch.

»Gestehen Sie, Bonneau?«, fragte er mich.

»Nein.«

Er wurde stocksteif.

»Glauben Sie denn, Lajoux hat sich das alles ausgedacht?«

Ich zuckte mit den Achseln.

»Antworten Sie, Bonneau! Halten Sie das für eine Lüge?«

Mit Zorn im Blick sah ich Lajoux an.

»Was geht dich das an, Arschloch?«

»Sie sprechen mit mir, Bonneau, verstanden!«, donnerte de Colmont.

Ich drehte mich zu ihm um.

»Was geht mich das an, Monsieur?«

Chautemps sprang auf und stürzte mit erhobener Hand auf mich zu.

»Du Rabenaas!«

»Chautemps!«, mahnte sein Chef.

Der Oberaufseher kehrte an seinen Platz zurück. Kochend vor Wut. Er hätte mich am liebsten erwürgt.

Mit Erwann Lajoux waren sie fertig. Er hatte mit dem Brand nichts zu tun und würde nur für den Papierdiebstahl bestraft werden. Entscheidung des Anstaltsleiters. Le Goff führte den Jungen hinaus.

Und ich blieb allein vor der Anklage.

»Du hast bei uns deinen Schulabschluss gemacht, stimmt's, Bonneau?«

Ich nickte.

»Mit dreizehn, dein erstes Jahr hier im Heim?«

Ich nickte wieder.

»Du kannst also lesen, schreiben, rechnen. Deine Lehrer sagen, du interessierst dich für Geschichte und Geografie.«

Ich nickte.

»Und sogar ein bisschen für Politik, hab ich gehört?«

Ich senkte den Kopf.

»Keine falsche Bescheidenheit!«

Er beugte sich vor.

»Sag mal, Bonneau, bist du mehr für das Linkskartell oder für die nationalistischen Ligen?«

»Kenn ich nicht, Monsieur«, sagte ich mit leerem Blick.

»Aber du redest ganz schön viel in den Pausen, wurde mir zugetragen.«

Er nahm einen zerknitterten Zettel aus seiner Tasche, strich ihn glatt und überflog die Notizen darauf.

»Kürzlich hast du vor zwei Reepschlägern behauptet, dass Minister Édouard Herriot von Stalin zum Oberst der Sowjetunion ernannt wurde.«

Ja, das Gerücht kursierte.

»Und wo hast du es her?«

Ich gab keine Antwort. Allmählich begriff ich. Um Viallard, der nicht lesen und schreiben konnte, zu entlasten, machte der Bock mich zum Anstifter. Mächtige brauchen immer einen Rädelsführer.

»Hattest du nicht schon einmal mit einer Brandstiftung zu tun?«

Das war nicht zu leugnen.

»Und wie alt warst du da? Zwölf?«

»Dreizehn, Monsieur.«

Er sah in seine Notizen.

»Dreizehn, stimmt.«

Verzog ein wenig den Mund.

»Diese Großtat hat dich zu uns geführt.«

»Das war keine Großtat.«

Er lächelte.

»Ja, ja, ich weiß. Wenn man dir Glauben schenkt, hast du

nur dabei geholfen, eine Ungerechtigkeit wiedergutzumachen.«

Ich antwortete nicht.

»Deine Komplizen, die Brüder Rolin, haben sechs beziehungsweise fünfzehn Jahre bekommen. Du hattest Glück.«

Ich zuckte mit den Achseln.

»Ich habe nichts gemacht.«

Er nickte.

»Ja, natürlich, so wie jetzt auch. Die arme Kröte – immer zur falschen Zeit am falschen Ort.«

Er beobachtete mich. Wurde nicht schlau aus mir.

»Los, Bonneau, nimm den Bleistift, der vor dir liegt«, schnaubte er.

Ich hatte schon auf diesen Moment gewartet.

Ließ mir aber nichts anmerken.

Der Bock verschränkte die Hände hinterm Kopf und streckte die Beine unter dem Schreibtisch aus.

»Le Goff, diktieren Sie bitte!«

»Bereit, Bonneau?«, fragte Le Goff.

Ich tat verblüfft. Bereit? Wozu?

»Zum Schreiben!«

Mir ging es nur darum, Zeit zu schinden. Ich wusste ja, was sie von mir wollten. Wie ein Lehrer ging der Schließer durch den Saal zur Tafel. Ich folgte ihm mit den Augen.

»Tual, du verdienst das Höllenfeuer!«, diktierte er.

»Was?«

Ich riskierte Kopf und Kragen.

Le Goff warf seinem Chef einen fragenden Blick zu.

»Noch mal!«, befahl dieser.

Das hatte ich vorhergesehen. Also hatte ich auf dem Plakat Groß- und Kleinbuchstaben vertauscht, das r auf einen hohen Sockel gestellt und dem f ein paar Häkchen verpasst.

Meine Schrift sah ganz anders aus.

Ich saß mit offenem Mund und erhobenem Bleistift da.

»Ich wiederhole«, sagte Le Goff. »›Tual, du verdienst das Höllenfeuer!‹«

Ich beobachtete den Aufseher, er stehend, der Direktor sitzend, die Ausbilder erstarrt. Ich beugte mich über das Blatt, befeuchtete die Bleistiftspitze mit der Zunge und schrieb: »Thual, du verdiehnst das Hölenfeuer.«

Der Einarmige stand hinter mir. Kaum war ich fertig, riss er mir das Blatt aus der Hand und überbrachte es dem Direktor.

Der Bock las. Und lächelte boshaft.

»Haben wir jetzt alles vergessen? Die Rechtschreibung und den Namen des Opfers?«

Er machte es sich auf seinem Stuhl bequem.

»Du hältst dich wohl für besonders ausgefuchst, Bonneau!«

Ich hatte den Stift ordentlich auf den Tisch gelegt. Und schwieg.

»Dein Vater hat dich doch nicht umsonst Jules genannt, was?«

Das hatte ich schon hundertmal gehört. Und jetzt schon wieder. Bonneau/Bonnot, das klingt vollkommen gleich. Mein Vater war ein Bauer aus der Mayenne gewesen. Keine Ahnung, ob er etwas von diesem Anarchisten und seiner Bande gewusst hatte. Jedenfalls verfolgte mich der Schatten dieses Mannes von Anfang an, von meiner ersten Pflegefamilie bis zu meiner

Verurteilung wegen Diebstahls, Widerstands gegen die Staatsgewalt und Beamtenbeleidigung.

»Du wirst noch einmal wie dieser Verbrecher enden, Junge!«

Das sagten immer alle. Gendarmen, Richter, Schließer, Lehrer.

Einmal, da war ich elf, wollte ich gemeinsam mit zwei Jungs aus dem Nachbardorf Belgeard im Étang de la Forge Rotaugen angeln. Natürlich ohne Erlaubnis. Ein Fischereiaufseher aus Aron erwischte uns. Wir versuchten zu fliehen, aber er war schneller. Und ich wollte meine selbst gebastelte Angel nicht zurücklassen. Aus Bambus, einem Nylonfaden, einem Korken, einer gespaltenen Bleikugel und einer Nähnadel, die ich zu einem Haken gebogen hatte. Also ließ ich mich schnappen.

»Wie heißt du, kleines Miststück?«

»Jules Bonneau.«

Der Aufseher glaubte, ich wollte mich über ihn lustig machen, und entgegnete lachend: »Ja klar! Und ich bin der Polizeichef von Frankreich.«

Ich versuchte, mich loszumachen.

»Nein, Monsieur, ich schreibe mich anders.«

*

Ich habe nichts gestanden. Und wurde trotzdem bestraft.

»So, Kröte, jetzt bist du fällig. Auf zum Großen Ball!«, knurrte Chautemps.

Während der sechs Jahre, die ich hier war, war ich noch nie zum Großen Ball verdonnert worden. Ausführungsort dieser Disziplinarstrafe war eine überdachte, vollkommen leere Halle mit einer langen, dreißig Zentimeter breiten, ovalen Zementbahn, von den Schließern »Brett« genannt.

Ich kam um acht Uhr morgens dorthin. Fünf Jungs marschierten schon auf dem Oval. Dabei ging es nicht darum, jemanden zu überholen oder ein Rennen zu gewinnen, sondern bis zum Abend durchzuhalten. Und das war kein Traum.

Die Petze Lajoux war schon da. Und ging wie auf Eiern. Als wäre jeder Schritt eine Tortur. Bei meinem Anblick wandte er den Kopf ab.

»Wir sind hier nicht beim Pilzesuchen, Lajoux, los, weiter!«

Ich musste Schuhe und Socken ausziehen. Barfuß betrat ich die Bahn. Ich sollte meinen Vordermann nicht anrempeln, den hinter mir nicht behindern, nicht das Gleichgewicht verlieren und vom Brett fallen. Die zwei Wärter, die uns beaufsichtigen sollten, sahen kaum zu uns her. Sie lümmelten auf ihren Stühlen und warteten aufs Essen. Gehen, gehen, gehen. Eine, zwei, zehn, hundert, tausend Runden. Bis zur Erschöpfung. Eine Zirkusnummer. Ich kochte vor Wut.

Mittags läutete der eine Wärter, Fontan, die Pause ein. Der Anführer des Balls, ein Kapo, der seinen Zellennachbarn verprügelt hatte, ließ sich bäuchlings auf den Boden fallen. Die anderen taten es ihm nach. Nur ich widerstand. Stieg als Sieger von der Bahn, aufrecht und stolz, als schritte ich über einen roten Teppich, und setzte mich dann auf das Parkett. Es gab zwei Wasserwannen, um unsere Füße zu kühlen. Mit den Fingernägeln knipste ich die weißen Blasen und die schwarze an der Ferse auf und ließ die Flüssigkeit herausrinnen.

Niemand sagte ein Wort. Wir waren damit beschäftigt, wieder zu Atem und zu Sinnen zu kommen.

Nach einem Teller Linsen, einer halben Zwiebel und einem Stück Käse ging es wieder aufs Brett. Ich biss die Zähne zusammen und ballte die Hände vor der Brust. Am späteren Nachmittag wurde ich zu Eddie Tolan, dem Sprintsieger bei den Olympischen Spielen in Los Angeles. Sein aus einer Zeitung ausgeschnittenes Foto hatte in den Schlafkojen die Runde gemacht. Ich wurde schneller, bis ich an den vor mir Gehenden stieß. Einmal. Zweimal. Dann sprintete ich los. Bis ich an seinem Rücken hing.

»Bonneau!«, schrie der Aufseher.

Es reichte mir. Ich versuchte, meinen Vordermann links zu überholen. Rammte ihm den Ellbogen in die Rippen. Er fiel wie ein Sack vom Brett.

»Bonneau!«

Ich nutzte die Gelegenheit, mich selbst fallen zu lassen und alle anderen mitzureißen.

Ich lag rücklings auf dem Boden. Der Rest des Großen Balls auf dem Parkett verteilt.

»Bin ausgerutscht, Chef!«

»Rauf! Und weitermachen!«, schrie der Wärter.

Langsam rappelte ich mich hoch. In meinem Kopf pochte es. Ich hatte Durst. Mein ganzer Körper tat mir weh. Ich stieg wieder aufs Brett und setzte meinen Weg fort. Mit zusammengebissenen Zähnen, offenem Mund und brennenden Füßen, das Band meiner Mutter in der Faust.

»Ich hab dich im Blick, Bonneau!«

Das war mir egal. Ich ging und ging. Auf der Betonbahn, im Kopf, im Traum, ich ging Richtung Wachhaus, Richtung Mauer, Richtung Meer, um alles hinter mir zu lassen, was mich festhielt. Ich ging immer schneller, immer weiter, bis niemand mir mehr folgen konnte. Hörst du, Direktor? Jetzt laufe ich. Und du, Chautemps? Ich fliehe! Erwischst du mich, Le Goff? Sag mal, Pater, wer hat den Mut, sich mir in den Weg zu stellen? Du, Doktor? Du, Schinder, mit deiner Hasenscharte? Du, Toupet, der seinen blonden Fifi nach jedem Niesen richten muss? Die Gendarmen, die Geflohene gern über die Strände hetzen? Wer will mich hindern? Wer holt mich ein? Ich gehe, meine Herren. Ich renne.

Ich laufe! Ihr könnt mich mal!

So lautete das Urteil: Zwei Tage Ball, vom Morgengebet bis zur Vesper. Ein Tag »bei trocken Brot ohne Brot«, wie Le Goff es formulierte, sechs Tage mit trockenem Brot und sechs Tage Einzelhaft. Ich weinte jeden Abend vor Zorn und vor Schmerz, heimlich, unter der Decke. Sie wollten mich zwingen zu gestehen. Tat ich nicht. Ich leugnete, bis mir die Tränen kamen. Nie streifte sie der Gedanke, dass sie mich vielleicht zu Unrecht verurteilt hatten, für nichts laufen, für nichts darben ließen, für nichts ins Loch warfen. Außer einer Denunziation hatten sie nichts gegen mich in der Hand, aber sie brauchten einen Schuldigen. Und ein abschreckendes Beispiel.

Am ersten Abend nach dem Ball wollte uns die Krankenschwester sehen. Nachdem sie sich den Schleier umgebunden hatte, schmierte sie mir die Fußsohlen mit einer fetten Salbe ein. Beim Desinfizieren der Wunde erzählte sie mir, dass die Zeitung *Ouest-Éclair* auf der Titelseite über den Brand in Bruté berichtete. Die polizeilichen Ermittlungen hätten ergeben, dass ein Verbrechen ausgeschlossen werden könne, vielmehr sei eine »spontane Selbstentzündung« des gärenden Heus die Brandursache gewesen.

Ich saß auf dem Bett, sie schlug die Zeitung auf.

»Willst du mir immer noch die Augen auskratzen?«

Ich schüttelte den Kopf. Nein. Dafür schämte ich mich.

»Dann lies!«

Der Artikel lag vor mir. Eine Stelle war mit blauem Stift umkringelt.

»Aufgrund der Feuchtigkeit breiteten sich Bakterien und Schimmel im Heu aus, was die Temperatur bis zum Flammpunkt ansteigen ließ.«

Sie lächelte.

»Ärgerlich, für etwas bestraft zu werden, das man nicht getan hat, oder?«

Ich beobachtete sie. Sie wusste alles.

»Findest du das nicht ungerecht, Bonneau?«

Ich antwortete nicht. Sie spielte mit mir.

»Jedenfalls kommt die Anstalt gut dabei weg. Kein Aufstand, keine Brandstiftung.«

Sie streckte die Hand aus, um mir aufzuhelfen.

»Und die Ehre des Herrn Direktors bleibt unbefleckt.«

Sie hatte mich nicht wirklich behandelt, nicht einmal die Schmerzen gelindert, mich bloß wieder zusammengeflickt. Repariert, damit ich wieder auf die Bahn konnte. Aber auch das war mir recht. Als sie mich zur Tür brachte, hatte ich Schmerzen und humpelte. Sie legte mir leicht die Hand auf die Schulter.

»Und was ist deine Ehre, Bonneau, worin liegt die?«

»Weiterzumachen, ohne zu weinen, Madame.«

3.
WER EINMAL STIEHLT …

Mit sieben habe ich einmal drei Eier aus einem Mayenner Hühnerhof gestohlen.

Mein Vater Augustin war Saisonarbeiter in der Landwirtschaft. Als Kriegsversehrter wurde er nur noch für kleinere Aufgaben eingesetzt. Manche Bauern gaben ihm aus christlicher Barmherzigkeit Arbeit, andere aus Solidarität. Um den Landsmann, den Veteranen zu unterstützen, aber sein Lohn war nur ein kleines Zubrot.

Als meine Mutter ging, war ich fünf. Ich habe nur wenige Erinnerungen an sie. Der feuchte Geruch ihres Halses, der Rauch ihrer Zigaretten, ihre raue Stimme. Und das graue Seidenband, das sie immer im Haar trug. Am Morgen vor ihrer Flucht schlang sie es mir ums Handgelenk, während ich noch schlief. Sehr viel später erfuhr ich, dass sie mit einem italienischen Akkordeonisten durchgebrannt war, der bei einer Tanzveranstaltung aufgespielt hatte.

Am Tag darauf brachte mein Vater mich zu seinen Eltern. Meine Mutter hatte mich verlassen, und bei meinen Großeltern war ich auch nicht willkommen. Sie wiesen mir einen Schlafplatz in einer Ecke der Küche neben der Kellertreppe zu. Mein Großvater bastelte eine Art Kammer in diese Mauernische. Mit einer Matratze, Bettwäsche, einer Decke und einer Kommode.

Beim Essen war der Speck für ihn, das Gemüse für seine Frau und der Rest für mich.

»Fleisch kriegt nur der, der arbeitet.«

Das war nicht böse gemeint. Das war so. Normal.

Ihr Leben lang hatten sie das Land eines anderen beackert. Nach dem Tod des Grundbesitzers verkauften seine Söhne alles. Den Hof, die Felder, die Gemüsebeete. Nur die Kate nicht, in der meine Großeltern zum Lohn für ihre Arbeit wohnen durften. Die hatte der Besitzer ihnen vererbt. Ihre Namen auf einem Testament. Meine Großmutter unterschrieb, mein Großvater machte sein Kreuz darunter. Das war ihr ganzer Stolz.

Ich hatte immer Hunger. Vor allem im Winter, wenn es kein Gemüse oder Obst zu klauen gab. Im Herbst 1921 stieg ich mit einem anderen Jungen aus dem Dorf über den Zaun eines Bauernhofs. Alle waren auf dem Festgelände versammelt und feierten Erntedank. Mein Kumpel stahl eine Schaufel aus dem Stall, ich drei Eier aus dem Hühnerhof. Erwischt wurden wir wegen der Schaufel, die viel zu schwer für ihn war. Er trug sie wie ein Gewehr auf der Schulter und pfiff dazu einen Marsch. Wir wollten uns gerade an einer Kreuzung trennen, um links und rechts des Kalvarienbergs nach Hause zu gehen, als uns einer anrief:

»He, ihr beiden!«

Ein Bauer aus der Gegend. Ich hatte ihn schon auf offenem Feld seinen Sohn prügeln sehen.

Mein Kumpel ließ die Schaufel in den Graben fallen und rannte davon.

»Bonneau!«

Der Bauer hatte mich erkannt. Ich war erledigt. Als er mit großen Schritten auf mich zukam, schlug ich mit der Hand auf die Tasche meiner kurzen Hose. Die Eier zerbrachen. Eigelb und Eiweiß rannen an meinen nackten Beinen hinunter. Ein einziger Blick und er hatte verstanden.

»Du Dieb!«

Er schüttelte mich an den Schultern und zog mich an den Haaren – eine für Kinder reservierte Strafe. Wenn man drei Strähnen von der Schläfe nimmt, kommen sie nur noch gekrümmt voran.

Zuerst musste ich ihn zum Tatort führen. Dann zerrte er mich wie eine Krabbe hinter sich her zum Besitzer der Hühner.

Der lehnte an einem Imbissstand und stieß gerade mit meinem Großvater an.

Der Vater meines Vaters ohrfeigte mich. Öffentlich. Er hatte mich bei sich aufgenommen, großgezogen, ernährt, und ich brachte Schande über ihn, beschmutzte den Namen Bonneau. Und bei dem einen Mal würde es bestimmt nicht bleiben. Sein Lieblingsspruch, den er gern mit Verschwörermiene zum Besten gab, lautete: »Wer einmal stiehlt …«

Dann packte er mich an den Armen und befahl mir, mich zu entschuldigen. Erst bei dem Bauern. Dann beim ganzen Dorf. Auf dem Fest waren ungefähr fünfzig Leute. Erwachsene und Kinder. Und ich entschuldigte mich bei jedem Einzelnen. Zum Schluss rief mein Großvater Barnabé, den Feldhüter.

Barnabé schrieb meinen Namen umständlich in sein schwarzes Polizeiheft.

»Jules Bonneau, du musst auf den rechten Weg zurückfinden.«

Er sah mich merkwürdig an.

»Sonst geht dein Name in die Kriminalgeschichte ein.«

Mein Großvater ließ mich los. Er hatte mich einem Bedeutenderen übergeben. Mein Schicksal lag jetzt in den Händen der Justiz. Der Hühnerzüchter sonnte sich in der allgemeinen Aufmerksamkeit. Nickte in die Runde. Beantwortete geflüsterte Fragen. Ja, das sei ihm passiert. Erwiderte Blicke. Wechselte seine Gesichtsausdrücke. Ob der *Républicain de la Mayenne* etwas darüber bringen würde? Eine kleine Meldung unter »Vermischtes« wäre es sicher auch dem *Hebdomadaire des campagnes* wert. Übrigens war es wohl eine organisierte Bande, ein zweiter Dieb sei noch auf der Flucht. Dank dem mutigen Eingreifen von Donatien Croizier habe der aber seine Beute zurückgelassen.

»Croizier mit z«, präzisierte der Held des Tages.

Die Stirn über sein Heft geneigt, schloss Barnabé sein Protokoll.

Bonneau der Dieb, Maurelle der Hühnerzüchter, Croizier der Rächer. Langsam zerstreute sich der kleine Menschenauflauf. Alle waren erleichtert. Der Gerechtigkeit würde Genüge getan.

Maurelle war zum Imbiss zurückgekehrt, um Croizier als Dank ein ordentliches Bier auszugeben. Mein Großvater erklärte den Übriggebliebenen, dass ich nicht einfach sei. Sogar in der Schule machte ich Probleme. Zerfetzte beim Spielen im

Hof immer meine Hosen an den Knien und gäbe dem Lehrer Widerworte. Das komme alles von meiner Mutter, die einfach abgehauen sei. Ja, einfach abgehauen. Von heute auf morgen. Nein, sie habe nie wieder von sich hören lassen. Sie sei aus Château-Gontier, ein Stadtkind eben. Eine ordinäre Person, die mit roten Schuhen zur Messe ging. Sie habe sich nie an das Bauernleben gewöhnt. Und die Großeltern hätten ihr immer misstraut. Ja, ja, so war das. Und ich hätte alles von ihr und nichts von ihrem Sohn geerbt.

Der sei ein echter Mann. Kriegsversehrt, aber tapfer. Arbeite immer noch, was er könne.

Als seine Zuhörer weg waren, sah mein Großvater zum Imbiss hinüber.

»Nehmen Sie den Dieb jetzt fest?«, fragte er Barnabé.

Der Feldhüter lächelte.

»Wegen drei Eiern?«

Er zog das Gummiband über sein schwarzes Notizbuch.

»Sie können ihn mit nach Hause nehmen. Er hat seine Lektion gelernt, da bin ich mir sicher.«

Mein Großvater konnte sich nicht entscheiden, ob er mich heimbringen oder noch ein letztes Glas trinken sollte.

Croizier und Maurelle hatten schon nach ihm gerufen.

»Du bleibst hier!«, sagte er schließlich. »Wir gehen erst nach Hause, wenn ich deine Dummheiten ausgebügelt habe.«

Dann eilte er zur Theke, wo ihn bereits ein frisch gezapftes Bier erwartete.

»Ach, ich hab was vergessen!«, sagte Barnabé und richtete sich auf. »Die letzten Formalitäten!«

Er zog das Gummiband von seinem Notizbuch und hielt

es mir hin. Zitternd streckte ich die Hand danach aus. Er lächelte.

»Weißt du, wie Unterschreiben geht?«

Ja, das wusste ich. Ich verzierte sogar meinen Namen mit einem Kringel rundherum.

»Warum hast du die Eier geklaut?«

Ich senkte den Kopf. Sein freundlicher Blick jagte mir Angst ein.

»Ich hatte Hunger, Monsieur.«

Er nickte seufzend, mit herabgezogenen Mundwinkeln.

Ich mochte Barnabé. Einmal hatte er mich auf seine morgendliche Hofrunde mitgenommen. Und ich durfte die Trommel schlagen, um den neuen Busfahrplan nach Mayenne anzukündigen. Er nannte mich »armer Junge« oder »kleiner Streuner«. Ein paarmal erwischte er mich am Fluss oder in den Obstgärten beim Schwänzen. Einmal teilte er einen Apfel mit mir. Weil ich nachmittags noch nichts gegessen hatte.

Er gab mir Heft und Stift.

»Los, unterschreib, du Bengel!«

Ich schlug das Heft auf. Aber da stand nichts. Kein Wort, kein Name. Er hatte nur ein komisches Huhn auf eine Seite gezeichnet.

»Was soll ich machen?«, fragte ich verdutzt.

»Unterschreiben, hab ich dir doch gesagt.«

Ich setzte den Stift auf das karierte Papier, zögerte.

»Mit meinem Namen?«

Er lächelte.

»Nein, du zeichnest ein Ei.«

Das ließ ich mir nicht zweimal sagen. Ich befeuchtete den Stift mit den Lippen und zog ein schönes Oval. Ein perfektes Hühnerei.

Das war meine erste gerichtliche Wiedergutmachung.

*

Mein Großvater sollte recht behalten. Es blieb nicht bei den Eiern. Als Nächstes klaute ich von einer Hochzeitstafel eine Rehkeule, die unter einem Tuch hervorlugte. Dann eine Taschenuhr, zum Baden auf einem Stein abgelegt. Eine Decke, die an einer Wäscheleine trocknete. Ein Jagdmesser. Eine neue Mütze, einen punzierten Metallkrug, einen Tabakbeutel, alles, was mir unter die Finger kam. Später tauschte ich diese Gegenstände gegen andere ein. Das Messer gegen dreißig bunte Terrakottakugeln. Ein mit einem Frauenkopf verziertes Benzinfeuerzeug gegen ein Paar Stadtschuhe aus Laval.

Und nie wurde ich erwischt. Ich war wie ein Aal. Jeder Verdacht glitt an mir ab. Als ich einem Mitschüler einmal die Geldbörse geklaut hatte, gelang es mir, sie rechtzeitig loszuwerden, sodass ein anderer dafür büßen musste.

Bis zum 19. April 1927. An diesem Dienstag schwänzte ich die Schule, um mit den Rolin-Brüdern, zwei Jungs aus dem Dorf, nach Mayenne zu radeln. Sie hatten eine halbe Flasche Wermut mit, um sich Mut anzutrinken. Und einen alten Ölkanister mit einem Liter Benzin. Die Sache war ernst. Die Brüder wollten ihre Eltern rächen, denen vor einem Jahr übel mitgespielt worden war.

»Verbrennt das Schwein!«, feuerte sie ihre große Schwester an.

Ich mochte sie. Sie war immer nett zu mir gewesen. Als wir auf unsere Räder stiegen, schickte sie mir einen Kuss hinterher. Ich drehte mich um und winkte zurück.

Ihretwegen machte ich mit.

Wir wollten heiraten.

Aber ich sah sie nie wieder.

Mama Rolin war Hilfskraft in einer Schneiderei. Sie reparierte, was gerissen war, kürzte Ärmel oder besserte Säume aus, bevor die Sachen in die Wäscherei kamen. Eines Abends waren dreißig Bettlaken verschwunden, die vom *Hôtel de la Barre Ducale* zum Flicken gebracht worden waren. Am Tag davor hatte sie gegen Mittag überstürzt den Arbeitsplatz verlassen. Wie üblich blutete sie aus Mund und Nase und hatte außerdem seit morgens Bauchweh. Ihr Mann holte sie ab. Er war Lumpensammler und ließ seinen beladenen Karren eine Weile vor der Schneiderei stehen. Mehr war nicht passiert.

Doch der Besitzer rief die Gendarmerie, wo sein Schwager Feldwebel war. Bestimmt hatte Victor Rolin die Gelegenheit genutzt, die dreißig Bettlaken zwischen seine Lumpen zu stopfen. Da war er sich ganz sicher. Zwar hatte niemand die Frau etwas hinaustragen oder den Mann etwas in seinem Handkarren verstauen gesehen. Dennoch wurden die beiden am nächsten Morgen von einer Gendarmeriebrigade verhaftet und verhört, leugneten aber die Tat. Sie weinte, er schlug um sich, um seine Ehre wiederherzustellen. Man musste ihn mit Handschellen an eine Bank fesseln.

Die Geschwister waren dabei. Erlebten die Festnahme der Eltern, die Hausdurchsuchung, bei der die Gendarmen die ganze Wohnung auf den Kopf stellten. Sie mussten mitansehen, wie ihre Mutter einen Nervenzusammenbruch bekam, als ihre weiße Puderdose zu Boden fiel und zerbrach, ihr Hochzeitsgeschenk. Sie folgten ihren angeleinten Eltern, stiegen mit ihnen in den vergitterten Kastenwagen und begleiteten sie quer durch Mayenne bis zur Gendarmerie. Zum ersten Mal in ihrem Leben hielten die Brüder sich auf der Straße an den Händen. Wie kleine Kinder.

Trotz Geschrei, Zorn und Tränen wurde das Ehepaar Rolin ohne Beweise schuldig gesprochen und verurteilt. Sie zu fünf Jahren Gefängnis wegen Diebstahls, er zu drei Jahren wegen Beihilfe.

»Die Bettlaken-Affäre« schaffte es sogar auf die Titelseite des *Républicain*. Während des Prozesses wurde der Name Rolin in den Schmutz gezogen. Der Vater wurde von der Zeitung als »schauriger Lumpensammler« verunglimpft, die Mutter als »Simulantin«, die ihre Krankheit nur vorgegaukelt habe, um mit dem Bettzeug zu verschwinden.

Nach zwei Wochen starb Suzanne Rolin im Gefängnis von Laval. Keiner war auf die Idee gekommen, dass sie ärztliche Versorgung brauchte. Und dieses Mal war kein Journalist zugegen. Ein paar Tage später tauchte die Bettwäsche wieder auf. Sie lag ganz hinten im Schuppen der Schneiderei, von einer Matratze mit zerrissenem Bezug verdeckt. Alles war da. Dreißig Teile, von der unschuldigen Suzanne Rolin sorgfältig geflickt, zusammengelegt und für die Auslieferung verpackt. Aber auch das rutschte der Presse durch. Niemand berichtete darüber. Das hohe Gericht der Zeitungen hatte das Urteil über die Rolins gesprochen. Und Fehler einzugestehen war bei diesen Herren nicht üblich.

Der Mann wurde ohne Entschuldigung entlassen und ist dann verrückt geworden. Die beiden Brüder und ihre Schwester kamen in die Obhut ihres Onkels, der Landwirt in Moulay war. Und blieben bei ihm.

*

Die Rolin-Brüder waren Wilde. Lucien mit seinen sechzehn Jahren spielte Jean Valjean, René mit seinen dreizehn hielt sich für Lucien. Ihre Schwester Marcelle hatte ein zu kurzes Bein, um so zu laufen wie wir. Dafür hatte sie mit achtzehn schon Schminke und hohe Schuhe. Für die drei Geschwister war Gerechtigkeit ein großes Wort. Sie hatten ihre Mutter sterben und ihren Vater in Trauer versinken gesehen. Und glaubten an nichts mehr. Sie hatten zu sehr gelitten. Niemand würde sie je wieder zur Vernunft bringen. Als ich mit den beiden Brüdern losfuhr, war ich nur ein Faulpelz und Schulschwänzer. Ihre Wut machte mich zum Verbrecher.

Und wissen Sie was? Das war mir recht. Mein Vater war ein Säufer, meine Mutter war abgehauen, um etwas Besseres als uns zu finden. Ich lebte auf dem Altenteil eines Bauernhofs mitten in den Feldern. In der Schule lernte ich Zahlen, die ich zu nichts gebrauchen konnte, und Namen von Ländern, die ich nie sehen würde. Der Lehrer brabbelte was von Moral. Was sollte das sein? Dem Kind die Suppe geben und das Fleisch für sich behalten? Was tat die Moral denn für mich?

Was nutzte es mir, wenn ich lernte, ein guter Staatsbürger zu werden? Und was sollte mir die ewige Litanei unseres Pfarrers sagen, dieses »Du sollst deinen Nächsten lieben wie dich selbst«? Mein Nächster hasste mich. Er zog mich an den Ohren, wenn ich Plötzen fischen wollte. Er nannte meine Mutter, nachdem sie weg war, ein »leichtes Mädchen«. Er ließ meinen Vater, den Kriegshelden, bis zur Erschöpfung Kartoffeln ernten bei den Verrätern, die sich im Hinterland versteckt hatten. So war mein Nächster. Verstehen Sie? Wissen Sie, was es bedeutet, für einen Akkordeonspieler verlassen worden zu sein? Von seiner Mutter nur noch ein verknittertes Seidenband zu haben? Wissen Sie, was es heißt, drei Eier zu klauen, um sie hinter dem nächsten Busch zu verschlingen? Was wissen Sie denn vom Hunger, die Herren Richter? Und von der Kälte? Haben Sie die Löcher in Ihren Sohlen schon einmal mit Karton kaschiert? Sich schon mal für eine verschlissene Hose geschämt? Den Schmerz einsamer Nächte ohne Eltern gefühlt?

Keiner weiß was davon. Keiner wird je über das Alleinsein sprechen. Über das Elend. Über die endlosen Nächte unter freiem Himmel. Und die Perlen des Morgentaus auf der Jacke des Armen.

Die Rolin-Jungs waren wie ich.

In Mayenne angekommen, schlugen sie mir vor abzuhauen.

»Das ist unsere Sache, Bonneau, nicht deine«, sagte René.

Er ging mit mir in die Klasse, wir schwänzten gemeinsam.

»Es ist aber auch mein Leben«, erwiderte ich.

Wir parkten unsere Räder in der Rue Neuve-des-Halles, in angemessener Entfernung zur Schneiderei. Und zu den Nouvelles Galeries, dem größten Kaufhaus der Region.

Lucien ging mit dem Benzin voraus. René folgte ihm mit dem Wermut. Ich trödelte hinterher. Als Nachhut. Zu ihrem Schutz. Ich habe immer Leute beschützt. Bevor jemand Kröte zu mir sagte, nannten mich andere den Wächter. Ich wollte nie Chef von irgendwas sein, kein Kommandant oder Offizier. Ich war Soldat.

Auch an diesem Apriltag in Mayenne. Ich folgte den Brüdern bis zur Wiese unter dem Pont de l'Impératrice. Schweigend setzten wir uns ins Gras. Lucien zog den Stöpsel aus der Wermutflasche. Er trank als Erster. Mit Blick auf die Mayenne. Gab die Flasche an René weiter. Dann an mich. Der Wermut schmeckte bitter, süß und nach Beeren.

Um vier Uhr nachmittags standen wir auf. Mir war nach Lachen. Und nach Heimfahren. Das Gras am Ufer wirkte fast rosa. Ich hatte Schmetterlinge vor Augen. Und sah, wie Lucien ein wenig Benzin in die Flasche füllte und einen Streifen Laken herumwickelte.

Er warf mir einen Blick zu.

»Was ist mit dir? Haust du ab oder machst du mit?«

Ich wollte mitmachen. Natürlich. Für seinen Vater, seine Mutter und die Brüste seiner Schwester. Das perlgraue Band hatte ich um mein Handgelenk geschlungen. Auch meine Mutter sollte dabei sein. Ich war ihr nie wichtig genug gewesen, jetzt könnte sie endlich mal Angst um mich haben.

Wie drei Gangster gingen wir die Straße hinauf. O-beinig die beiden Brüder, und ich tat es ihnen nach. Lucien hatte die

Mütze tief in die Stirn gezogen und das Tuch, mit dem er sein Gesicht verdecken wollte, schon in der Hand. Schauer durchliefen mich. Väter, Mütter, Kinder spielten auf den Bürgersteigen. Ein junges Paar lachte. Eine alte Frau schimpfte einem Pferdekarren hinterher. Die Sonne hatte Mühe, die Wolken zu durchdringen. Das Leben davor. Und ich war auf dem besten Wege, es zu zerstören. Ich hoffte, dass die ganze Mayenne erkannte, was wir vorhatten. Dass die Leute zu lächeln aufhörten. Dass sie sähen, wie wir Gerechtigkeit übten. Ich war nicht mehr Bonneau der Bastard. Und die beiden Brüder nicht mehr die Söhne eines verfemten Paares. Wir waren die Ausputzer der feindlichen Schützengräben. Wir würden das Böse ausrotten. Unrecht wiedergutmachen. Und die Ehre der Unschuldigen wiederherstellen.

René stürmte als Erster ins Atelier.

»Es lebe die Anarchie!«

Er schwenkte den Benzinkanister.

»Alle raus, gleich kracht's!«

Der Besitzer war nicht da, die Schneiderinnen stürzten mit erhobenen Armen schreiend auf die Straße.

»Anarchisten!«

René wartete, bis alle draußen waren, dann schüttete er Benzin über Decken, Gewänder der Bürger, ein Hochzeitskleid, Vorhänge, eine geblümte Stofftapete und alle Laken, die seine Mutter auch nicht gestohlen hatte. Draußen hörte man schon die Trillerpfeifen der Polizei. Händler holten mit großem Palaver ihre Auslagen von der Straße. Die Menge zerstreute sich.

»Freiheit für Sacco und Vanzetti!«, schrie eine Frau aus dem Fenster.

Lucien stieg auf eine liegen gelassene Holzkiste und rief: »Gerechtigkeit für Suzanne Rolin!«

Dann steckte er die Flasche an und schleuderte sie ins Schaufenster der Schneiderei.

Es folgte eine Explosion, als hätte eine Granate eingeschlagen.

Glassplitter und Mauerbrocken flogen durch die Luft, Werg und Stofffetzen tanzten brennend über dem Bürgersteig, bevor sie verkohlt zu Boden fielen. Dichter schwarzer Rauch stieg auf wie aus einem riesigen Kaminfeuer.

Gendarmen und Feuerwehrleute eilten herbei, Lucien und René lagen bäuchlings auf dem Boden, die Hände auf dem Kopf.

»Hau ab, du Trottel!«, flüsterte der Ältere mir zu.

Ich war nicht im Atelier gewesen, hatte nichts gesagt, und niemand hatte mich gesehen. Ich hätte mich durch Rauch und Trümmer rückwärts entfernen und nach Hause fahren können.

Aber ich verschränkte meine Hände hinter dem Nacken und legte mich neben meinen Freund René. Zitternd. All das stieß mir tatsächlich zu. Das war kein Traum. Da war ich dreizehn.

*

Lucien Rolin wurde vom Gericht in Le Mans zu fünfzehn Jahren Gefängnis verurteilt. Sein Bruder René zu sechs. Ich hatte nichts angestellt, außer sie zu begleiten, und keinerlei Widerstand geleistet. Der Richter verhängte zwei Jahre Haft.

Da ich unter sechzehn war, war mir laut Gesetz »*die Tragweite meines Handelns nicht bewusst*« gewesen. Deshalb wurde ich auf der Stelle begnadigt und in eine Arrestzelle gesteckt, bis meine Familie mich abholen käme.

Mein Vater war unauffindbar, und meine Großeltern wollten mich nicht zurück. Endlich waren sie mich los. Um mich zu disziplinieren, schlug mein Großvater vor, mich in einer Wohlfahrtseinrichtung unterzubringen. Dort wollte ich aber nicht hin. Genauso wenig wie in eine Pflegefamilie oder ein Fürsorgeheim. Da ich aber auch nicht auf der Straße bleiben konnte, weil das eine Anzeige wegen Landstreicherei nach sich gezogen hätte, beschloss das Gericht, mich in ein Erziehungsheim zu stecken, bis ich volljährig wäre.

In eine Korrektionsanstalt, so nannten sie das.

Eine Stunde hatte ich im Büro des Richters verbracht. Aus einem Dorf stammte ich? Vom Land? Dann wäre Belle-Île in Morbihan das Richtige für mich. Ein landwirtschaftliches Erziehungsheim. Dort könnte ich auf einem Bauernhof arbeiten, Äcker pflügen und Tiere weiden, würde aber auch unterrichtet. Ich wäre an der frischen Luft. Feld- und Stallarbeit würden mich fernhalten von städtischer Verderbtheit.

»In dem Alter kann man noch einen guten Jungen aus dir machen.«

Mein Gesicht sei noch nicht vom Laster gezeichnet. Der Arzt habe keine erbliche Belastung festgestellt. Mein Fall gehöre auch nicht in die Rubrik »jugendliche Delinquenz«.

Eigentlich redete er gar nicht mit mir, sonderte bloß Phrasen ab. Als ob er rezitierte.

Das Band meiner Mutter hatte ich vor der Leibesvisitation gerettet. Jetzt spielte ich nervös damit. Ich fragte den Richter, ob es auf dieser Insel Gitterstäbe, Mauern, Sträflingskleidung gebe. Er stand auf, lächelte, zündete sich eine Zigarette an. Sah meine verzweifelte Miene und behauptete, dass ich mich glücklich schätzen könne. Im letzten Jahrhundert habe man schlimme Kinder dem Orden der Pères du Saint-Esprit übergeben. Schlimmer noch, man habe Minderjährige und Volljährige in den Gefängnissen zusammengesperrt. Den Mörder mit dem Eierdieb und den Vergewaltiger mit seiner Beute. Heute trenne man echte Verbrecher von schwarzen Schafen. Dank solcher Korrektionsanstalten bekämen Kinder von der Justiz eine zweite Chance, und die solle ich ergreifen.

In einer Ecke des Büros saß ein Mann mit einem Heft auf den Knien und machte sich Notizen. Ich erfuhr nicht, ob er ein Journalist oder Schriftsteller war oder die Arbeit des Richters inspizierte, aber ich begriff, dass die salbungsvollen Sätze alle an ihn gerichtet waren. Es ging nicht darum, mich zu beruhigen, sondern ihn zu umgarnen. Der Fremde nickte oft und bestärkte den Richter durch seine stumme Zustimmung darin, die Vorstellung fortzusetzen. Bei der Entlassung hätte ich Hauptschulreife und eine Berufsausbildung. Könnte erhobenen Hauptes in die Armee eintreten. Oder zur Handelsmarine gehen.

»Zur Marine?«

Er lächelte. Haute-Boulogne bestehe aus zwei Sektionen, Seefahrt und Landwirtschaft.

Da musste ich nicht lange überlegen.

»Seefahrt!«, rief ich laut. »Das will ich lernen!«

Meine Schultern fielen wieder herunter.

»Vom Pflügen hab ich genug!«

Der schnelle Umschlag von Verzweiflung zu Begeisterung verblüffte den Richter. Er drehte sich zu dem anderen Mann um.

»Ein Punkt für Sie«, murmelte dieser ihm zu.

Ich war nur ein Studienobjekt.

*

Am 16. Mai 1927 wurde ich in die Korrektionsanstalt eingeliefert. Mit rasiertem Schädel. Wegen der Läuse. Aber auch zur Brandmarkung. Ich wurde der Marinesektion zugeteilt. In der Tischlerei und der Seilerei fehlten Arbeitskräfte. Also begann ich, aus Hanf Taue zu flechten.

Am 20. Mai landete ich zum ersten Mal im Loch.

Ich schlief in einem Achter-Schlafsaal im zweiten Block. Mein Bett stand neben der Tür. Am ersten Abend fand ich meine Matratze im Flur wieder. Am nächsten genauso. Und dann noch einmal. Als ich am vierten Abend in den Schlafsaal kam, lag die Matratze eingerollt in einer Ecke, die Decke war abgezogen und das Laken feucht von Pisse. Wortlos schleppte ich alles in den Flur. Dann schmiss ich die Matratze vom Bett nebenan und klaute das trockene Laken. Dann die nächste Matratze, die übernächste und so weiter, bis es alle sieben waren.

Das war kein Traum. Ich hatte mich Zug um Zug revanchiert.

Und da wurde es mir klar. Da begriff ich, wer der Kapo war. Der die anderen anstachelte, den Neuen zu quälen. Jean Soudars. Im Schlafsaal hatte sich keiner gerührt, aber er warf sich brüllend mit erhobener Faust auf mich. Ich empfing ihn mit einem Stuhl in der Hand. Traf seine Nase und seinen Mund, bis er mit aufgerissenen Augen stumm zu Boden ging. Als die Wärter eintrafen, saß er mit blutigen Lippen benebelt auf seinem Bett und zeigte schluchzend auf mich.

Sie führten mich ab, und ich spuckte auf seine nackten Füße.

»Übertreib's nicht, Bonneau!«, knurrte einer der Schließer.

Er hieß Pierre Le Goff und hatte nur einen Arm. Sie waren offenbar unsicher. Wahrscheinlich hatte Soudars nur gekriegt, was er verdiente, aber ich machte nicht richtig mit. Sagte nicht, was sie mit meiner Matratze angestellt hatten, beantwortete keine Frage. Ich saß mit hinter dem Rücken gefesselten Händen und gesenktem Kopf in der Wachstube, bis ein Verantwortlicher kam.

»Schau mich an, Bonneau!«

Mit einem Ochsenziemer hob er mein Kinn.

»Was hat Soudars dir getan?«

Mit gerunzelter Stirn und zusammengepresstem Kiefer warf ich ihm einen grimmigen Blick zu.

»Das ist deine letzte Chance, mit einer milderen Strafe davonzukommen, also sprich!«

Schweigen.

Der Oberaufseher versuchte Jules Bonneau, den neuen Insassen, einzuschätzen.

Er steckte seinen Knüppel weg.

»Du bist eine richtige Kröte, was?«

Keine Antwort.

»Und jetzt senkst du den Blick«, befahl Chautemps.

Ich wurde zu dreißig Tagen Einzelhaft verurteilt, davon drei bei Wasser und trocken Brot. Ausgeschlossen vom Unterricht, der Messe, der Hofpause, der Kantine. Essen in der Zelle und verpflichtende Anwesenheit in der Seilerei. Zwangsarbeit trotz Einzelhaft.

Mit einem Handtuch und zwei gefalteten Decken unterm Arm ging ich den Flur entlang, begleitet von Le Goff und einem anderen Schließer mit dem Spitznamen Napoléon.

Schmutzige, grau gekalkte Wände, Blasen an der Decke, es roch modrig und ranzig nach Menschen. Ein Keller. Auf jeder Seite etwa zwanzig Zellen.

Aus einer erklang ein irres Lachen. Ich meinte, die Stimme von Blin zu erkennen, einem Schneiderlehrling, der alles dafür tat, ins Irrenhaus zu kommen. Ohne anzuhalten, schlug Le Goff mit der Faust gegen das eiserne Guckloch.

Blin verstummte kurz. Dann begann er wieder zu lachen.

»Du hättest Soudars verpfeifen sollen«, flüsterte Napoléon. Er hatte die rechte Hand unter seine Jacke geschoben und zwinkerte mir zu.

»Glaubst du, der Dreckskerl schenkt irgendwem was?«

Mit einem großen Schlüssel schloss Le Goff eine Zelle auf.

»Zieh dich aus!«

Nachdem ich Schuhe und Hose abgelegt hatte, zögerte ich.

»Den Rest auch?«

»Alles. Bis auf das Hemd.«

Nur das Band wollte ich behalten, und er stopfte es mir in die Kitteltasche.

Dann schmiss er mein ganzes Zeug auf einen Haufen.

Selbst wenn es einem Häftling gelänge, den äußeren Riegel aufzukriegen, durch den Flur zu rennen, dann zwischen den Blocks bis zur Mauer zu gelangen und darüberzuklettern, würde er mit nacktem Arsch keine drei Schritte weit kommen.

»Das Handtuch bleibt draußen, am Nagel. Tagwache 5.30 Uhr, die Decken kommen in die Kiste vor der Tür, bevor es Futter gibt. Kapiert?«

Ich nickte.

»Und wenn du Fragen hast, behältst du die für dich«, fügte er noch hinzu.

Er stieß mich in die Zelle. Drei mal zwei Meter, nicht größer als ein Wandschrank. Zementboden, ganz hinten ein vergittertes Fenster. Die Matratze nahm den ganzen Raum ein.

»Fürs nächste Mal, Kröte, hältst du dich besser an den Rat eines Älteren: Verarsch uns nicht!«

Als ich zurück in den Schlafsaal kam, war meine Matratze unberührt. Nie mehr hat jemand mein Bett abgezogen. Ich hatte Prügel ausgeteilt und eingesteckt, aber keinen verpfiffen. Das hatte mir Respekt verschafft. Ich konnte sogar ein altes Foto der »kleinen Zitrone«, wie der Citroën 5 CV wegen seiner gelben Lackierung genannt wurde, neben meinem Nachttisch aufhängen. Von diesem Auto träumte ich seit meiner Kindheit. Damals hatte ich eines durch die Straßen von Laval fahren gesehen, immer dasselbe, das Einzige, mit Vater, Mutter und Sohn, der hinten ganz aufrecht in der Mitte der Rückbank saß. Sie fuhren gern mit offenem Verdeck. Angeber! Vor allem der Junge schaute herablassend, wenn er mich auf dem Gehweg zurückbleiben sah. Ich ging zu Fuß, er fuhr vorbei. Einmal spuckte er sogar in meine Richtung. Die Mutter war hübsch und hatte jedes Mal einen anderen Schal. Der Vater trug eine Rennbrille. Und der Sohn naschte ständig etwas. An jeder Kreuzung betätigte der Vater die elektrische Hupe. Das kupferne Kreischen ließ die Mädchen zusammenzucken. Dann lachte der Junge laut, den schokoladenverschmierten Mund voller Kuchen.

Als ich nach Belle-Île kam, hatte ich das Foto im Gepäck. Ich hatte es einmal aus einer alten Zeitung ausgeschnitten, die irgendwo herumlag, und die graue Karosserie zitronengelb koloriert. Die Farbe war für mich ein Fanal der Freiheit. So einen Wagen wollte ich einmal haben, wenn ich groß wäre. Ich würde ihn mit beiden Händen ankurbeln, auf dem Sitz Platz nehmen, meine Autofahrerhandschuhe auf das lederbezogene Lenkrad legen. Und dann losfahren, das Gesicht von der Geschwindigkeit gepeitscht. Die hohe Mauer hinter mir lassen, die Wärter und die Dreckschweine, die auf dem Bett der Neuen herumtrampelten. Durchs Land kutschieren, durch Wälder, an Seen entlang. Eine elegante Frau für den Sitz neben mir finden, die an jedem windigen Tag einen anderen Schal trüge. Und irgendwann auch ein Kind für den Rücksitz machen. Egal ob Mädchen oder Junge. Aber es wäre auf jeden Fall ein Kind der Liebe, das nie ein graues Seidenband am Handgelenk tragen müsste. Das nicht hochmütig wäre. Oder andere neidisch machte mit seinem Schokoladenéclair. Und nicht auf arme Leute spuckte, um sie zu beschämen.

4.
AM TAG DAVOR

26. August 1934

Seit ein paar Wochen brodelte es in Haute-Boulogne. Die Pantinen schlurften noch langsamer als sonst durch die Flure, das Exerzieren klappte nicht, und die Ruhe war schwerer herzustellen als sonst. Manche Insassen lachten auf eine Art, die man als offene Rebellion ansehen konnte, oder starrten die Aufseher an, dass es wie eine Drohung wirkte. Maurerlehrlinge dösten über ihrem Mörtel, angehende Schmiede träumten auf ihrem Amboss, und die Sardinenbüchsenhersteller dachten an ganz andere Dinge als an ihre Konserven. Selbst die Zimmerer, die Särge für die Kumpel zusammennagelten, trödelten beim Anpassen der Fichtenholzlatten. Nichts ging mehr. Es gab drei Ausbruchsversuche innerhalb von ein paar Tagen und den Angriff eines Kapos auf Napoléon vor der Kantine. Eine Revolte im Gemüsegarten von Bruté, Unruhen in der Sardinenfabrik und eine versuchte Brandstiftung in der Küche. Zweimal weigerten sich Zöglinge, den Schlafsaal zu verlassen. In der Schneiderei, der Klempnerei, der Waschküche, der Tischlerei kam keiner zur Arbeit. Selbst in der Bäckerei gab es Probleme. Das Brot war ungenießbar, weil ein Lehrling das ganze Salz ins Roggenmehl gekippt hatte. Und am schlimmsten: Zwei Wärter, die den Hofgang überwachen sollten, lieferten sich vor den Insassen ein Handgemenge.

Es hieß, dass der Direktor durch einen neuen Anstaltsleiter ersetzt werden sollte. Das Gerücht breitete sich in Haute-Boulogne aus. Und brachte alle durcheinander. Jungs, die in der Stadt arbeiteten, in Läden, Fabriken oder bei Privatleuten, hatten gehört, dass Colmont für die Zeitungen zum schwarzen Schaf geworden war. Sie warfen ihm übertriebenen politischen Ehrgeiz vor. Und forderten seinen Kopf. Im *Ouest Républicain*, der von sich behauptete, »das Organ der Landwirte und Seeleute im Morbihan« zu sein, stand, dass Haute-Boulogne ihm nur als Steigbügel für eine Karriere als Abgeordneter diene. Als kleine Hilfe für den großen Aufstieg. Er befinde sich im Dauerwahlkampf und habe eher die Repression der Jugendlichen im Sinn als deren moralische Erziehung. Er halte nichts von Wiedereingliederung durch Arbeit und habe aus einer Besserungsanstalt ein Straflager gemacht. Andere, wie der Kolumnist des *Flambeau Morbihannais*, der Zeitung der Veteranen und Feuerkreuzler, kritisierten die »verschwenderische« Verwaltung und stellten den Sinn der Anstalt überhaupt infrage. So stand eines Morgens auf der Titelseite: »Unser Geld verschwindet in den Taschen von Gaunern!«

Der erwartete Rücktritt des Direktors machte uns immer nervöser. Einige waren der Ansicht, dass wir ihm vor der Ankunft des Neuen die Verhandlungen aus der Hand nehmen und Forderungen aufstellen sollten: ein Ende der Schikanen, die Abschaffung des Großen Balls, Cidre zum Essen für alle über sechzehn, längere Arbeitspausen und dreißig Minuten später Licht aus. Aus Geraune wurde Getöse. Dazu kamen noch zahlreiche weitere Wünsche, die von Block zu Block heimlich ausgebrütet wurden.

Auch unter den Aufsehern gärte es. Sie beklagten sich über alles Mögliche, debattierten sogar in unserer Gegenwart offen über Lohn, Urlaub und Pension. Und dachten über ihren neuen Platz in der künftigen Organisation nach.

Laut Marc Auzenet würde ein ehemaliger Oberaufseher von La Petite Roquette zum Direktor berufen werden. Bevor er im Schiffsbauch nach Belle-Île verfrachtet wurde, war Auzenet angeblich selbst in diesem Pariser Gefängnis gewesen, das er »das grausame Haus« nannte. Sogar während der Messe in der dortigen Kapelle wurden die Kinder in den Holzboxen des Chorgestühls voneinander isoliert.

»Und die Zellen?«, fragte ich.

»Kaninchenställe, wie hier: Du schläfst drin, du frisst drin, du scheißt drin.«

La Petite Roquette, Haute-Boulogne, Eysses – jede dieser Anstalten rühmte sich, für das »Seelenheil unserer Schäfchen, auch der schwärzesten« zu sorgen – eine Formulierung unseres Kaplans, auf die er stolz war. Aber einer aus Paris, davon waren alle überzeugt, war bestimmt härter als die Leute von hier und hätte noch ganz andere im Gepäck als einen Le Goff oder Napoléon. Also bereiteten sich unsere Aufseher auf den Zusammenstoß mit den Neuankömmlingen vor. Obwohl offiziell noch gar nicht von einem Wachwechsel die Rede war.

*

Am Sonntag habe ich ganz Haute-Boulogne verblüfft. Nach der Parade, dem Hissen der Fahne und der Messe nutzte ich den Hofgang, um den anderen zu eröffnen, dass das alles Quatsch ist. Keine Rede davon, dass der Bock geht. Irgendjemand verarscht uns seit zwei Monaten nach Strich und Faden. Vielleicht sogar der Bock selber, getreu dem Motto *Teile und herrsche.* Kein Wechsel in Sicht. Im Gegenteil, nächste Woche wird Colmont auf einer Versammlung der Fédération républicaine in Vannes eine Rede halten, in der er sich seiner Erfolge bei der Wiedereingliederung jugendlicher Delinquenten in Haute-Boulogne rühmt und seine Kritiker verspottet. Er rechne jedenfalls damit, noch lange Anstaltsleiter zu bleiben. So stand es im *Ouest Républicain.* Ich hatte den Artikel ausgeschnitten und zeigte ihn herum. Allgemeines Staunen.

»Wo hast du das denn her?«, fragte Moysan.

Ich faltete ihn wieder zusammen und steckte ihn in die Hosentasche.

Mittags war die Angelegenheit schon dem Direktor zu Ohren gekommen. Das Signalhorn rief, und wir versammelten uns eilends im Hof. Keine widerwillige Bewegung, kein Scherz. Die Sache war ernst. Chautemps ließ uns Aufstellung nehmen, jeder mit der rechten Hand auf der Schulter des Nachbarn. Er schlug sich mit dem Ochsenziemer ans Bein.

»Mützen ab!«

Mützen, Schiffchen, Käppis wurden abgenommen. Dann hieß es warten. Zweihundert Kinder. Eine Stunde ohne Bewegung, während Le Goff und Napoléon die Reihen abgingen, um unsere Haltung zu korrigieren.

Als der Direktor kam, suchte sein Blick nach mir. Dann stieg er aufs Podest.

»Vortreten, Bonneau!«

Ich schlängelte mich zwischen den Kameraden durch. Keiner wagte, mich anzusehen.

»Hierher, Bonneau!«

Sein Bambusstab zeigte auf das weiße Kreuz am Boden, das die Position des Angeklagten markierte.

Mit gesenktem Kopf ging ich die paar Schritte.

»Taschen umdrehen!«

Da hatte jemand gequatscht.

Ich versuchte, Zeit zu gewinnen. Drehte sämtliche Jackentaschen nach außen. Als ich endlich zu den Hosentaschen kam, fiel mir der Artikel vor die Füße.

»Le Goff?«

Der Einarmige lief zu mir hin, hob das Papier auf und brachte es zum Direktor. Der rührte sich nicht und zwang so den Aufseher, die drei Stufen zu ihm hinaufzusteigen.

Er strich das Papier glatt. Erkannte sein Foto, den Artikel, den Titel: »FRANÇOIS-DONATIEN DE COLMONT, DER UNERBITTLICHE VON HAUTE-BOULOGNE.«

Er sah auf.

»Wo hast du das gestohlen, Bonneau?«

»Aus Ihrem Mülleimer, Monsieur.«

Der Direktor war verblüfft. Er stieg von seinem Podest herunter. Kam auf mich zu.

»Kannst du das wiederholen?«

Nur ruhig, keine Miene verziehen.

»Aus Ihrem Mülleimer, Monsieur.«

Der Direktor drehte sich zu Chautemps um.

»Aus meinem Mülleimer?«

Chautemps senkte den Kopf. Wieder einmal hätte er mich gern erwürgt.

»Du hast Zugang zu meinem Abfall, Bonneau?«

»Nein, Monsieur.«

»Also hast du einen Komplizen?«

»Ja, Monsieur.«

Er schien sich zu wundern.

»Name?«

Ich schaute ihn an.

»Das ist mir unangenehm, Monsieur.«

Er verschränkte die Arme.

»Angst, einen Kameraden zu verraten, Bonneau?«

Ich schüttelte den Kopf.

»Keinen Kameraden.«

Er verzog das Gesicht.

»Wen sonst, Bonneau?«

»Einen Aufseher.«

Er war wie vom Donner gerührt.

»Ein Tauschgeschäft.«

Einige lachten, andere standen mit offenem Mund da. Ein Tumult entstand.

»Ruhe!«, brüllte Le Goff.

Napoléon schüttelte einen Jungen, Chautemps schlug einem anderen auf den Nacken.

»Wollen Sie den Namen wissen, Herr Direktor?«

Colmont war kalkweiß geworden. Er klatschte zweimal in die Hände. Essen war gestrichen. Kein Hofgang, keine Pause am Nachmittag. Alle sofort zurück an die Arbeit. Man hörte Pantinen schleifen, Husten, Lärmen, Kichern, mit den Lippen erzeugte Furzgeräusche, Pfiffe und schrille Schreie wie als Antwort an die Möwen.

Colmont packte mich am Arm.

»Zelle durchsuchen, Chautemps!«

Die Wärter stießen mich in den Hof, brachten mich auf der Treppe fast aus dem Gleichgewicht und führten mich bis vor meine Käfigtür. Der Direktor ging hinterdrein. Ich musste mich im Gang hinknien, Stirn an der Wand und Hände auf dem Kopf. Ich schloss die Augen. Sie nahmen alles auseinander, das Tischchen, den Hocker, den Schrank. Als sie die Matratze umdrehten, zog ich den Kopf ein. Zwischen Bezug, Füllung und Federn hatte ich eine Art Tasche eingerichtet.

»Na so was!«

Das war Le Goff.

»Aufstehen, Bonneau!«, hörte ich gleich darauf den Bock.

Wie erstarrt lehnte er an der Wand meiner Zelle. Le Goff kniete vor dem Bett und wühlte mit seinem einen Arm in der Matratze. Eine Zeitung nach der anderen zog er aus dem Versteck und warf seinem Chef die Funde vor die Füße: *La Croix, Le Figaro, L'Union catholique de Morbihan.* Immer nur ein Exemplar. Oder sorgsam gefaltete Ausschnitte.

Auch *La Semaine religieuse du diocèse de Vannes* und *L'Avenir du Morbihan* kamen zum Vorschein. Als er in einer Stofffalte auf die *Action française* stieß, warf Le Goff dem Bock einen verlegenen Blick zu. Es war die Ausgabe vom 7. Februar 1934. Auf der Titelseite stand: »NACH DEN DIEBEN KOMMEN DIE MÖRDER!«

»Soll ich weitermachen?«

Colmont sagte kein Wort. Beobachtete nur meine Reaktionen.

Auf einmal schwenkte Le Goff eine Broschur mit fleckigem Einband.

»Ein Buch, Monsieur!«

Das war der gefürchtete Augenblick. Es handelte sich um *Kains Kinder* von Louis Roubaud, erschienen 1925. Der Journalist beschrieb Haute-Boulogne als »eine regelrechte Schule des Bösen«. Er ließ nichts aus: die Gewalt, die Zwangsarbeit, die Strafen, den Schmutz, den Hunger, den Großen Ball und wie Kinder dort krank wurden oder verrückt. Ich hatte Auzenet und Trousselot heimlich ein paar Passagen vorgelesen. Manches war ausgedacht wie die dampfende Suppe, mit der man hätte Plakate kleben können, weil der Löffel darin stand wie in einem Topf mit Klebstoff. Das brachte uns zum Lachen. Roubaud übertrieb, aber wir wussten, dass er es gut mit uns meinte.

Übrigens war keiner der Schließer mein Helfershelfer gewesen. Loiseau hatte mir das Buch und die Zeitungen besorgt. Seit zwei Jahren galt unsere Abmachung. Nach der Strafaktion und meinem Arschtritt für den Verrat hatte ich ihm Schutz angeboten. Dafür wollte ich keine Sauereien, wie die Kapos sie von ihm verlangten, sondern Nachrichten aus der Welt außerhalb der Mauer. Neben seiner Arbeit als Schneider und Wäscher für Privatleute nahe Sauzon half er dabei, die Mülleimer des Direktors zu leeren. Ich hatte ihm eingeschärft aufzupassen. Nur ab und zu eine Zeitung zu mopsen, nicht regelmäßig. Und auch nicht immer dieselben Titel. Eines Morgens ertappte er Chautemps dabei, wie er den *Ouest Républicain* vom Müllwagen nahm, die Zeitung an seinem Hosenbein ausklopfte, sie faltete und in die Innentasche seiner Uniformjacke steckte. Loiseau holte tief Luft. Er war also nicht der Einzige, der sich am Müll bediente.

Aus der *Action française* hatte ich von den Ereignissen des 6. Februar erfahren, aus einem Artikel von Léon Daudet. Dem *Ouest Républicain* war zu entnehmen, dass Philippe Pétain eine Rede zum Begräbnis von Maréchal Lyautey gehalten hatte. Und dass Hindenburg gestorben und Hitler Reichskanzler geworden war.

»Deine Lehrer sagen, du interessierst dich für Geschichte und Geografie. Und sogar ein bisschen für Politik, hab ich gehört?«

Das hatte er voriges Jahr zu mir gesagt.

Die Hände hinter dem Rücken verschränkt, begann er gerade zu verstehen, woher ich meine Informationen hatte.

»In meinem Abfall herumzustöbern ist verboten!«, sagte er mit ernster Miene und erhobener Stimme.

»Aber das hier!«

Er schwenkte das Buch, das Loiseau von einem Tisch der Wachstube hatte mitgehen lassen.

»Das ist Diebstahl, Bonneau!«

Le Goff sammelte die auf dem Boden verstreuten Zeitungen ein.

»Und für Diebstahl gibt es Karzer!«

Ich hatte mich an die Wand gelehnt.

»Steh gerade!«

Ich knallte die Hacken zusammen und stand stramm. So machte ich mich über seine Autorität lustig.

»Der Name deines Komplizen!«

Die Karte mit dem Schließer spielte ich nicht noch einmal. Sie hatte ihn höchstens ein paar Sekunden aus der Fassung gebracht. Ja, die Aufseher handelten mit Tabak, Brot, Cidre. Ja, manche kamen nachts zu den Kleinen ins Bett. Und ja, sie waren käuflich. Vor allem, wenn sie getrunken hatten und ihr Gegenüber doppelt so groß war. Jeder wusste es, und alle schauten weg. Schließer und Kapos teilten sich die Macht. Bei uns herrschte Ordnung. Aber nicht mit mir.

»Du bist nicht wie die anderen, Kröte«, hörte ich manchmal.

Und so war es auch. Mir graute vor den Starken wie vor den Schwachen. Besonders vor den Schwachen. In seinem Buch über die Anstalt wollte der Journalist die einfachen Leute zum Weinen bringen, indem er rührende Geschichten über Waisen, Scheidungskinder, Rabenmütter, Schwarzfahrer, Landstreicher und Eierdiebe erzählte. Es gab solche Fälle, aber mich betraf das nicht. Meine Sache waren Mitleid und Güte. Mein Leben und meine Fresse. Mein Schatten an der Anstaltsmauer beim Versuch, die Mauerkrone mit den Flaschenscherben zu erklimmen, um mit den Möwen zu ziehen.

»Dienstag im großen Gerichtssaal«, verkündete der Bock.

Ich würde mit dreißig Tagen davonkommen. Oder mit einer Verlegung.

Ich ballte die Fäuste.

Bis dahin müsste ich bezahlen.

Als sie meinen Kaninchenstall betraten, verstand ich. Drei Wärter aus dem dritten Block, ganz schlimme Schläger. Seit unsere Schließer den Titel Erzieher trugen, wollte der Direktor nicht, dass sie uns zu hart anfassten. Eine Ohrfeige da, eine Kopfnuss dort, ein bisschen schikanieren oder den Arm umdrehen ging in Ordnung. Für strengere Strafen rief er andere zu Hilfe. Solche, die man nicht unbedingt im Flur traf, um sich zu rächen.

Gefolgt von Le Goff, Napoléon und Chautemps, verließ Colmont meine Zelle.

Bevor er die Tür schloss, sagte er zu den dreien: »Die Kröte gehört Ihnen, meine Herren.«

*

Ich hatte gespielt und verloren. Das war der Preis. Die drei Wärter verstanden sich gut. Sie waren es gewohnt, zusammenzuarbeiten. Als Erstes ein Kopfstoß, damit ich hinfiel. Es folgten Fußtritte, Fausthiebe, aber Schlagen allein reichte nicht, sie wollten mich beschädigen. Souvenirs für später hinterlassen. Spuren, die andere sehen mussten. Sie bestraften mich als Warnung für die ganze Anstalt. Die Knie bis zum Kinn angezogen, lag ich auf der Seite und wartete. Ohne mich zu beschimpfen oder anzubrüllen, prügelten sie schweigend und gewissenhaft auf Schenkel, Rücken, Arme ein. Wie Holzfäller, die ihre Arbeit machen, dachte ich. Sie gaben sich Mühe, jeder Treffer hallte vom Nacken bis zum Bauch in mir wider. Beim ersten Blut hören sie auf, hatte Auzenet mir erklärt. Deshalb biss ich mir, als ich auf dem Boden lag, kräftig in die Wange.

Und danach noch extra auf die Zunge. Über dem Schmerz vergaß ich fast die Brutalität der Schläger. Kaum erfüllte der metallische Geschmack des Blutes meinen Mund, mischte ich es mit Speichel und spuckte hustend aus. Befleckte den Boden. Stellte mich tot. Und pfiff damit das Ende der Partie.

Ein letzter Tritt in die Nieren, dann war Schluss. Ich hatte die Augen geschlossen. Totstellen beunruhigt sie und erlaubt einem, Zeit zu gewinnen. Einer schüttete mir einen Krug Wasser über den Kopf, das Gesicht, den zerschundenen Körper. Ein anderer bemerkte das graue Band, das ich mit der Hand umklammerte. Riss es mir weg. Und stopfte es in seine Tasche. Dann gingen sie.

»Kannst du aufstehen, Kröte?«

Das war Le Goff. Toupet richtete sich derweil im Gang seine blonde Perücke.

Ob ich aufstehen könne? Würde schon gehen. Ich rappelte mich bis zum Sitzen hoch. Er streckte die Hand aus. Ich nahm sie nicht. Jetzt war ich wirklich verwaist. Keine Wunde der Welt reichte an den Verlust des Seidenbandes heran. Ich ging auf die Knie und stand langsam auf, indem ich erst ein Bein vorsetzte und dann das andere nachzog. Mein Gesicht hatten sie nicht zerschlagen, aber mein linkes Ohr blutete vom Aufprall nach dem Kopfstoß. Ich setzte mich aufs Bett.

»Los, Bewegung, Bonneau«, murmelte Le Goff.

Er fühlte sich offenbar nicht wohl in seiner Haut. Andere hatten mir schon gesteckt, dass ihm Züchtigungen zu schaffen machten. Prinzipiell hatte er nichts gegen Strafen, ob Einzelhaft oder trocken Brot, nicht einmal gegen den Großen Ball.

Aber Kinder zu schlagen gehörte nicht zu seinen üblichen Beschäftigungen. Ihm genügte das Wissen, dass ich am Dienstag vor Gericht gestellt und streng verurteilt werden würde. Allerdings hatte ich den Direktor öffentlich gedemütigt, und diese Strafe war seine Rache.

Dazu gehörte auch der lange Marsch zur *Ville de Palais*, der im großen Innenhof versandeten Fregatte. Chautemps hatte mir Fußfesseln und Handschellen angelegt. So kam ich nur mühsam humpelnd voran und bot dabei ein groteskes Bild. Wie ein in der Mitte abgeknickter Affe bewegte ich mich mithilfe von Hüftschwüngen weiter und drohte bei jedem Schritt zu stürzen. Der Bock wusste genau, dass ich an allen Mitinsassen vorbeimusste, die gerade aus der Kantine kamen. Und dass keiner mich bedauern würde. Bonneau, das Großmaul, sollte eben nicht immer so große Töne spucken. Kein schöner Anblick, die Kröte, mit dem vernarbten Schädel, dem blutigen Mund und den geschwollenen Lidern. Um mich zur Schau zu stellen, nahmen die Wärter den Königsweg. Durch den Garten der Verwaltung, an der Kapelle und der Krankenstation vorbei bis in den Hof des ersten Blocks, damit so viele wie möglich mich sahen.

Aber etwas war anders. Wenn sonst ein bestrafter Zögling vorgeführt wurde wie ein Bär auf dem Jahrmarkt, wandten alle den Blick ab oder senkten den Kopf. Doch diesmal winkten mir sogar manche, denen mein blutiges Ohr auffiel. Andere knallten ihre Absätze laut auf den Boden. Ein Haufen Unzufriedener.

»Halt durch, Bonneau!«

Loiseaus helle Stimme, gefolgt von ein paar Ermutigungen.

»Kröte, zeig's ihnen!«

Eine tiefe Stimme, die ich nicht erkannte.

Ich hielt den Atem an. Ich war gerührt. Überwältigt. Und hatte zugleich Angst vor den Konsequenzen.

»Scheiß auf den Knast!«

Le Goff machte ein verschlossenes Gesicht. Chautemps schaute in alle Richtungen gleichzeitig. Toupet fuhr sich nervös durch sein pomadisiertes Haarteil. Die Dreierreihen hatten sich aufgelöst. Statt der feiertäglichen Ruhe nach dem Essen herrschte das größte Tohuwabohu. Dutzende Zöglinge wuselten wild durcheinander. Mützen wurden geklaut. Ein paar Meter entfernt flog ein Stein. Aus dem Werkhof waren Trillerpfeifen zu hören. Dann ein Hornsignal. Bevor die Verstärkung eintraf, hatten sich alle wieder beruhigt. Manche stellten sich wieder in Dreierreihen auf. Andere setzten sich an die Mauer, gut sichtbar.

Schweigend erreichte unsere kleine Prozession schließlich das Schulschiff. Ein Bootsmann an Deck schrie den in den Wanten hängenden Zöglingen Befehle zu. Am Vortag hatte es so stark geregnet, dass die Manöver auf Sonntag verschoben worden waren. Der Pfarrer war einverstanden und hatte das Schiff nach der Messe gesegnet. Als der Bootsmann mich kommen sah, sprang er vom Schiff. Le Goff und Chautemps stellten mich bei den Pflöcken ab, die das Schiffsgelände begrenzten. Nur Angehörige der Marinesektion und der Direktor durften an Bord. Gerade waren die Reepschläger und Rudergänger am Zug. Als ich an Deck kam, versuchten rund zwanzig von ihnen, bis zur Spitze der Masten verteilt, bäuchlings über den

Rahen hängend, die Pantinen möglichst fest auf den Sprossen der Jakobsleitern, ihr Gleichgewicht zu halten und die Segel aufzugeien.

Eigentlich hätte ich auch dabei sein sollen, war aber gezwungen, das Los eines anderen zu teilen, der schon seit morgens am Großbaum hing. Es hatte einen Streit zwischen Häftlingen in der Schneiderei gegeben. Der Junge war auf den Aufpasser losgegangen, der schlichten wollte. Im vergangenen Jahr hatte sein kleiner Bruder genug von Achterknoten, Palstek und Kopfschlag gehabt und erhängte sich mit einer einfachen Schlinge an einem Balken in der Kantine.

Ich sollte achtern an den Besanmast gebunden werden, am gerefften Rahsegel, damit ich vom Hof bis zu den Werkstattfenstern zu sehen wäre und alle etwas davon hätten.

Soudars bekam den Befehl, mich zu fesseln. Er war begeistert. Ich sah seine strahlenden Augen. Sein Siegerlächeln.

»Die Handgelenke ganz fest!«

»Ja, ganz fest, Chef!«

Sie hatten mir die Fußfesseln nicht abgenommen, also zerrte er mich verrenkt nach hinten wie einen Hampelmann.

»Bis 21 Uhr am Baum, die Nacht in der Zelle«, rief Chautemps dem Bootsmann zu.

Dann verließen er und Le Goff den Hof, dieses Meer aus Beton, das ein Schiff mit zwei als Matrosen verkleideten Kindern festhielt. Sie schlichen sich davon, ohne sich umzudrehen, ohne ihrer am Mast hängenden Kröte noch einen Blick zu schenken. Dem zwanzigjährigen Meuterer, der nur Gitterstäbe und Knast kannte und nicht einmal in den tobenden Ozean stürzen könnte. Mir taten Arme und Beine weh. Mein linkes Auge war fast zugeschwollen. Der Schmerz pochte in Stirn, Nacken und Schläfen. Meine verletzte Zunge scheuerte an den Zähnen. Meine Wangen schmeckten nach Niederlage. Ich drückte mit beiden Händen den Tampen, der sie gefangen hielt, und träumte mir das raue Reep, das Strähne um Strähne geschlagene Tau, glatt und weich. Wie brüchige Seide. Wie das graue Band im Haar meiner Mutter.

5.
DER GROSSE AUSBRUCH

Montag, 27. August 1934

Der Abend verlief turbulent. Ich hörte das Tohuwabohu aus dem Zellenblock. Ein paar Insassen schlugen mit ihren Aborteimern im Takt gegen die Wände. Andere brüllten aus den Fenstern wie Tiere. Einer wurde aus dem Hof gewaltsam zum Arrest geschleift.

»Nicht an den Haaren, ihr Schweine!«, schrie er. »Ihr sollt mich nicht an den Haaren ziehen!«

Schreie auch aus dem Strafblock. Und Tritte gegen die schweren Türen.

»Was haben die denn heute?«, schimpfte Chameau, während er den Flur entlangging.

Allmählich flaute es ab. Trillerpfeifen und zwei Trompetensignale, dann die Ruhe nach der Schlacht.

Ein resigniertes Schweigen mit gesenkter Stirn und geballten Fäusten.

Bis zu meinem Auftritt vor Gericht musste ich arbeiten und durfte in der Kantine essen. Aber da ich unter Arrest stand, saß ich als Einziger am hintersten Tisch. Meine Bankgenossen waren begeistert: vier Esser statt fünf. Sie hatten es jetzt gemütlicher. Le Goff blaffte nämlich vor jeder Mahlzeit: »Aufrecht sitzen! Knie zusammen!« Ohne mich konnten sie breitbeinig dasitzen wie in einem Café.

Ich arbeitete nicht allzu viel. Drehte meine Runde um die Taue wie ein Werkstattleiter. Beugte mich über ein Spinnrad, beäugte ein heruntergefallenes Kardeel. Der Hanf lief nutzlos von meinen Hüften. Mein Reep kam nicht voran. Ich flocht nicht mehr, ich tat nur so. Und niemand sagte etwas. Kein böses Wort. Anscheinend hatten die Chefs entsprechende Anweisungen erhalten.

»Er wird verlegt, den könnt ihr vergessen.«

Bestimmt war es so. Sie hatten mich einfach von ihrer Liste gestrichen. Sie erlebten die letzten Stunden der Kröte an diesem Ort. Bald könnten sich andere mit ihm herumärgern. Bis dahin vermieden sie jeglichen Ärger. Bonneau hat keine Lust zu arbeiten? Ignoriert ihn!

Um meine Hypothese zu testen, verließ ich meine Spindeln und setzte mich auf einen Haufen fertiger Taue. Der Vorarbeiter kehrte mir den Rücken und machte einen anderen zur Sau. Bonneau war unsichtbar geworden.

Um 18.45 Uhr nahm ich meinen Platz als Letzter in der Reihe der Gefangenen ein, die mit gesenktem Kopf, die Mütze in der Hand, zur Kantine schlurften. Kein Laut, kein Wort, wie Tiere auf dem Weg zum Trog.

Nur Camille Loiseau drehte sich um. Suchte mich mit den Augen und lächelte mir zu.

*

Vor ein paar Monaten hatte ich den Deutschen erwischt, als er ihn missbrauchen wollte. Das Schwein war volljährig geworden und wollte sich ein letztes Mal an dem Kleinen vergreifen, bevor er seine Sachen packte und zur Armee ging. Er hatte ihn am Eingang zum Schlafsaal hinter einer Schranktür eingeklemmt. Zwei Komplizen standen beidseits der Treppe Schmiere, um den Hof im Blick zu haben, und warteten, bis sie an der Reihe waren. Gemeinsam mit dem anderen, ihrem Kapo, machten sie Loiseau das Leben zur Hölle. Wir nannten ihn den Deutschen, weil er Lothringer war. Oder Elsässer. Das wusste keiner so genau. Jedenfalls hatte er einen fürchterlichen Akzent, behauptete, Franzosen zu hassen, und fluchte auf Deutsch.

Ich kam gerade mit Moysan, Biene und Trousselot aus der Werkstatt, der dicke Guihaire kam uns entgegen und rief mit angewidertem Gesicht: »Der Deutsche vergreift sich an einem von den Kleinen!«

In unserem Block fanden Dacharbeiten statt. Ich schnappte mir ein armlanges Bleirohr und rannte die Stufen hinauf. Die drei begriffen sofort und verteilten sich wortlos am Fuß der Treppe. So lief das in Haute-Boulogne. Erklärungen überflüssig. Wir waren ein Rudel Wölfe. Mit eigenen Gesetzen. Als die Wachen mich mit dem Rohr in der Hand auf sie zukommen sahen, machten sie sich aus dem Staub. Sie fürchteten meinen Zorn. Der Erste verzog sich ins Haus, der Zweite rempelte mich an, als er die Treppe herunterrannte. Hob die Arme. Tut mir leid. War keine Absicht. Und flüchtete Richtung Innenhof.

Der Deutsche lehnte mit geschlossenen Augen an der

Wand, die Hände in den Hüften, die Hose heruntergelassen bis auf die Knöchel. Loiseau kniete vor ihm.

»Los, spiel meine Flöte, du kleine Schwuchtel!«

Ich donnerte das Rohr auf das Geländer, dass es sich fast verbog. Das Schwein riss die Augen auf. Loiseau befreite sich und kroch zitternd zur gegenüberliegenden Wand.

»Ich hab ihm nichts getan, Bonneau, das schwör ich dir!«

Panisch versuchte er, sich die Hose hochzuziehen. Vornübergebeugt, den Arsch im Freien, wollte er seine dicken Schenkel bedecken, die im rauen Stoff des herunterhängenden Kittels gefangen waren. Ich brachte ihn zu Fall. Mit einem Schlag in die Brust.

»Verdammt, Kröte!«

Er flog rückwärts gegen die Wand. Knallte mit dem Rücken, dem Nacken, dem Kopf gegen den Zement. Prallte ab und fiel nach vorn, auf alle viere. Schnappte nach Luft. Ich verpasste ihm einen zweiten Schlag in die Nieren. Und noch einen auf die linke Schulter, damit sein Arm einknickte. Und er auf den Bauch fiel. Stirn und Kiefer krachten auf den Boden. Er spuckte Blut.

»Scheiße, Kröte, mach das nicht!«

Loiseaus helle Stimme riss mich aus meiner Raserei. Das war kein Traum. Ich kniete über dem Deutschen und hielt das Bleirohr mit beiden Händen, zum Schlag bereit. Gleich würde es mit voller Wucht seinen Nacken treffen. Ich sah, wie Loiseau auf mich zustürzte. Und ich sah mich. Ich wollte das Schwein töten. Aber ich rührte mich nicht, blieb wie festgefroren in meiner Position.

»Gib her!«

Sanft nahm mir der Kleine das Rohr aus den Händen. Ich ließ ihn machen. Zitternd. Mit angehaltenem Atem. Moyson und Guihaire kamen die Treppe herauf. Wortlos versteckte Moyson das Rohr unter seinem Hemd. Dann gingen sie wieder hinunter.

»Schlag ihn«, befahl ich Loiseau.

Erschrocken sah er mich an. Ich rieb nervös meine Hände am Oberkörper.

Nein. Er schüttelte den Kopf. Ich hob drohend die Faust.

»Schlag ihn oder ich mach ihn fertig.«

Ich wollte, dass der Junge sich an ihm rächte.

Also tat er es. Trat das Schwein in den Bauch, mit Anlauf, wie ein Fußballspieler. Und noch einmal, weiter unten, zwischen die Beine. Der Deutsche heulte auf. Nichts war Loiseau anzusehen, sein Blick blieb ausdruckslos. Keine Wut, keine Freude, keine Erleichterung. Außer uns war niemand im Schlafsaal. Der Deutsche würde nichts sagen. Auch seine Komplizen nicht. Das war Gesetz in Haute-Boulogne. Er würde sich auf der Treppe fallen lassen, um eine Erklärung für seine Verletzungen zu haben. Damit könnte er niemanden täuschen, weder Schließer noch Zöglinge, aber er hätte einen Anschein von Stolz gewahrt.

Loiseau ging rückwärts in den Schlafsaal und ließ den Koloss, der sich mühsam aufrappelte, nicht aus den Augen. Ich hatte ein Knie auf dem Boden, die Hand in den blonden Haaren des Deutschen und zog seinen Kopf nach hinten. Kein schöner Anblick. Die Nase war gebrochen.

»Hörst du mich?«

Er nickte.

»Der Kleine heißt Loiseau, nicht Mademoiselle, klar?«, flüsterte ich ihm ins Ohr.

Er gab keine Antwort. Roter Schaum floss in einem dünnen Rinnsal seinen Hals hinunter.

»Verstanden?«

Er nickte wieder. Hielt sich die verschränkten Hände vors Geschlecht.

»Und das sagst du gefälligst so weiter.«

Sein verlorener Blick.

»Wenn irgendwer noch einmal Mademoiselle zu ihm sagt, mach ich dich dafür verantwortlich.«

Er hustete und sabberte irgendwas Unverständliches. So ließ ich ihn liegen, am Eingang zu den Schlafsälen, in Embryohaltung, die Hände zwischen den nackten Schenkeln, mit zersplitterter Nase und blutigem Mund. Ich empfand nichts. Weder Freude noch Stolz. Vor ein paar Jahren hätte ich noch weggeschaut. Nicht mein Problem, Loiseau. Loiseaus gibt es viele in Haute-Boulogne. Überflüssige aus dem Waisenhaus, Abfall der öffentlichen Fürsorge. Lange Zeit wollte ich nur, dass sie krepierten oder zu stöhnen aufhörten. Mich störten ihre Qualen. Ihre gehetzten Blicke. Ihr unter dem Schlagstock gekrümmter Rücken. Waisengeschichten widerten mich an. Geschichten vom Verstoßenwerden, von zu vielen Mäulern, die gestopft werden wollten, und schwierigen Jungs, die von ihrer Familie ausgesetzt wurden wie Hundewelpen. Wie all diese Unglücklichen war Loiseau aus reinem Zufall hier. Er hatte nichts mit uns zu tun. Für uns war das hier die Vorstufe zum Zuchthaus, zum Bagno von Cayenne oder den Strafkolonien in Afrika. Opfer wie Loiseau waren Auswüchse des Systems. Sie waren unschuldig, und ich verabscheue Unschuldige. Mich reizt der Henker mehr als sein Opfer. Ich hasse Opfer. Ich hasse gesenkte Blicke. Ich hasse Jammern. Ich hasse gekrümmte Rücken. Ich hasse alle, die mit leeren Händen den Abgang machen.

Und dann hat Loiseau mir geholfen. Hie und da, ein ums andere Mal, auf seine Weise rebellisch. Er klaute Zeitungen vom Bock, nahm vor einer Razzia mein Messer an sich, stahl für mich, log für mich, riskierte für mich eine Strafe. Wir waren Gegensätze. Ich schlug zu, er wich aus. Ich brüllte, er flüsterte. Er war der Schatten, ich das Licht. Wir schuldeten einander nichts. Aber jeder beschützte den anderen auf seine Weise. Wir hatten einen Überlebensbund. Fast so etwas wie Freundschaft.

Das Wort »Freund« kam in meinem Leben nicht vor. Nie hätte ich jemanden so bezeichnet. Ich hatte keine Familie, keine Verwandten, keine Freunde. Kannte keine mütterliche Zärtlichkeit, keine väterlichen Regeln. Auch keine gleichaltrigen Schul- oder Spielkameraden. Nur einen Schaufeldieb, der mit mir gemeinsam floh, und Brandstifter, böse gewordene Jungs. In der Anstalt hatte ich mich von Anfang an abgesondert. Niemand sollte in meine Fußstapfen treten außer mir, Bonneau, der Kröte. Es ging mir immer nur darum, einzustecken, auszuteilen und bis zum nächsten Tag durchzuhalten. Mit dem Leid der anderen wollte ich nichts zu tun haben. Es nicht hervorrufen, aber auch nicht lindern.

Wegschauen.

Bis zu dem Abend, an dem ich dem Klarinettisten einen Fußtritt gab. Und ihn auf dem Boden liegen sah, durchscheinend, halbnackt und ausgehungert. Da entdeckte ich meine Scham. Musste an mich als Kind denken. Meinen Traum von einer ausgestreckten Hand. Von einem, der mir nach einer Schlägerei aufhilft. Der die Faust meines betrunkenen Großvaters festhält. Der dem Gendarmen, der hinter mir her ist, ein Bein stellt. Ohne das Wort auszusprechen, hatte ich von einem Freund geträumt. Und ohne dass Loiseau es ahnte, war er zu einem geworden.

*

Um 19 Uhr ertönte das Signal für die Suppe. Aber zuerst mussten wir vor unseren Werkstätten antreten, um uns filzen zu lassen. Wir könnten ja eine Feile eingesteckt haben, ein Stahlrohr, irgendein Werkzeug, das als Waffe oder Tauschobjekt zu gebrauchen war. Dann ging es in Viererreihen zum Essen, auf klappernden Holzschuhen oder Pantinen.

Wir standen an den Tischen, ich zur Strafe allein ganz hinten. Erst wenn Chautemps in die Hände klatschte, durften wir uns setzen. Fünfzig Mäuler waren mit dem Fraß zu stopfen. Vor uns eine dünne Suppe, ein Bohneneintopf, ein Stück Gruyère und ein Apfel. Gerade sitzen, Blick auf die Nacken vor uns und die schmutzige Wand gegenüber, die Hände links und rechts des Gedecks.

Beim zweiten Klatschen nahm jeder seinen Löffel. Und begann schweigend mit der Suppe.

Man hörte Besteck klirren, Schlürfen und eine Trillerpfeife. Fast sofort. Nur einmal und sehr laut. Ratte rief wen zur Ordnung.

»Loiseau, die Vorschrift!«, brüllte er.

Sein Schrei ließ uns erstarren.

Chautemps stand neben mir und stürzte sich auf den Kleinen, der zwei Reihen vor mir saß.

»Loiseau war's, Monsieur!«, krakeelte die Ratte und zeigte mit dem Finger auf ihn.

Verblüfft, mit aufgerissenem Mund, glotzte Chautemps den Übeltäter an.

»Mademoiselle verarscht uns?«

Loiseau hatte sich zu ihm umgedreht, den Käse in den zitternden Fingern.

Käse vor der Suppe! Warum hatte er das getan? Aus Hunger? Zerstreutheit? Oder war das eine Geste des Widerstands? Von der Suppe bis zum Dessert hatten unsere Mahlzeiten nach einem vorgegebenen Schema abzulaufen. Es war streng verboten, nach Lust und Laune zu naschen. Nach dem Signal zum Essen Anmarsch in militärischer Formation, nach dem Klatschen hinsetzen, Klatschen, zum Löffel greifen, Klatschen, zur Gabel greifen, Klatschen, zum Obst greifen, Klatschen, Abmarsch aus der Kantine, schweigend, in Reih und Glied. Gegen das Zeremoniell zu verstoßen war ein Akt des Ungehorsams. Und der Beweis, dass wir weiterhin böse und gefährlich waren, allzeit bereit, die Mauern in die falsche Richtung zu verlassen.

Ratte war als Erster bei Loiseau. Mit dem Handrücken schlug er ihm den Käse aus der Hand. Dann begann er, ihn brutal zu ohrfeigen, immer abwechselnd ein Schlag mit der flachen Hand und einer mit der Verkehrten. Der Kleine, der am Ende einer Bankreihe saß, fiel zwischen zwei Tischen zu Boden. Wie eine Stoffpuppe. Jetzt kamen noch Toupet und Chameau dazu. Der eine hob ihn an den Haaren hoch und hielt ihn für seinen Kollegen aufrecht. Der andere schlug ihm mit seinem Schlüsselbund auf die Lippen. Und mit beiden Händen auf die Ohren. Gleichzeitig kam Ratte von hinten und trat Loiseau zweimal ins Kreuz. Als müssten sie einen tollwütigen Hund unschädlich machen.

»Mit Maß und Ziel bitte, meine Herren!«, ließ sich Chautemps vernehmen.

Gegen alle Regeln war ich aufgestanden. Wie etwa die Hälfte der Anwesenden.

»Setzen! Alle!«, brüllte Chautemps.

Ich hatte meinen Löffel noch in der Hand. Wie eine Waffe. Der dicke Guihaire, Trousselot, Biene und Méheut erhoben sich langsam. Auch die Kapos – der Deutsche, Soudars und Auzenet – verließen ihren Platz.

Ratte hielt Loiseau am Kragen. Chameau verdrehte ihm den Arm auf den Rücken, um ihn hinauszuzerren.

Chautemps war auf einen Stuhl gestiegen. Er tobte.

»Setzen und Ruhe!«

Dann wandte er sich dem Übeltäter zu.

»Loiseau!«

Der stand mit dem Rücken zu ihm, an jedem Arm von einem Aufseher fixiert. Jetzt rissen sie ihn herum.

»Zwei Tage Arrest bei trocken Brot und zehn Tage Einzelhaft!«, verkündete Chautemps.

Da flog mein Löffel. Wie beim Messerwerfer im Zirkus. Und traf Chautemps an der Schläfe. Er wankte und fiel rücklings vom Stuhl. Trousselot ging mit erhobenen Fäusten auf Ratte los, Coisnard auf Chameau. Schreiend. Ein Schlag auf die Kehle setzte Ratte außer Gefecht. Der Hass in seinem Blick wich dem Entsetzen. Er verdrehte die Augen, schnappte nach Luft, ruderte mit den Armen und fiel um. Coisnard versuchte, Chameau dazu zu bringen, dass er seine Beute losließ. Er trat ihn brutal ins Kreuz, dann, als er zu Boden gegangen war, mitten auf die Stirn. Nun stürzten sich auch Lefèvre, Jesson, Brillat der Aal und Klein Malo in die Schlacht – die Unsichtbaren, Folgsamen, die Musterzöglinge. Die drei Aufseher lagen auf dem Boden, unter unseren Ellbogen und Fäusten. Toupet richtete sich auf und setzte seine Trillerpfeife an. Ich gab ihm einen Tritt aufs Maul, damit er ruhig war. Le Goff kam gelaufen. Und sah auf den ersten Blick, dass wir hier nicht nur ein bisschen Radau veranstalteten. Und rannte los, um Verstärkung zu holen. Loiseau lag mit blutigem Mund in einer Ecke des Raums wie ein verwundetes Tier.

Noch nie im Leben hatte ich so gewütet. Traf Menschen, Tische, Servierwagen. Wie im Rausch. Schlug mit der Faust die Tür des Geschirrschranks ein. Toupet hatte sich befreit und hinkte Richtung Ausgang. Ich fing ihn wieder ein, als er durch den Flur torkelte, und zog ihm einen Krug über den Schädel. Dabei verlor er seinen blonden Fifi. Er versuchte noch einmal zu fliehen. Ich sprang ihm mit den Absätzen in die Kniekehlen. Jetzt kroch er nur noch. Wie eine Schnecke. Ich ließ ihn. Er war bestimmt nicht der Schlimmste unter den Schließern. Sollte er sich doch weiter winden. Seine Perücke stopfte ich in meine Jackentasche. Eine Trophäe. Ich konnte nicht mehr denken, nicht mehr schreien, kaum noch sehen. Die Kantine verschwamm vor meinen Augen. Eine rote Furie wütete in mir. Mein ganzes Herz lag in meinen Fäusten. Meine Schläfen schmerzten. Meine Zähne klapperten. Für eine nötige Bewegung brauchte ich drei überflüssige. Ich ging nicht, ich tanzte. Schnitt Grimassen in den Tumult. Streckte die Zunge heraus wie ein Wasserspeier. Alles löste sich auf. Die Beschimpfungen, die Schikanen, die Kränkungen, die Demütigungen, die Schläge. Die Winterkälte, die Sommerhitze, der Geruch unserer ungewaschenen Körper, der Hunger, die Flöhe, die Wanzen, die Krätze. Sieben Jahre Lager fielen gerade von mir ab. Ich raste. Ich atmete. Ich lebte.

Zurück in die Kantine! Loiseau lag auf der Seite. Kam langsam zu sich. Fror. Zitterte. Ich deckte ihn mit Toupets schwarzer Pelerine zu.

»Das hättet ihr nicht tun sollen … Das hättet ihr nicht tun sollen …«

Angstvoll wiederholte er diesen Satz. Lispelnd. Sie hatten ihm die Schneidezähne ausgeschlagen. Aber er hatte nicht zum ersten Mal Schläge eingesteckt. Mit ein paar Beulen mehr und ein paar Zähnen weniger könnte er leben. Er lag mit der Wange auf den Fliesen und hatte die Verwüstungen auf Augenhöhe vor sich: Tische und Bänke waren umgeworfen, Becher, Blechnäpfe, Suppenschüsseln aus Zinn, Besteck, Brotkörbe, Speck, Bohnen lagen wild durcheinander auf dem Boden.

»Das hättet ihr nicht tun sollen …«

Ich hockte neben ihm. Und fuhr ihm durch die Haare. Das war nicht meine Art. Ich war nie gestreichelt, besänftigt, getröstet worden. Von Kindheit an litt ich einsam wie ein Hund.

»Das hättet ihr nicht tun sollen …«

Ich beugte mich über ihn.

»Hörst du mich, Kleiner?«

Er nickte.

»Wir haben es für uns getan.«

Er schaute mich an.

»Es hätte genauso gut gestern oder morgen früh losgehen können, wer weiß. Jetzt ist es eben heute Abend explodiert.«

Er schloss die Augen.

»Aber wegen mir«, murmelte er.

Ich lächelte.

»Dank dir, Camille.«

Seine Augen wurden riesengroß. Seit er hier war, hatte ihn noch nie jemand mit seinem Vornamen angesprochen.

Wir hatten zwei Gefangene gemacht: Chameau und Ratte saßen mit den Händen auf dem Kopf da. Die Schlüsselbunde hatten wir ihnen abgenommen. Chautemps hatte sich durch ein Fenster gerettet. Der Rest der Truppe war desertiert. Sie überließen uns das Terrain und warteten am großen Tor auf Verstärkung. Von der Kantine war nicht mehr viel übrig.

»Das ist kein Traum, verdammt!«, rief ich laut. »Das ist wirklich wahr!«

Die Jungs hatten sich in kleine Grüppchen aufgelöst und ließen ihrer Fantasie freien Lauf. Manche machten aus den im Hof abgeladenen Pfosten Knüppel. Von dem Tumult, den Trillerpfeifen und dem Geschrei aufgescheucht, hatten die Insassen in den übrigen Kantinen auch rebelliert. Ich lief mit Trousselot zur Seilerei. Wir brauchten Fesseln für unsere Gefangenen. Und zwanzig Meter solide Trossen, um auf die Dächer zu flüchten. Zu fünft schleppten wir das schwere Tauwerk, im Gänsemarsch, und wurden für diese Passage zu Treidlern. Überall rannten Zöglinge herum. Einige hatten die Küchen geplündert, andere die Apotheke. Wieder andere hatten Wäsche und Schreibtische gestohlen, Glühbirnen zerbrochen oder türmten Möbel auf, um sie zu verbrennen.

Wir bahnten uns unseren Weg und legten unsere Fracht schließlich am Fuß der Mauer ab.

Ich fesselte Chameau und Ratte in einer Ecke der Kantine.

»Schön fest«, grinste Soudars, der mit einem Weinkrug in jeder Hand und einem Laib Brot unterm Arm vorbeiging.

Wo kam dieser Alarm her? Ich hatte ihn noch nie gehört. Vielleicht vom Hafen, vielleicht vom Leuchtturm, vielleicht von einem Signalmast oder einem Schiff. Die Sirene machte unseren Aufstand zum Drama. Ich brüllte im Hof herum, um das metallische Geheul zu übertönen. Dem Lärm des Aufstands noch etwas hinzuzufügen. Einer schredderte Türen mit einer Hacke. Ich schlug Scheiben ein. Jede, an der ich vorbeikam. Als ich den Hof verließ, warfen welche ihre Betten die Treppen herunter. Ein paar Jungs spielten mit weiß gepudertem Gesicht und ausgebreiteten Armen Gespenster. Sie hatten das Mehllager verwüstet. Gosselin pisste in den Garten der Verwaltung und pfiff dazu die Marseillaise. Moysan und Trousselot schmissen mit Steinen auf die Fenster der Geschäftsstelle. Jesson hatte sich mit dem Gewand des Priesters kostümiert und besprengte uns lachend mit Weihwasser. Einer kletterte auf den Besanmast des Schulschiffs, riss die französische Flagge herunter, warf sie sich um die Schultern und zog singend durch die Blocks: »Auf zur Bastille, ihr Schlingel!«

Ich rannte mit einem Dutzend Jungs zum Dreierblock. Dem mit den ganz harten Wärtern. Von denen war aber nur noch einer da, der lag auf dem Bauch, hatte Blut in den Haaren, und drei Jungs saßen auf seinem Rücken. Er war der Bösartigste von den dreien, die mich in meiner Zelle zusammengeschlagen hatten. Ich bat die Jungs, ein wenig zu rücken, und durchsuchte seine Jacke. Unter einem zerrissenen Lotterielos und Tabakkrümeln ertastete ich auf dem Grund einer Tasche das graue Seidenband meiner Mutter. Ich nahm es an mich und tunkte es in seine Wunde, bis es sich mit seinem Blut vollgesogen hatte. Er stöhnte. Das war meine Rache. Und meine Kriegsbeute.

Die Sirene heulte immer noch. In der Segelmacherei brannte es. In der Tischlerei auch. Schatten tanzten lachend um die Flammen. Ein Schließer versuchte, sich zu den anderen am großen Tor durchzuschlagen. Im Zickzack überquerte er den Hof, über dem dichter Rauch lag, das Gesicht hinter dem Jackenkragen verborgen. Er hatte nur nicht daran gedacht, sein Käppi abzunehmen.

»Einer von den Schlägern haut ab!«, schrie jemand. »Alle zu mir!«

Ein Dutzend schwarzer Schatten fiel über ihn her. Er lag schon auf dem Bauch, als ich dazukam. Ich trat ihn mit dem Absatz in den Nacken und lief wieder zurück.

Zahllose Gegenstände flogen aus den Fenstern. Wir hörten, wie Metall sich verbeulte und Glas splitterte, manchmal sahen wir Funkengarben aufschießen. Alles, was uns das Leben verdorben hatte, ging in der Dunkelheit unter. Die Innenhöfe waren von Schutt übersät. Sechs Jungs wurden aus dem Zellenblock befreit. Einer von ihnen, ein Klempnerlehrling, verschanzte sich in einer Ecke seiner Zelle und weigerte sich herauszukommen. Er hatte den Ausbruchsversuch im September 1928 erlebt und fürchtete die darauffolgende Bestrafung. Als ein anderer versuchte, ihn an den Beinen in den Flur zu ziehen, zog er eine Klinge aus seiner Tasche, die er sich in der Werkstatt heimlich aus einer Sardinenbüchse zurechtgefeilt hatte.

In einem Winkel des Flurs lagen zwei Jungs mit blutig geschlagenem Gesicht schwer atmend nebeneinander. Verräter oder isolierte Kapos – jetzt war die Zeit, Rechnungen zu begleichen.

Ich überraschte Soudars in der Krankenstation. Allein. Er hatte gerade die Scheibe des Medikamentenschranks eingeschlagen. Als er mich sah, wollte er fliehen. Meine Handgelenke waren noch blau von den Fesseln, die er mir angelegt hatte, und ich spürte auch noch den Mast im Rücken.

Ich drängte Soudars gegen die Liege und verpasste ihm einen Schlag auf die Schläfe.

»Hör auf mit dem Scheiß, Bonneau!«

Ein Kopfstoß, und seine Nase war gebrochen. Noch einer gegen den Mund, er biss mich in die Stirn, dann gab sein Kiefer nach. Zwischen den Medikamentenröhrchen fiel er auf den Rücken. Ich trat ihm gegen den Kopf, einmal, zweimal. Wie lange hatte ich davon geträumt!

»Der war für den Stich mit der Gabel, der fürs Zuckerklauen, der fürs Verpfeifen!«

Jeder Tritt eine Erinnerung an seine Schandtaten. Aber in dieser Nacht zählten Worte nicht mehr. Nimm das, Dreckstück! Ich wollte ihm wehtun. Ihm jede Gemeinheit zurückgeben.

Er brüllte. Wie ein Tier. Rollte auf die Seite, zur Wand. Schloss die Augen.

Auf dem Boden lagen die Berichte und Notizen des Arztes. Jemand hatte den Sekretär von Doktor Verhaeghe aufgebrochen und sie verstreut. Ich stöberte in den Akten. In einer grauen Mappe fand ich mein ganzes Leben.

»Jules Bonneau. Matrikelnummer 3462 / Block 2. Erregung, Angstzustände, Aggressivität, mangelnde Impulskontrolle«, stand da. Von »Wahnanfällen« und »wirren Reden« war die Rede. Das sei »besorgniserregend, aber kein hinreichender Grund für eine Einweisung«, befand der Arzt.

Ich steckte die Blätter ein.

»Wir holen uns unsere Polizeiakten!«, schrie der Anführer einer Meute im Flur.

Ich schloss mich ihnen an. Die Geschäftsstelle im Verwaltungsgebäude war verwüstet. Ein paar von den Jungs leerten die Metallschränke und warfen die Akten auf den Boden. Die Lade mit dem Buchstaben B war noch unberührt. In meinem Karteikasten fand ich die anthropometrische Vermessung aus Laval und Fahndungsfotos mit meiner Fresse drauf. Von vorn und von der Seite. Ich erinnere mich noch, wie der Bulle meinen Schädel brutal gegen die Stütze drückte, die ihn so festhielt. Ein Blatt mit allen zehn Fingerabdrücken war daran festgetackert. Daneben war mit blauem Stift vermerkt: *Beihilfe zum Diebstahl, Beihilfe zur Brandstiftung, Widerstand gegen die Staatsgewalt.* Irgendwann konnte der dicke Polizist mit dem Schnauzer nicht mehr. Ich war dreizehn. Ich weinte. *Augen: tief liegend. Wimpern: gesenkt. Lider: halb geschlossen.* Die Form meiner Ohrläppchen, die Dicke meiner Lippen, die Länge meiner Zehen ließ er aus. Die Felder *Haltung, Auftreten, Sprache* blieben leer. Genauso wie die Rubrik *Rasse*.

Im Hof hatten ein paar Aufständische ein Feuer entfacht, in das sie Kassenbücher und Seekarten warfen. Dort übergab ich die Bemerkungen des Arztes und die Fetzen meiner Identität den Flammen.

Als mir im Hof des Zellenblocks der Deutsche über den Weg lief, dachte ich, ich müsste ihn noch ein zweites Mal verprügeln. Meine Hose war ohnehin schon blutverschmiert. Aber er sah mich kaum an. Völlig zerschlagen hastete er mit einer Matratze auf dem Kopf Richtung Ausgang.

Unsere Wut war überbordend, ohne Plan, ohne Ziel, ohne Kalkül. Die Aufgebrachtesten drohten, die Schließer umzubringen. Andere wollten den Peugeot des Bocks anzünden, der in der Garage stand.

»Den Hausmeister lasst in Ruhe, das ist ein anständiger Kerl!«

Manche waren vorsichtshalber in ihre Zellen zurückgekehrt, um nicht in irgendwas verwickelt zu werden. Sie waren zu jung oder fast volljährig, bereit für den Militärdienst und wollten ein paar Monate vor ihrer Entlassung kein Risiko eingehen. Nach dem ganzen Geschrei und der Aufregung war irgendwie die Luft raus. In manchen Gesichtern stand Furcht oder eine vage Unruhe. Die Ängstlichsten bildeten im Hof einen Kreis und saßen dicht an dicht neben dem Brunnen, den man wegen der vielen Selbstmorde zugeschüttet hatte. Sie waren keine Rebellen mehr, sondern Besiegte, bereit, die Hände zu heben, wenn die Bullen die Anstalt stürmten.

Da verstand ich, dass der Aufstand vorbei war.

»Zu den Leitern!«

Das war die Stimme von Moysan.

Seit ein paar Wochen arbeiteten Dachdecker bei uns und im Hof des Zellenblocks. Dabei hatten sie drei Holzleitern vergessen, die noch an einer Werkstatt lehnten. Am Fuß der Mauer bildete sich ein kleiner Auflauf.

»Der Bock kommt mit Gendarmen!«, schrie einer.

Anscheinend zog er die Verstärkung am Haupteingang zusammen.

Moysan und Méheut stellten eine Leiter an die Mauer, die diese deutlich überragte.

»Moysan?«, schrie ich.

Er drehte sich zu mir um. Hob fragend das Kinn.

»Was dann?«

Er verstand nicht, was ich meinte.

»Was machen wir dann?«

»Ausbrechen!«, sagte der lange Carrier.

Auch die zweite und die dritte Leiter wurden an die Mauer gelehnt.

»Und wo wollt ihr dann hin, ihr Wichser?«

Meine Worte gingen im Tumult unter. Nichts drang durch die allgemeine Erregung. Die Ersten waren schon beim Aufstieg zum Himmel. Zwei hatten immerhin daran gedacht, Bretter und Decken mitzunehmen, um sich vor den Flaschenscherben auf der Mauerkrone zu schützen.

»Das ist eine Insel, Blödmann!«

Ich war wütend.

»Wisst ihr, was das ist, eine Insel?«

Ich lief um die Leitern herum.

»Wollt ihr bis Quiberon schwimmen?«

Ich war allein, keiner hörte mir zu. Nacheinander kletterten sie auf die Leitern. Zehn, zwanzig, dreißig Jungs, die sich schon in Freiheit wähnten.

»Ihr seid so dumm wie Kleinkinder!«, brüllte ich. »Nehmt wenigstens das Seil mit!«

Keine Reaktion. Also rannte ich selbst Richtung Tauwerk. Statt damit auf die Dächer zu klettern, würden wir nun mit seiner Hilfe von der Mauer herunterkommen.

»Scheiße, hilft mir wer?«

Hände reckten sich.

Biene, Méheut, Moysan und viele andere waren auf der Mauer gefangen. Sie hatten die Schmerzenslaute derer gehört, die einfach ins Dunkel gesprungen waren, und zögerten, es ihnen nachzutun. Ich befestigte das Seil am Fuß einer Laterne. Mit einem Webeleinstek und halbem Schlag. Sie sollten mir ihre Tricks nicht umsonst beigebracht haben. Die erste Leiter wurde über die Mauer gekippt, damit man auf der anderen Seite gefahrlos hinunterklettern konnte. Dann stieg ich auch hinauf. Ließ das Seil außen hinunterfallen bis auf den grasbewachsenen Weg. Und blieb erst einmal sitzen, rittlings auf einer Holzpalette, unter der die Scherben splitterten, und sah den Schatten nach, die in der Dunkelheit verschwanden. Da zupfte es an meinem Hosensaum.

»Bonneau?«

Loiseau hing direkt unter mir auf den letzten Sprossen. Ich sah sein zahnloses Lächeln.

»Hast du mich vergessen?«

Ganz und gar nicht. Ich wollte nur nicht, dass er bei diesem Abenteuer mitmachte. In dieser Geschichte war er das Opfer. Wäre er in seiner Ecke der Kantine liegen geblieben, hätte er unbehelligt davonkommen können. Er hatte nichts gesagt, nichts getan, nichts zerschlagen, ja, nicht einmal etwas versucht. Er war der einzig Unschuldige von uns allen.

Er grinste.

»Und du glaubst, dass die das glauben?«

Mithilfe einer schützenden Decke zog er sich auf den Mauerkamm hinauf.

»Geh zurück in die Kantine, Kleiner!«

Er schüttelte den Kopf und schwenkte einen Seesack aus Wachstuch.

»Ich hab die Schlüssel zur Freiheit mit!«

Seit er hier war, hatte er Dinge gesammelt, die auf der Flucht nützlich sein könnten. Er hatte mir davon erzählt, ich ihm aber nicht geglaubt.

Der mit geölten Kordeln verschließbare Beutel hatte einmal Paul Guillou gehört, dem Sohn eines Fischers aus Guilvinec. Nach einer tödlichen Schlägerei in einem Hafencafé war Guillou in Haute-Boulogne gelandet. Dabei hatte er nur seinen Vater verteidigt, der einen Mann mit einem Tischbein erschlagen hatte. »Beihilfe«, urteilten die Richter. Der Junge war vierzehn, als er in die Korrektionsanstalt kam. Drei Jahre später starb er an einer schlecht behandelten Rippenfellentzündung.

Bevor die Schließer seine Zelle ausräumten, hatten Loiseau und seine Kumpel den Rest untereinander aufgeteilt. Während sich die anderen auf nicht konfiszierte Hosen, Pullover und Hemden stürzten, nahm Loiseau nur den Seesack, in dem sie aufbewahrt worden waren. Alle dachten an den kalten Winter. Er dachte schon damals an die Flucht.

Zu seinen Fluchtutensilien gehörten ein Kompass, ein Tidenkalender, eine aus der Rudermacherei geklaute Seekarte, ein Fernglas, ein Feuerzeug, Kekse, ein versilberter Metallbecher, ein geblümter Teller aus emailliertem Blech, Besteck und eine Wasserflasche, die er jede Woche füllte.

Er lächelte.

»Gestern früh hab ich ein bisschen Wein dazugetan.«

Trotz seiner Verletzungen hatte er noch seine Habseligkeiten aus dem Schlafsaal geholt.

Ich schüttelte den Kopf.

»Das wird alles nichts helfen.«

»Warum?«

Loiseau ließ mich nicht aus den Augen, während er ein rechteckiges Kästchen aus seinem Seesack holte.

»Wirklich?«

Es war eine Wonder-Taschenlampe, samt zwei Ersatzbatterien aus der Wachstube gemopst. Er schob den Schalter an der Seite nach unten bis zum Kontakt. Die Lampe gab ein schönes gelbes Licht. Das uns Angst machte, wenn die Wärter nachts ihre Runden drehten. Dann wühlte er nach dem Douk-Douk, das ich ihm vor einem Jahr wegen einer Razzia in meinem Block anvertraut hatte.

»Und das da? Bist du dir sicher, dass das auch nichts hilft?«

Lächelnd schwenkte er das Messer vor mir.

*

Es war ein Klappmesser mit Stahlgriff, auf dem ein Löwe zwischen Arabesken eingraviert war. Ich hatte es im Gegenzug für mein Schweigen behalten. Ein Schließer namens Yuba war eines Abends betrunken in mein Zimmer getorkelt, das Douk-Douk in der Hand. Auf der Suche nach etwas oder jemandem, das hatte ich nicht ganz verstanden. Er konnte kaum stehen und brüllte herum. Alle soffen, Le Goff, Napoléon, Chameau, Toupet. Man roch es an ihrem Atem, hörte es an ihrer Stimme, sah es an ihren Bewegungen. Sie fingen schon morgens damit an. Wie Soldaten bei der Vorbereitung auf den Angriff. Aber Yuba litt. Er vertrug keinen Alkohol. Nicht einmal Cidre oder Bier. Mit dem Messer fuchtelnd, brabbelte er ein paar Worte, drehte sich einmal um sich selbst, beugte sich über mein Bett, als ob er glaubte, hier etwas finden zu können, und fiel um. Mit angelegten Armen kopfüber auf meine Matratze.

Ich wollte ihm sofort aufhelfen. Nicht um ihn zu retten, er sollte nur nicht so hier sterben, auf meiner Matratze. Ich wollte nicht dafür angeklagt werden. Also drehte ich ihn zur Seite. Er rülpste und erbrach seine ganze ertränkte Mahlzeit in einem grässlichen Strahl. Als ich ihm den Kragen und die Uniformjacke öffnete, fiel eine halbleere Flasche auf den Lehmboden. Ich erkannte das rote Etikett mit dem Wappen des Vatikans, dem Messkelch und der Inschrift *Vino de Mesa*. Das hatte ich immer vor Augen, wenn der Pfarrer den Kelch füllte. Weißer Messwein. Abendmahlswein. Yuba erledigte seine Einkäufe anscheinend in der Sakristei. Ich kostete. Der Wein war lauwarm und süß. Dann klappte ich das Messer zu. Und versteckte Flasche und Douk-Douk unter meiner Matratze.

Nun rief ich Jesson und Moysan zu Hilfe. Wir mussten den Oberaufseher informieren. Als sie da waren, stellte ich mich mit dem Gesicht zur Wand, den Händen auf dem Kopf und dem Rücken zur Tür auf, um keinen Anschein von Aggression zu erwecken.

Ich hörte Chautemps' schwere Schritte im Flur. Ratte und Toupet waren bei ihm, doch er betrat meinen Käfig allein. Die Schließer mussten draußen bleiben.

»Umdrehen, Bonneau!«

Ich löste meine Stirn von der feuchten Wand. Stand aufrecht vor Chautemps.

»Habt ihr ihn verprügelt?«

Ich war blass.

»Er ist einfach umgefallen, Chef.«

»Und was hatte er in deinem Zimmer zu schaffen?«

»Er war in jedem Käfig, Monsieur«, antwortete Moysan aus dem Flur.

Chautemps drehte sich zu ihm um.

»Das heißt Zimmer, Moysan. Oder möchtest du in die Zelle?«

Der Oberaufseher beugte sich über den schnarchenden Yuba.

»Vollkommen besoffen«, konstatierte er.

Er warf mir einen strengen Blick zu.

»Der Zwischenfall bleibt unter uns, Bonneau.«

Ich nickte. Er legte eine Hand hinters Ohr.

»Ich habe nichts gehört.«

»Der Zwischenfall bleibt unter uns, Monsieur.«

»Sehr gut.«

Er hielt sich ein Taschentuch vor die Nase. Das Erbrochene stank abscheulich. Außerdem hatte Yuba sich angepisst. Chautemps ging hinaus. Die Trillerpfeife ertönte.

»Alle auf ihre Zimmer!«

Toupet und Ratte gingen den Flur entlang und verriegelten die Käfige.

»Der Araber. Hat mal wieder einen zu viel gezwitschert«, erläuterte Chautemps seinen Untergebenen den Vorfall.

Mir befahl er, mein Zimmer zu putzen und schlafen zu gehen.

In der Woche darauf sah ich Yuba wieder. Er drängte mich in eine Ecke der Kantine.

»Gib mir mein Douk-Douk zurück!«

»Gegen Wein vom Pfarrer?«

Yuba erstarrte. Am liebsten hätte er mir den Kopf abgebissen.

»Drecksau!«

Dann steckte er die Hände in die Taschen und verließ den Raum.

Wenn ich ihn angezeigt hätte, wäre er wegen Trunkenheit

und Verstoß gegen das Reglement ins Gefängnis gekommen. So wurde er nur nach Aniane versetzt, eine landwirtschaftliche Korrektionsanstalt bei Montpellier. Moysan, Jesson und ich tranken den restlichen Messwein aus.

Und das Douk-Douk habe ich behalten.

*

Ich betrachtete die Lichter der Stadt.

Loiseau war ängstlich und nervös.

In der Ferne Schreie. Trillerpfeifen. Ein Auto hupte. Die Sirene war verstummt. Sie wollten die Flüchtigen im Dunkel hören.

»Du wirst dich aber trotzdem nicht schnappen lassen?«

Ich sah ihn wieder an. Sein Spatzenkopf. Sein Blick wie von einem aus dem Nest gefallenen Küken. Am Fuß der zwei Leitern standen nur noch drei Jungs. Loiseau stupste mich an der Schulter.

»Los, Bonneau, hauen wir ab!«

Er wartete nicht länger, schnappte sich das über die Mauer hängende Tau. Seilte sich ab, ohne mich aus den Augen zu lassen. Und verzog das Gesicht vor Schmerz.

»Scheiße, komm schon!«

Ich spuckte in die Finsternis.

»Schau dich doch an! Du kannst nicht mal laufen!«

»Es muss sein.«

Die Sirene heulte wieder los. Loiseau war unten angekommen. Stand auf der Wiese, eine Wange an das Seil geschmiegt.

»Es ist zu spät, Bonneau. Hast du nicht gesehen, was wir angerichtet haben? Das würden wir teuer bezahlen.«

Ich wusste, dass er recht hatte. Dafür müssten wir bezahlen. Aber warum weglaufen? Und wohin? Keiner von uns hatte vorgehabt zu fliehen. Wir wollten nur ein bisschen Zeit. Ein paar Stunden für uns. Und es ihnen zeigen. Wir wollten, dass die Angst das Lager wechselte.

Was erwartete uns denn außerhalb der Mauern? Felsen. Und sonst? Der Ozean. Abends war Wind aufgekommen. Jenseits des Wehrgangs, fast zu unseren Füßen, die schwere See. Gischt schimmerte im Halbdunkel. Ein eisiger Sprühregen überzog unsere Lippen mit Salz. Der Sturm brüllte die Kraft der Wellen in die Welt. Ich hatte Angst. Ich hatte schon immer Seemann sein wollen, aber ich kam vom Land. Auf den Planken eines Gefängnisschiffs das Gleichgewicht zu halten war nicht dasselbe, wie dem Meer zu trotzen. Im Gegenteil, es war eine Verhöhnung.

Von der Mauerkrone aus sah ich die Taschenlampen der Wärter über die Fassaden der Blocks huschen. Und in der Ferne schon die erste Reihe von Gefangenen. Sie waren bei dem Versuch erwischt worden, durch das große Tor zu entkommen. Hände auf dem Kopf, marschierten sie unter Schimpf und Schlägen Richtung Hof, von einem weißen Scheinwerfer begleitet.

»Bonneau, bitte!«

Ich zuckte zusammen. Loiseau saß unten auf dem Boden. Ja, er hatte recht. Das Unglück war geschehen. Oder das Glück. Aber das war nun alles bedeutungslos. Wir mussten unseren Taten entkommen.

Wir hockten im Ginster, der wie ein Vorhang die Mauer verdeckte. Ich legte meine Hand auf die feuchte Erde. Knetete sie mit den Fingern. Die Scholle, das Gras, die Kiesel der Freiheit. Wir waren auf der anderen Seite. Wir waren abgehauen. Wir hatten es getan. In meinen wildesten Träumen hatte ich nie die nackte Erde an meiner Haut gespürt. Mein Bein zitterte. Mein Kopf schrie. Und jetzt? Was sollte ich jetzt tun? Seit der Schlacht in der Kantine hatten wir uns verhalten wie traumverlorene Kinder. Da war Freude in jeder Bewegung. Nicht nur Zorn oder Hass, sondern auch Überschwang, Begeisterung, naiver Rausch. Auf einmal war alles möglich. Die zu schlagen, die uns verprügelten, die Bänke zu zertrümmern, auf denen wir uns den Hintern wund saßen, die Fenster einzuschlagen, die alles durchblicken ließen, die Blechnäpfe wegzuschleudern, die Strohsäcke anzuzünden, die Türen aufzubrechen, die Duschwände einzutreten, an denen die Kapos ihre Lustknaben lecken ließen. Keiner dachte dabei an morgen. Wir zerstörten nur diesen Moment der Gegenwart, mit Wut und Lust. Bevor eine Handvoll Idioten zu den Leitern stürmte, hatte keiner von uns auch nur daran gedacht auszubrechen. Niemand hatte uns das befohlen. Über die Mauer und dann? Statt uns zu retten, tanzten wir lachend Walzer in Rauch und Trümmern.

»Das ist der Ball des Teufels!«, schrie ein Junge mit rußgeschwärztem Gesicht.

Die Idee zu türmen kam erst ganz zum Schluss auf. Als ein paar Jungs am Fuß der Mauer standen. Sechs Meter. Warum eigentlich nicht? Da hatten sie schon Schlimmeres gesehen. Nach Jahren im Kaninchenkäfig berauschten sie sich an der Seeluft. Nun mussten sie bis ans Ende gehen. Sie hatten die Stille zu sehr verwüstet, um der Freiheit den Rücken zu kehren.

Und ich Idiot hinterher. Erst schreie ich ihnen noch nach, dass eine Flucht nichts bringt, dann renne ich hinterher. Ich haderte mit mir. Das Fieber war gefallen. Verblüfft saß ich auf der falschen Seite der Mauer, einen Erdklumpen in den Fingern. Und Loiseau zitternd neben mir.

»Gehen wir linksrum oder rechtsrum?«

Ich schaute ihn an.

»Wer, wir?«

Sein blasses Gesicht in der Nacht.

»Na, wir, du und ich.«

Ich schüttelte den Kopf.

»Jedem seine Chance, Kleiner.«

Er hängte sich an meinen Arm.

»Wenigstens bis zum Meer.«

Ich wies mit dem Kinn in die Dunkelheit.

»Da ist es, dort hinten.«

»Bis zum Hafen, wollte ich sagen. Bitte!«

Dieser ewige Opferblick!

Die von der Sirene alarmierten Inselbewohner, sagte ich, standen bestimmt schon alle in der Tür. Die Küstenbrigaden würden mobilisiert, die Nachricht von den Signalmasten hinaus aufs Meer getragen und vom Tambour straßauf straßab getrommelt: Ausbruch aus der Anstalt! Schützt euren Besitz, eure Frauen und Kinder! Heraus mit jedem, der auf zwei Beinen gehen kann!

Sie würden sich am Hafen sammeln und durch die Stadt

patrouillieren. Fischer kämen im Pyjama angelaufen, um ihre Boote mit schweren Ketten zu sichern, jeden Kutter, jeden Kahn, die kleinste Zille. Alles, womit wir aufs Meer kommen könnten.

Nein, nicht zum Hafen. Auf gar keinen Fall. Wir müssten die Insel überqueren, bevor es hell würde. Gehöfte, Dörfer und Geschäfte umgehen. Sie würden hinter uns her sein. Frühere Ausbrecher hatten berichtet, wie freudig die Inselbewohner auf die Jagd gingen. Sich anpirschten und sich an ihre Fersen hefteten. Alte, Junge, Freundespaare seien plötzlich zu Treibern geworden. Ein Kapo hatte sogar behauptet, dass die Anstalt eine Prämie auf jeden wieder eingefangenen Zögling ausgesetzt habe. Bar auf die Kralle. Ein Silberling pro Kind. Als hätten sie Schädlinge in der Zitadelle abgegeben. Ich konnte es nicht glauben. Wer würde für unsere Haut bezahlen?

Linksrum, entschied ich, und Loiseau kam mit.

Zuerst hielten wir uns Richtung Meer und folgten ihm dann in einiger Entfernung entlang der Felsen, robbten durch Kies und Gras.

Ein Auto kam über die Landstraße, drei Männer stiegen aus, hinter ihnen ein Hund. Zwei hatten ein Jagdgewehr.

Sie hatten das Tau und die Leitern entdeckt. Loiseau beobachtete sie, stützte sich auf den Ellbogen auf.

»Runter!«

Ich legte ihm die Hand zwischen die Schulterblätter und drückte ihn zu Boden. Wenn er sich bewegte, würden sie uns erwischen.

Sie unterhielten sich leise. Stießen eine Leiter um, glotzten die Mauer an, zogen sinnlos am Seil. Einer schaute in unsere Richtung.

»Wir müssen am Ufer suchen.«

Sie kamen auf uns zu. Der Hund rannte bellend zum Ginster.

»Da ist was!«, schrie einer von den Männern.

Das Tier kämpfte mit einem im Dickicht liegenden Schatten.

»Da ist einer!«

Der Ausbrecher hatte sich beim Sturz verletzt und war an der Mauer liegen geblieben. Die Jäger schnappten ihn, hoben ihn zu dritt auf und zerrten ihn ins Licht ihrer Taschenlampe.

»Der ist ja nicht grade ein Häschen!«

Ihre Beute war ein Riese. Sie hielten ihn zu dritt fest, den Arm im oberen Rücken verdreht.

»Eher so eine Wildsau«, sagte ein anderer grinsend.

Der Gefangene versuchte sich loszureißen. Und fluchte auf Deutsch.

»Und nicht mal eine französische!«

Sie zwangen ihn auf die Rückbank ihres Wagens.

»Der Deutsche?«, flüsterte Loiseau.

Ja, der. Ich hatte es genau gesehen. In den ersten Nachtstunden vor unseren Augen gefasst.

Das Auto startete wieder. Ein Lastwagen mit einem Anhänger voller lampenschwingender Männer kam ihm entgegen. Beide hupten. Wie bei einer Hochzeit.

*

Loiseau hatte bei den Derrien-Schwestern gearbeitet, zwei alten Jungfern, die einen Hof bei Kerzo betrieben. Einmal die Woche war er dort zum Waschen und Bügeln.

»Aber das ist doch Frauenarbeit!«, hatte die Ältere protestiert.

»Grade richtig für ihn!«, wurde sie von der Verwaltung beschieden.

Die Derrien-Schwestern waren sehr fromm. Und praktizierten ihren Glauben. Am Morgen riefen sie Thérèse von Lisieux an, abends sprachen sie ein Schutzgebet. Ein Junge unter ihrem Dach stellte für sie ein moralisches Problem dar. Dann sahen sie ihn. Nicht dass sie ihn gemocht hätten, aber sie hatten Mitleid mit ihm. Nach einer Weile hörten sie sogar damit auf, sich bei seinem Anblick zu bekreuzigen. Schließlich war er doch ein guter kleiner Teufel. Hingebungsvoll wusch er die Wäsche in der Schüssel, bügelte ordentlich und half auch bei der Feldarbeit. Außerdem war er sich für nichts zu schade. Und gar nicht teuer. Sie zahlten für ihn nur einen geringen Betrag an die Anstalt. Die vermietete Loiseau für fast nichts an die Demoiselles Derrien.

Dort wollten wir die Nacht verbringen. Neben dem Haus der Schwestern stand eine Mühle mit einem unbenutzten kleinen Anbau. Nicht abgesperrt oder verriegelt. Nur von einer Kette mit einem klapprigen Vorhängeschloss gesichert. Wir waren auf dem Land, da gab es nichts zu stehlen.

Loiseau fand den Weg blind. Er war ihn winters wie sommers Tag und Nacht gegangen und kannte jeden Stein. Richtung Bruté, zur Agrarsektion. Eine Stunde, wenn man schnell war. Aber wir mussten gebückt gehen und die Straßen meiden.

Die nach Loctudy war bestimmt belagert von braven Bürgern, genauso wie der Küstenweg. Wir würden uns heimlich durchs Land schlagen, über Felder, Wiesen und Strände.

Zwei Hinterhalten sind wir entkommen.

Den ersten hatten Leute aus Le Palais errichtet, bei Kerbellec, einen Katzensprung von Bruté entfernt. Der Berliet-Lastwagen der Molkerei blockierte mit aufgeblendeten Scheinwerfern den Chemin de Port-Jean. Er stand auf einem Hügel und erhellte den Himmel wie ein Theaterscheinwerfer. Das Licht schnitt ein paar Silhouetten aus dem Dunkel. Frauen und Männer. Wir hatten sie schon von Weitem gesehen. Und gehört. Sie redeten laut, lachten laut. Wie Freunde auf einem Jahrmarkt.

Wir lagen auf einer Böschung im Gras.

»Die haben Gewehre.«

Das hatte Loiseau entdeckt. Zwei Männer trugen Karabiner über der Schulter. Andere streiften mit Laternen durch das Gelände.

Eine Frau rief: »Kommt her, meine Schätzchen, wir tun euch nichts!«

Ein paar Männer lachten.

Pater Bricout war auch dabei. Er hatte ein blechernes Megafon in der Hand.

»Kommt nach Hause, meine armen, lieben Kinder!«

Die Hand als Schirm über den Augen, blickte er forschend in die Nacht.

»Hier spricht euer Pfarrer!«

Er hob den Finger zum schwarzen Himmel.

»Nur Reue kann euch jetzt noch retten.«

Ein Radfahrer hielt neben ihm. Mit Helm und Schultergurt – ich erkannte den großen Feldhüter.

»Wir gehen, Herr Pfarrer!«, sagte er laut.

Schattenspiele, Türenklappen, ein Motor startete.

Scheinwerfer bewegten sich durchs Dunkel. Lastwagenreifen knirschten auf dem Kies. Ein langes Hupen. Dann Stille.

Loiseau wollte aufstehen. Aber ich legte ihm die Hand auf den Arm.

»Nicht bewegen!«

Es würde bald regnen. Ein heller Blitz durchzuckte die Finsternis und verriet uns, dass ein Panhard mit ausgeschalteten Scheinwerfern an der Böschung lauerte. Mit seiner elegant geschwungenen Kontur erinnerte er an ein großes, vom weißen Licht gebanntes Tier. Sie hatten einen Ausputzer zurückgelassen. Einen Besenwagen. Einen nächtlichen Posten. Und die Falle schnappte zu.

Etwa hundert Meter von uns entfernt setzten sich drei Schatten langsam Richtung Straße in Bewegung. Loiseau wollte sie durch Blinkzeichen warnen, aber ich hielt ihn mit einem Rippenstoß davon ab. Keine Solidarität jenseits der Mauer. Das war so.

Ein Mann ging hinter der offenen Wagentür in Deckung und schoss mit seinem Gewehr in die Luft. Es knallte. Blei flog in die Wolken, für nichts, als wollte er nur seine Waffe hören. Darauf war ich nicht gefasst. Ich zuckte zusammen. Ein anderer zielte mit der Pistole ins Dunkel über uns. Gab zwei Schüsse ab, um Schrecken zu verbreiten. Dann drehten sie die Scheinwerfer auf.

»He, ihr Ganoven da hinten! Ergebt euch!«, schrie einer der Jäger.

Zwei Ausbrecher fielen mit erhobenen Händen auf die Knie. Der dritte warf sich zu Boden und versuchte zu fliehen, aber der erste Schütze lud sein Gewehr nach und legte auf ihn an.

»Tot oder lebendig – ein Preis!«

»Nicht schießen!«

Das war Moysan, der sich neben die anderen kniete.

Ein Pfiff aus der Trillerpfeife.

Jetzt kamen noch weitere Einwohner aus dem Gebüsch. Sie hatten erkannt, dass die Straße nach Port-Jean als Flüchtlingsfalle geeignet war. Wir kannten diesen grauen Sandstrand gut. Ich hatte dort auf der *Le Devoir* manövrieren geübt. Wir wussten, dass das Schulschiff nicht nach Le Palais zurückgekehrt war. Am Ende der Woche, nachdem es vor der Grotte des Chouans gekreuzt hatte, hatte es an der Mooring von Port-Jean festgemacht. Die Mannschaft war zu Fuß nach Haute-Boulogne zurückgegangen. Und ein Boot der Anstalt ankerte in der Bucht, um wen auch immer an Bord zu bringen.

»Es wartet auf uns!«, hatte Moysan behauptet.

Während wir Haute-Boulogne verwüsteten, war Port-Jean in aller Munde. Genauso wie der Strand von Port-Guen im Osten. Das waren die einzigen Möglichkeiten, Le Palais mit seinen unüberwindlichen Klippen zu umgehen. Von dem Strand aus war Quiberon nur zehn Seemeilen entfernt. Mit dem passenden Westwind keine drei Stunden. Moysan sah sich als Matrosen. Und alle hielten eine Überfahrt trotz Sturm für möglich. Nur ich glaubte nicht daran.

Moysan und die zwei anderen Ausbrecher wurden auf den Anhänger eines knatternden Traktors geladen. Dort stand schon eine Frau mit Kopftuch.

»Da seht ihr, meine Schätzchen, ist doch alles gut gegangen!«

In ihren Händen hielt sie eine Mistgabel wie ein Lanzenreiter seinen Spieß.

Die nächste Falle erwartete uns am Rand von Kerbellec. Die Dörfler hatten eine Barrikade gebaut. Dazu kamen offenbar ein paar Touristen, die nicht genug Geld hatten, sich ihre Träume von der Côte d'Azur zu erfüllen. Dem Akzent nach waren sie nicht von hier. Der Kleidung nach auch nicht.

»Die Spaßvögel aus der Anstalt werden zu gut gefüttert!«, erklärte gerade eine Bäuerin.

Ein Kind versteckte sich zwischen ihren Beinen.

»Was die zu essen kriegen, können wir uns für unsere Kinder nicht leisten.«

Ein Mann schwenkte voller Stolz ein Fernglas und einen Tropenhelm. Sie hatten drei Cafétische, ein paar Stühle, eine Schubkarre und einen Heuwagen auf die Straße gekippt und noch drei Fahrräder obendrauf gestapelt. Die Krabben- und Schmetterlingsnetze der Feriengäste, die noch auf den Gepäckträgern steckten, wirkten wie Banner. Ein Pferd war an einen Baum gebunden, ein Schwein irrte umher. Eine Greisin kniete am Straßenrand und betete einen Rosenkranz.

»Die Saubande hat drei Schließer ermordet«, rief ein Mann, der gerade mit dem Fahrrad eintraf.

Frauen kreischten.

»Hängt sie auf!«, rief einer.

Ein anderer schoss mit der Pistole in die Luft. Nur so, aus Wut.

Wir mussten ohne Deckung auf die andere Seite. Ich lief als Erster los, gebückt, von einer Baumgruppe zur nächsten, Loiseau hinter mir her. Die Sommergäste waren noch in Strandkleidung, mit roten Wachsjacken darüber. Eine Frau hatte sogar noch ihren Sonnenhut auf. Ein Briefträger in Uniform hatte auf dem Dach eines Schuppens Ausguck bezogen. Es war eine kleine Meute. Jeder sprach lauter als der andere, mit kriegerischen Untertönen. Ein Einheimischer hatte die Dinge in die Hand genommen. Hinter einem Baum versteckt, beobachteten wir ihn. Ein Veteran aus dem Ersten Weltkrieg. Er trug einen Adrianhelm, den er aus den Schützengräben gerettet hatte, verdreckte Holzschuhe und Orden auf seiner Pyjamajacke. In der Hand hielt er ein Signalhorn.

»Die sind ja verrückt.«

Ich sah Loiseau an. Ja, die waren verrückt. Und wir ihnen ausgeliefert. Auf beiden Seiten der Straße warfen Kinder Steine ins Dunkel, um Flüchtlinge aufzuscheuchen. Ein Hund bellte. Eine Bretonin mit bestickter weißer Baumwollhaube ging lachend mit einem Weinkrug von Glas zu Glas. Diese Leute befanden sich im Krieg. Eine Horde Barbaren wollte in ihr Dorf einfallen. Und sie waren bereit, Haus und Hof zu verteidigen, ihre Ehre und ihr Leben.

»Hier können wir nicht bleiben!«

Ich lief zuerst los, zickzack zwischen Bäumen und Unterholz.

»Hierher! Zu mir! Da sind sie!«, kreischte eine Frau.

Ich ließ mich auf die Knie fallen. Drehte mich um. Sie zeigte auf die andere Straßenseite. Der Veteran blies auf seinem Signalhorn zum Angriff, aber keiner rührte sich. Ein paar Steine flogen in die Nacht. Ein Mann schob eine Patrone in sein Jagdgewehr. Zwei Hunde kamen kläffend zurück und legten sich unter den Karren.

»Geschossen wird nur auf meinen Befehl!«, brüllte der Veteran.

Alle kehrten uns den Rücken.

»Los, das ist unsere Chance!«

Diesmal lief Loiseau als Erster. Er kannte den Weg zur Mühle von Mathias. Mit der Tochter des Müllers hatte er ein paar Blicke gewechselt, ein nettes Wort, eine freundschaftliche Geste. Die zwei Schwestern, für die er arbeitete, lebten ein wenig oberhalb, an der Straße nach Kerzo. Loiseau war sicher, dass sie sich um ihr Heimkind kümmern würden. Oder dass der Müller und seine Frau uns helfen könnten. Mit einem Krug Wasser vielleicht und einem Kanten Brot. Ihretwegen hatten wir die Straße nach Sauzon genommen. Brave Leute, die uns nicht mitten in der Nacht draußen stehen lassen würden. Einmal durfte er sogar mit der Müllersfamilie mittagessen.

»Dich müssen wir ein bisschen aufpäppeln, Junge«, habe die Frau gesagt.

Ob Heimkind oder nicht, das sei ihnen egal. Sie glaubten nicht an kindliche Schuld. Loiseau war Waise, und das war kein Verbrechen.

»Wir haben ein Problem«, flüsterte er.

Wir hatten den ganzen Weg gebückt hinter uns gebracht. Nun stand die Mühle still vor uns. Die Flügel aus Stoff und Brettern klapperten im Seewind, aber sie drehten sich nicht. Drinnen kein Licht, die Fenster in beiden Etagen waren schwarz.

»Und zwar?«

Loiseau sah mich an.

»Der Müller ist nicht da.«

Dabei sei er in stürmischen Nächten immer an der Arbeit. Er empfange seine Befehle vom Wind, schweres Wetter durfte er nicht verpassen. Dann schlafe er auch in der Mühle, um näher bei seinen Mahlsteinen zu sein. Doch ausgerechnet in dieser Nacht blieb die kreischende Achse trotz der Böen stumm.

Gebückt erreichten wir die schwere Eichentür. Sie war verschlossen. Der Müller lebte weiter südlich in Bernantec. Das war höchstens einen Kilometer entfernt, aber in einem Dorf, das uns bestimmt feindlich gesinnt war.

»Ich breche ein Fenster auf, und wir bleiben die Nacht hier.«

Nein, damit war Loiseau nicht einverstanden. Sie hätten ihn freundlich empfangen und ein wenig umhegt, während er die fette Suppe aß, und die Müllersfrau hatte ihm dann sogar noch Brot und Käse in die Tasche gesteckt. Solche Leute hinterging man nicht. Zum ersten Mal hätte ich ihn fast zurückgelassen und allein mein Glück versucht. Was war denn so schlimm daran, einen Riegel aufzuhebeln? Wir hätten im Trockenen übernachtet, auf Getreidesäcken geschlafen und wären vor Tagesanbruch wieder weg gewesen. Was war daran schlecht? Wir schädigten doch niemanden! Die ganze Insel war hinter uns her, und er hatte Bedenken wegen eines Fensters? Ich hatte mein Messer schon in der Hand. Hätte es nur in das weiche Holz bohren und einen Splitter vom Fensterstock absprengen müssen. Sonst nichts. Aber er gab nicht nach. »Die nicht, die nicht«, murmelte er mit gesenktem Blick. Ihrem geflügelten Haus durfte kein Leid geschehen.

Zwei Fahrräder fuhren klingelnd etwas unterhalb vorbei. Treiber. Wir legten uns ins feuchte Gras.

»Hast du eine andere Idee?«

»Die Derrien-Schwestern«, flüsterte Camille.

Die alten Jungfern, für die er die Wäsche gemacht hatte. Er sah mich an.

»Sie gehen spät schlafen.«

Er klang nicht sehr begeistert. Das war keine zündende Idee, sondern das Eingeständnis einer Niederlage. Ein kaum hörbares *Warum nicht?*. Die Derriens statt des Müllers.

»Traust du ihnen?«

Er setzte sich auf. Sah mich mit seinen hellen Augen an.

»Sie waren gut zu mir«, sagte er mit seiner Kinderstimme.

Ich verzog das Gesicht.

»Du durftest die Reste von ihrem Teller essen, war's so?«

Er antwortete nicht.

»Scheiße.«

Er begann zu weinen.

»Lass es mich versuchen.«

Jetzt setzte ich mich auf. Ich betrachtete ihn, die Mühle, die schwarze Landschaft, den feinen Regen, der zu unserer Ratlosigkeit hinzukam. Zweifel überwältigten mich. Ich stellte alles infrage. Die Meuterei, den Ausbruch. Sieben Jahre lang hatte ich mir immer wieder gesagt, dass wir auf einer Insel gefangen waren und jeder Fluchtversuch vergebens. Jetzt war ich zwanzig. Nur noch ein Jahr, dann wäre ich vor dem Gesetz volljährig. Und dann? Mal sehen! Vielleicht zur Armee, wenn ich mich gut machte, oder zur Handelsmarine, Hauptsache weg. In zwölf Monaten hätte ich die Anstalt durch das Haupttor verlassen können. Was für eine blöde Idee! Ich erinnerte mich an einen Artikel aus dem Papierkorb des Bocks, der mich unheimlich wütend gemacht hatte: Neunzehn Tage vor seiner Entlassung hatte ein Sträfling, der in Amerika zu zwanzig Jahren Gefängnis verurteilt worden war, einen Schließer getötet und war geflohen. Der Idiot! Wie kann man nur so blöd sein! Er wurde geschnappt und wegen Mordes zum Tode verurteilt. Und ich war genauso ein Idiot. Ja, sie hätten mich zusammengetreten. Wäre das so schlimm gewesen? Das bisschen Einzelhaft und Großer Ball bis zum Umfallen? Was hätte es mich denn gekostet, noch ein Jahr Seilerei, Kantine, Manöver auf dem festbetonierten Schiff durchzustehen? Fäuste geballt und Gute Nacht, die Herren. Krepier doch, Chautemps! Fick dich, Bock, François-Donatien, im Arsch! Und du, Le Goff, tust mir leid. Genauso wie der Pfaffe, der uns unsere Sünden vergibt. Oder der irre Jean Soudars, der in Biribi oder im Bat' d'Af' mit einer Eisenkugel am Bein enden wird. Ich hätte Freudensprünge gemacht, wenn ich euch verlassen hätte, rebellisch in Kopf, Körper und Herz.

Und jetzt saß ich fest, im Norden einer siebzehn Kilometer langen, neun Kilometer breiten Insel – außer diesen Zahlen hatte ich nichts vom Geografieunterricht behalten. Ein Gefangener des Ozeans mit einem dreizehnjährigen Waisenjungen an meiner Seite, für den ich Freund, Vater, Mutter bin, Schultern zum Anlehnen, die er nie hatte. Und der mir vorschlägt, nachts bei zwei alten Frauen zu klopfen, von denen er nur den Geruch sauberer Wäsche kennt. Und selbst wenn sie uns aufmachten und uns womöglich sogar eine Ecke ihrer Küche für die Nacht überließen … Was wäre dann? Was würde aus uns werden? Wären wir dann Gefangene der Schwestern Derrien? Ihre Jungs für alles, die sich unter ihren Röcken verbergen müssten, wenn Besuch kam? Lächerlich! Ich war so wütend. Wir benahmen uns wie zwei sechsjährige Ausreißer, die ihren Eltern einen Zuckerwürfel und einen Apfel mopsen, um abzuhauen und durch die Welt zu reisen. Grotesk. Mir fiel aber auch nichts Besseres ein.

»Nur für die Nacht«, wiederholte Loiseau.

Nur für die Nacht. Uns blieb nichts anderes übrig.

Ich wollte ihn begleiten, aber das ließ er nicht zu.

»Wenn es einen von uns erwischt, dann mich.«

Ich versuchte, ihn zu überreden, doch seine Entscheidung stand fest. Er würde alleine gehen.

Das klobige Steinhaus stand etwas weiter weg hinter einem Wäldchen. Im zweiten Stock waren die Fenster erleuchtet, über der Tür brannte eine Schiffslampe. Loiseau stellte seinen Seesack ins Gras. Darin sein Fernglas, Taschenlampe, Karte, Feuerzeug, Kekse und die Feldflasche, die Wasser mit einem Schuss Wein enthielt.

»Und das lass ich dir auch da, einen Glücksbringer, der nicht funktioniert.«

Eine Hasenpfote. Die Eltern hatten sie in seine Windel gesteckt, bevor sie ihn aussetzten.

»Und was mache ich?«

»Du bleibst bei der Mühle und wartest.«

Es war das erste Mal, dass er mir etwas vorschrieb. Oder, sagen wir, empfahl.

»In Ordnung, Chef!«

Er ging nicht darauf ein.

»Und wenn's schiefgeht?«

»Dann siehst du's.«

Ja, das würde ich. Es gab nur die eine Straße. Sollten Probleme auftauchen, müssten sie hier entlang.

Dann ging er. Eilte gebückt durchs Gras, von einem Baum zum nächsten. Er trug noch Mütze und Hemd aus der Anstalt. Selbst im Dunkeln roch er nach Ausbrecher.

Das Fernglas in der Hand, wartete ich, bis er an der Tür war. Dann stieg ich auf das Dach des Anbaus. So sah ich alles, konnte aber nichts hören. Eine Frau schlug bei seinem Anblick die Hände vor den Mund. Misstrauisch schaute sie ins Dunkel, ließ ihn eintreten und zog im Erdgeschoss die Vorhänge zu. Währenddessen stürzte die andere mit einem Tuch um die Schultern aus der Hintertür in den Hof. Lief zur Scheune, machte ihr Rad los und nahm die Straße nach Le Palais.

Fast wäre ich Loiseau nachgelaufen, um ihn zu warnen. Dann sagte ich zu mir: Nein! Warum sollte sie Hilfe holen? Warum rechnete ich immer gleich mit dem Schlimmsten? Das war meine fixe Idee. Beim ersten Wölkchen am Himmel erwartete ich ein Gewitter, beim kleinsten Kratzer den sicheren Tod. Das Schlimmste war mein ständiger Begleiter. So war ich wenigstens vorbereitet, wenn es tatsächlich eintrat. Doch diesmal vertraute ich anderen Menschen. Einem Kind und zwei alten Frauen. Legte mein Schicksal und Camilles Leben in ihre Hände. Im Regen kletterte ich vom Anbau in den ersten Stock der Mühle. Dort war gerade genug Platz, um mich auf den Fenstersims zu setzen und die Beine baumeln zu lassen. Das undurchdringliche Dunkel schützte mich. Ich durchsuchte Camilles Tasche. Er hatte eine noch eingepackte Seife aus importiertem afrikanischem Palmöl mitgenommen. Die gleiche hatte ich in der Krankenstation gesehen. Der Arzt wusch sich immer lange die Hände damit und roch lächelnd daran. Für unsere Sklavenhände dagegen gab es immer nur eine weißliche Flüssigkeit, die kaum schäumte.

Ich wartete. Wie lange, weiß ich nicht. Wir hatten einen Kompass, aber keine Uhr. Ein starker Wind vertrieb die Wolken. Der Regen hatte aufgehört. Der Mond erschien. In seinem kalten Licht hob sich die Silhouette der Mühle vom Himmel ab wie ein Scherenschnitt. Das Fahrrad war auf den Hof zurückgekehrt. Ich lehnte mich an die geschlossenen Fensterläden und stellte mir vor, dass Camille vielleicht gar nicht mehr an mich dachte. Dass er eine warme Mahlzeit bekam. Oder erschöpft ins Bett fiel. Doch der Seesack auf meinen Knien widersprach. Mich könnte er vielleicht vergessen, aber seinen Schatz niemals.

Und dann sah ich sie in der Kurve. Ein Auto und einen Gefängniswagen. Mit ausgeschalteten Scheinwerfern, doch der Motorenlärm verriet sie. Ich sprang vom Fenster auf den Anbau herunter. Kam schlecht auf. Spürte einen stechenden Schmerz in der Ferse, der über das Rückenmark bis zum Genick züngelte. Ließ mich vom Dach gleiten, prallte auf den Boden. Dabei waren meine Arme und Beine, der ganze Körper ohnehin schon wund von den Schlägen. Der Seesack rutschte hinterher und fiel mir auf den Kopf. Ich war nicht mehr in der Lage zu kämpfen. Oder irgendetwas anderes zu tun, um Camille zu retten. Beim Klappen der Wagentüren schreckte ich hoch. Ich musste dorthin, es wenigstens versuchen. Zuschlagen. Vielleicht auch blind drauflos. Ich hinkte zu einem Baum, einem Stechginstergestrüpp ohne Blüten für die Touristen, dafür mit vielen Dornen, um mich zu stechen. Dann robbte ich durchs Gras bis zu einer Mulde mit Blick auf das Haus der Schwestern. Als ich den Kopf hob wie ein Soldat im Schützengraben, kam Camille gerade aus dem Haus. Begleitet vom Schinder und zwei Bereitschaftspolizisten. Der Schinder hatte den Lotsen gespielt.

Camille ließ den Kopf hängen, seine Hände waren vor dem Körper gefesselt, der Rücken krumm. Da war sie wieder, die Haltung der Waise, des geschlagenen Kindes, des vergewaltigten Zöglings, der Gang des Besiegten. Langsam näherte er sich dem Wagen, der in einiger Entfernung auf dem Weg parkte. Ein Gendarm nahm ihn am Arm. Auf einmal rebellierte er.

»Ich will nicht zurück in die Anstalt!«

Versuchte sich loszureißen.

»Nie mehr geh ich dahin zurück!«

Ließ sich zu Boden fallen.

»Ich bin Waise! Ich habe nichts getan!«

»Du hast das Erziehungsheim abgefackelt!«

Das war die Stimme des Schinders, des Aufsehers mit der Hasenscharte.

Die Gendarmen rissen ihn brutal hoch.

»Ich bring mich um, wenn Sie mich wieder dort einsperren, hören Sie?«

Er wehrte sich, aber die beiden Uniformierten zwängten ihn zwischen sich ein.

»Lieber will ich ins Gefängnis! Bitte, bringen Sie mich ins Gefängnis!«

Der Schinder ohrfeigte ihn und zog ihm den Schlagstock über beide Schienbeine. Camille fiel schreiend hin und wurde zum Gefangenentransporter getragen.

Die beiden Schwestern standen auf der Schwelle, nahe der steinernen Mauer.

Die Jüngere formte mit den Händen ein Sprachrohr und schrie: »Was ist mit der Prämie?«

»Kommen Sie morgen zur Zitadelle«, beschied sie ein Gendarm.

Es stimmte also. Die Jäger versilberten ihre Beute.

»Außerdem ist er ein Päderast«, fügte die Ältere, immer noch in ihr schwarzes Tuch gehüllt, hinzu.

»Das auch noch!«, erwiderte einer der Gendarmen lachend.

Türen klappten, Motoren sprangen an. Die Schwestern schlossen ihre Tür. Löschten die Lichter im Erdgeschoss, dann im ersten Stock. Dann war Stille.

Ich sank zurück in mein Loch, Wut im Bauch.

Was hätte ich tun können? Die Bande mit gezücktem Messer überfallen? Einen Gendarmen als Geisel nehmen? Die Ohnmacht machte mich krank. Ich weinte. Zum ersten Mal seit langer Zeit. Ich lag auf der fetten Erde im feuchten Gras und weinte, wie man tötet. Mit zusammengebissenen Zähnen, die geballten Fäuste zwischen den Schenkeln, die Augen geschlossen und den Wahnsinn im Kopf.

Dann erwürge ich die Schwestern, eine nach der anderen. Weide mich an ihrem Entsetzen. Genieße die Angst in ihren Augen. Skalpiere schreiend die Jüngere. Lasse das Blut spritzen. Schmiere es mir ins Gesicht. Trample über ihre Leichen. Schlage ihr Haus kurz und klein, lasse kein Möbelstück aus und keinen von ihren Staubfängern. Stelle mir die Pendeluhr im Esszimmer vor, auf die ich mit einem Stuhl eindresche. Nehme mir dann ihr Bett vor. Bestimmt ein breites Ehebett, in dem sie gemeinsam schlafen. Beflecke das Bettzeug mit ihrem Blut, besprenkle es mit ihrer Reinigungsmilch und schütte ihre vollen Nachttöpfe darüber.

Ich weinte wie verrückt.

Legte mich auf den Rücken. Schirmte mit einer Hand die Lampe ab und schlug mit der anderen die Straßenkarte auf. Der Hafen von Sauzon war weniger als drei Kilometer entfernt. Ein Hafen. Warum eigentlich nicht? Seit ich hier war, hatte man uns ständig eingetrichtert, dass Flucht unmöglich sei. Dass wir vielleicht über die Mauer kämen, aber niemals übers Meer. Das hatten wir immer im Kopf, wir träumten von schwerer See, vom Ertrinken, und wenn wir morgens aufwachten, waren wir glücklich, immer noch hinter Gittern zu sein, aber wenigstens am Leben. Manche hatten es versucht und ein Boot gestohlen. Drei Ausbrecher hatten es sogar geschafft, sich auf das Dampfschiff von Belle-Île nach Quiberon zu schmuggeln. Ganz ruhig hatten sie sich unter die Passagiere gemischt, die sich zu Hunderten an Deck drängten, dann aber den Fehler gemacht, in den Salon hinunterzugehen und etwas zu trinken zu bestellen. Ein Notar aus Vannes verriet sie, und die Fähre brachte sie gleich wieder zurück. Andere wurden von Seeleuten geschnappt, als sie an Land gingen und sich schon für gerettet hielten. Aber die meisten sind ertrunken. Oder halb erfroren gefunden worden, auf den Steinen, an den Klippen, in einer Grotte oder am Strand. Im vorigen Jahrhundert hat ein verzweifelter Gefangener sogar versucht, in einer Boje zum Festland überzusetzen.

Ein paar Monate, bevor ich auf die Insel kam, waren zwei Zöglinge auf den Grottenfelsen geflohen und hatten sich in die Bouche du Diable gestürzt, den Höllenschlund, in dem das entfesselte Meer tobt. Zwei Brüder. Der jüngere war zwölf, der andere gerade volljährig. Der Stiefvater soll den Großen geschlagen und den Kleinen gezwungen haben, zwischen ihm und seiner Mutter zu schlafen. Eines Abends, als der Kleine vor Schmerzen schrie, kam der Große ins Zimmer. Alle lagen nackt auf dem Bett. Der Mann, die Frau, das Kind. Ohne ein Wort zu verlieren, verprügelte der Bruder den Freund der Mutter mit einem Hackenstiel. Schlug ihn auf den Rücken, ins Kreuz, auf die Beine. Die Frau schrie »Mörder, Mörder«, aber der Dreckskerl war gar nicht tot. Nur für den Rest seines Lebens gelähmt. Später brachte die Mutter sich um. Und die

Söhne kamen ins Heim. Ein Jahr blieben sie dort. Dann gelang es ihnen zu fliehen. Und damit, zu sterben.

Ich wusste das alles, aber ich konnte nicht mehr zurück.

»Es ist zu spät, Bonneau. Hast du nicht gesehen, was wir angerichtet haben? Das werden wir teuer bezahlen«, hatte Loiseau gesagt, als wir noch auf der Mauer hockten.

Zu spät. Zu spät, um es mir anders zu überlegen. Ich hatte keine Wahl. Auf einer Seite das Land, auf der anderen das Meer. Haute-Boulogne oder Ozean. Das Weite zu suchen war meine letzte Chance.

Ich stand auf. Camille im Herzen. Seine gekrümmte Gestalt. Sein Flehen. Den Spatzenschrei beim Schlag des Schinders. Seine gebrochenen Beine. Ich hatte meinen Freund im Stich gelassen und war unglücklich darüber. Außerdem tat mir alles weh von den Schlägen am Vortag. Von der Zeit, die ich gefesselt am Mast hing. Von den Jahren der Erniedrigung und des Leidens. Ich war erschöpft von den Entbehrungen und der Zwangsarbeit. Verletzt und wütend. Diese Wut würde meine Schritte lenken und mir den richtigen Weg weisen. Diese Wut würde mir bei meiner nächtlichen Überfahrt leuchten und mich von dieser Drecksinsel retten. Und Belle-Île sollte einen tiefen Fußabdruck meines Zorns davontragen.

6.
DIE *SAINTE-SOPHIE*

Von Süden kommend, umrundete ich die Bucht von Sauzon. Ging, lief, das Herz auf der Hut. Abgesehen von ein paar Kaninchen, die weghoppelten, als sie mich kommen hörten, war die Gegend verlassen. Camille hatte mir von Port-Vihan erzählt, einem ruhigen Ankerplatz an der Mündung des Aber. Er war ein paarmal dort gewesen, um den Schwestern beim Tragen der Möbel zu helfen, die per Boot aus Quiberon geliefert wurden.

Der Ort stand nicht auf der Karte, er hatte ihn mit Bleistift hinzugefügt. Ein schwarzes Kreuz mit einem roten Kreis drumherum, im Norden der Stadt, nach dem großen Leuchtturm und der Mole, kurz vor dem offenen Meer. Der Hafen von Sauzon war genauso gefährlich wie der von Le Palais. Bestimmt hatten die Fischer ihre Kutter gesichert. Sie wussten schon immer, dass die künftigen Seeleute hinter den Anstaltsmauern nur davon träumten, mit dem ersten unbeaufsichtigten Boot das Weite zu suchen. Und jetzt waren ein paar von diesen Verbrechern getürmt. Zig kleine Seeräuber auf der Suche nach einer Nussschale für ihre Flucht von der Insel.

»In Port-Vihan ist es ruhiger«, hatte Camille gesagt.

Nur ein paar Fischkutter, kein Vergleich mit Le Palais. Bis

hierher würde sich kein Flüchtling wagen. Der weite Weg über Land war zu riskant, zu gefährlich. Die Banditen würden das Naheliegendste tun. Und am Fuß der Zitadelle versuchen, zu mehreren eine Ketsch zu kapern. Nie würden sie die halbe Insel überqueren, weil sie dumm und faul wären und Angst vor der Dunkelheit hätten. So dachten die braven Leute über uns.

Ein paarmal hatte mein Freund ein einsames Fischerboot gesehen, das an der Hafeneinfahrt ankerte, mindestens dreißig Meter vom Kai entfernt und immer an derselben Boje. Er hatte sogar den Namen auf dem unteren Rand der Karte notiert: *Sainte-Sophie*. Es war vom gleichen Typ wie das Schulschiff der Anstalt. Fünf Männer passten darauf, doch diesmal war ich allein.

Vor dem Hotel *Zum Leuchtturm* in Sauzon herrschte große Aufregung. Ein Dutzend Männer redete laut durcheinander. Und ein paar weitere hatten sich auf der Pier versammelt. Wieder einmal heulte die Sirene. Ich ging an einem Haus vorbei und an noch einem. In einem Gärtchen hing Wäsche an einer Leine neben Hummerreusen und einem Fischernetz, das wie ein Großsegel an einem Mast ausgespannt war. Die Wäsche war nass, offenbar hatte niemand daran gedacht, sie vor dem Gewitter reinzuholen. Zwei Schürzen, ein Kleid, ein Rock, ein Kinderhöschen, Socken, eine Hose, drei Hemden mit Kragen und eine Jacke aus blauem Drillich. Mir blieb das Herz stehen. Mein Atem stockte. Das Blut pochte in meinen Schläfen, ich hatte einen trockenen Hals, und meine Zunge fühlte sich an wie Karton. Ich schaute mich um. Keiner da. Die Stimmen am Leuchtturm waren verstummt. Ich nahm die Sachen eines freien Mannes von der Leine, um mich damit zu verkleiden. Versteckte mich hinter der Mauer. Schaffte es kaum, mit meinen zittrigen Händen die alte Hose aus- und die andere, regenschwere anzuziehen. Der Saum fiel bis über meine Pantinen. Aber mit Hosenträgern würde es gehen. Das feuchte Hemd passte mir. Die Arbeitsjacke auch. Ich rollte die Sträflingskleidung zusammen. Da fiel mir eine ausgebeulte Innentasche auf. Das Band meiner Mutter hatte sich in Toupets Haarteil verwickelt. Ich hatte es ganz vergessen. Ein Lachen stieg in mir auf, das von fern kam, wie aus den Tiefen eines Schiffsbauchs. Aus der Zeit vor den Schlägen, vor den Schikanen, vor der Verhaftung meines Freundes. Auf einmal kam mir eine verrückte Idee. Ich nahm die Mütze ab und setzte den Fifi des Wärters auf meinen rasierten Schädel. Die Pferdehaare fielen mir in den Nacken, bildeten Schmachtlocken auf meinen Schläfen und wellten sich, sorgsam gescheitelt, über der Stirn. Dann setzte ich die Mütze wieder auf und stopfte die Gefängnislumpen in ein Stechginstergestrüpp.

Anfangs probierte ich mich aus. Testete meinen Auftritt. Bei Port-Vihan lief mir ein dicker Mann über den Weg. Er trug eine Mistgabel auf der Schulter und kam bestimmt gerade von der Treibjagd nach Hause. Als er mich aus dem Schatten treten sah, zuckte er zusammen. Ich grüßte mit einem Finger an der Mütze. Sofort hellte sein Blick sich auf. Fischerjacke, weißes Hemd, graue Hose, ein bisschen lange Haare – von mir ging keine Gefahr aus. Ich lächelte ihn an.

»Haben Sie welche von den Banditen gesehen?«, fragte ich, einfach so, aus einer Anwandlung heraus. Er blieb stehen.

»Nein, nicht hier in der Gegend.«

Er klopfte mit dem Stiel der Mistgabel auf den Boden.

»Zwei haben sie an der Wegkreuzung bei Logonnet erwischt.«

»Bravo!«, rief ich.

Er lachte.

»Ich hätte sie lieber selber am Schlafittchen gepackt.«

Dann schulterte er die Mistgabel wieder.

»Bei zwanzig Franc pro Nase lohnt sich eine schlaflose Nacht.«

Dann ging er weiter seines Wegs. Nach ein paar Schritten drehte er sich um und musterte mich misstrauisch.

»Und wer ist dein Vater, Junge?«

Auf die Frage hatte ich gewartet.

»Augustin Bonneau.«

Der Dicke runzelte seine niedrige Stirn.

»Sagt mir nichts.«

Ich lachte.

»Wir kommen aus Laval, in der Mayenne.«

Er kratzte sich unter seiner Mütze am Kopf. Machte ein verschlossenes Gesicht.

»Ah, Sommerfrischler …«

Ich nickte ein bisschen zu eifrig.

»Ich wohne mit meiner Mutter im Hotel *Zum Leuchtturm*«, sagte ich und deutete mit dem Kinn in seine Richtung.

»Du stehst mit dem Rücken zu ihm, Kleiner.«

Seine Stimme hatte sich verändert, sie war jetzt hart wie Granit. Er fasste seine Mistgabel fester.

Die Bedrohung machte sich als eisiger Schauer vom Nacken bis ins Kreuz bemerkbar.

»Weiß ich, aber als ich die Sirene gehört habe, da …«

Er entspannte sich. Grinste ein bisschen.

»Wolltest wohl auch deinen Teil vom Kuchen?«

Ich nickte schon wieder so lächerlich, lachte gekünstelt, und meine Stirn wurde feucht.

»Zwanzig Franc, das zahlt sich aus, oder nicht?«

»Zwanzig Franc?«

Der Dicke verdrehte die Augen.

»Hier in Morbihan?«

Er streckte die Arme aus, als würde er etwas sehr Großes tragen.

»Da kriegst du hier vier Drei-Kilo-Brote dafür.«

*

Bis Port-Vihan traf ich niemanden mehr. Nur zwei schweigende Männer, die langsam Richtung Sauzon gingen. Man hörte nur das Schlurfen ihrer Schuhe. Heftiges Husten. Spucken. Diesmal versteckte ich mich.

Auch der Hafen war verlassen. Es war Flut. Die Wellen klatschten an die Mole. Die Gischt schäumte bis ins Gras am Kai. Es war dunkel. Ich schwankte, ob ich meine Taschenlampe herausnehmen sollte. Ließ es dann lieber. Hinter den Fenstern der Häuser auf dem Hügel blassgelbe Lichter, grüne und rote Leuchtfeuer an der Einfahrt ins Fahrwasser. Der Wind tobte. Ich hörte sein Rasen, das Knarren der Trossen, die Glocken und das Gurgeln der hin und her geworfenen Tonnen.

Die *Sainte-Sophie* lag gegenüber der Pier. Ich erkannte sie sofort, ein Sardinenfischer mit schwarzem Rumpf, weißem

Rand und zwei nach hinten geneigten Masten. Andere Boote hatten mitten im Meeresarm Anker geworfen, nur dieses hing einsam an seiner Boje. Leichte Beute abseits der Herde. Ich lief gebückt über den Kai, bis es direkt vor mir lag.

»Sie ankert dreißig Meter vom Ufer entfernt«, hatte Loiseau gesagt.

Das kam ungefähr hin. Aber im Dunkeln vom Kai aus gesehen schien sie in weiter Ferne am Horizont zu tanzen. Kein vertäutes Beiboot, nichts, keine Möglichkeit, sie zu erreichen. Ohne zu überlegen, zog ich meine Jacke aus, Hemd, Hose und Schuhe. Ich hatte keine Wahl. Seit wir von der Mauer gesprungen waren, hatte ich mich, während wir über die Insel irrten, die ganze Zeit gefragt, wie wir an Bord kommen sollten.

»Schwimmen«, schlug Camille vor.

Und lachte. Ich nicht. Und jetzt stand ich am Meer.

Ich packte meine Sachen in seinen Seesack und schlang mir den Riemen um den Hals. Das Leinenbündel war ziemlich schwer, es war kalt und der Seegang trotz der Wellenbrecher stark. Das Boot schien sich immer weiter zu entfernen, es riss an seiner Trosse wie ein verstörtes Pferd an der Longe. Ich habe als Kind in der Mayenne und im Étang de la Forge schwimmen gelernt. Damit war ich einer der wenigen Zöglinge, die sich ins Wasser trauten. Selbst Soudars zog Manöver an Land den Gefahren des Ozeans vor. Der Kapo konnte nämlich nicht schwimmen.

Die Luft war schwer vom Regen, der Ozean ölig und schwarz. An einem Tau, das sinnlos an einem Ring am Kai hing, ließ ich mich ins Wasser gleiten. Das Meer war eiskalt. Ich ließ das Tau los und schwamm Richtung Boot. Der Seesack war zu schwer. Er zog mich unter Wasser, und ich kämpfte mich immer wieder in Panik an die Oberfläche. Fast hätte ich ihn weggeworfen. Ich drehte mich auf den Rücken, das Bündel in den Armen, und strampelte mit den Füßen. Machte den toten Mann, aber schlecht. Schluckte bei jeder Bewegung Wasser. Stieß im Dunkeln an eine Boje, die unter meinem Gewicht versank. Ich dachte, ich müsste hier sterben, ertrinken wie so viele andere, bevor ich es merkte. Ich schrie meine Verzweiflung hinaus. Ließ den Sack ins Wasser plumpsen, hielt ihn mit einer Hand fest, ruderte mit der anderen und schlug mit den Beinen, bis ich nicht mehr konnte. Mein Kopf tauchte unter, kam wieder hoch, ein Höllentanz, rauf und runter, wie ein Korken, mein Mund ging auf und zu, ich spuckte Wasser und verfluchte meine Mutter, die mich verlassen hatte, meinen Vater, der mich den Großeltern übergab, die Großeltern, die mich ins Heim steckten, und mein Leben, das hier zu Ende war. Ich schluckte eine Monsterwelle, die nicht an der Mole gebrochen war. Den Riemen des Seesacks hatte ich jetzt an meinem Handgelenk befestigt, doch er rutschte immer weiter nach unten, als ob Seeungeheuer an ihm zerrten. Ich würde sterben. Nie war ich dem Tod so nah gewesen. Ich schwamm nicht mehr, versuchte mich nur noch vor dieser Keilerei zu schützen, in der ich hin und her gestoßen wurde, ohne zu wissen, wie ich mich wehren sollte.

Kurz nach meiner Ankunft in Haute-Boulogne war ich einem Aufnahmeritual unterworfen worden, wie es auch Rekruten zuteilwird. Die Hände im Rücken gefesselt und mit einer schmutzigen Unterhose überm Gesicht, wurde ich von drei Kapos auf dem Bett festgehalten und bekam literweise

Wasser in den Mund geschüttet. Ich ertrank fast, und sie lachten. Es war dieselbe Mischung aus Angst und Zorn, die ich empfand. Noch einmal untertauchen und ein letztes Mal hochkommen. Ich konnte nicht mehr. Der heulende Wind, die riesigen Brecher, die schwarze Nacht hatten mir die letzten Kräfte geraubt. Durch meine fast geschlossenen Lider sah ich in der Ferne ein verschwommenes Licht. Das war mir schon aufgefallen, bevor ich mich in die Fluten stürzte. Ein erleuchtetes Fenster, das Wärme und Familie verhieß. Ich schrie noch einmal laut, bevor das Meer mich verschlang. Die Gendarmerie sollte mich holen kommen. Die Fischer mich mit ihren Booten einkreisen und in ihren Netzen fangen. Mich schnappen. Und aus dem Wasser ziehen. Sie könnten mich wieder ins Heim stecken. Mich schlagen. Mich meinetwegen nach Eysses schicken, egal, Hauptsache, ein trockenes Plätzchen an Land. Eine Zelle weit weg von Wellen, Wind und Nacht. Ich wollte nur nicht sterben. Mein Körper wurde verschluckt. Das friedliche Licht erlosch.

»Hier sind wir die Kapos, vergiss das nie, Blödmann!«

Ich ging unter. Gab auf. Ließ die Arme sinken, damit es schneller ging. War todtraurig. Wollte schon den Seesack loslassen, als ich mit dem Ellbogen an etwas Hartes stieß. Ich streckte die Hand aus, als wollte ich einen Traum festhalten. Metallringe. Ich klammerte mich an die Ankerkette und hangelte mich an die Oberfläche zurück. Mein wildes Gestrampel hatte mich dennoch zum Kutter gebracht. Ich legte meine Stirn an den schimmernden Rumpf wie an die Stirn eines Freundes. Hielt mich mit beiden Händen an den Ringen fest, schlang die Beine um die Kette und blieb so, noch halb unter Wasser. Atmen. Leben. Mir war zum Heulen. Was total lächerlich war, nachdem ich gerade dem Ozean der Tränen entkommen war. Ich wickelte den Riemen des Seesacks um die Ankerkette. Legte die Wange an einen Eisenring und ließ meinen Tränen freien Lauf. Das Schluchzen des kleinen Jules, der bereit war zu sterben. Nein! Die Kröte stieß alle Luft der Welt aus ihrer Lunge und atmete ganz tief ein. Ließ die Kette los und mich auf den Grund des Ozeans sinken, um ihn zu foppen. Spuckte ins Wasser wie einem Aufseher in den Rücken. Und zog mich nur mit der Kraft meiner Arme Ring für Ring langsam wieder nach oben.

Nachdem ich mich ins Boot gehievt hatte, ließ ich mich einfach auf Tauwerk und Netze fallen. Es gab kein Deck. Auch keine Kombüse oder Kajüte, nur den leeren Rumpf. Abgesehen von der Backskiste und einer Plane konnte ich mich nirgends verstecken.

Ich setzte mich hin. Knotete das Band meiner Mutter um mein Handgelenk und versuchte, mich an das zu erinnern, was ich gelernt hatte. Den Bug in den Wind. Leinen lösen, Anker lichten, das Vorsegel und die Fock hissen. Unsere Quartermeister hatten uns das alles beigebracht. Auf einem Meer aus Beton. Wir wurden mit Wörtern gefüttert, mit Begriffen und Namen. Ich wusste, wie man statt eines Karabiners einen Palstek knüpft, um die Falle oben am Mast festzumachen, hatte aber nicht die geringste Vorstellung davon, wie ein Boot sich auf See verhält, wie sich das Segel an den Brassen spannt. Ich erinnerte mich an Wörter wie »fieren« und das Gegenteil davon, »dichtholen«, und hatte nie ein Manöver verpasst. Aber ich hatte nur ein einziges Mal das Großsegel geborgen, da waren wir zu viert an Bord gewesen, und zwei rollten es lachend zusammen.

Mir wurde schwindelig. Die kabbelige See, der Hunger, der Kampf mit dem Wasser, ich konnte mich an nichts mehr erinnern. Ich hatte es nicht einmal zum Decksjungen geschafft. Alles, was unsere Lehrer uns beigebracht und mit uns geübt hatten, war gerade über Bord gegangen. Der Kutter maß nur neun Meter, kam mir aber riesig vor. Auch die Masten waren scheinbar endlos. Niemals würde ich diese Unbekannte segeln.

Ich zog mich wieder an. Die Klamotten waren feucht, ich völlig ausgekühlt. Alles stank nach Fisch. Was tun? Mich aufs Tauwerk legen und auf die Gendarmen warten oder mich der heiligen Sophie anvertrauen? Vor Niedrigwasser und Tagesanbruch musste ich mich entscheiden. Also legte ich den Kompass auf den Seesack. Kurs Nordost. Zum Glück war der Kutter nicht entmastet. Die Segel lagen gefaltet unter einem alten Steinanker. Die Lampe zwischen den Zähnen, kniete ich mich hin und begann, die Takelage vorzubereiten. Ich würde die Segel setzen.

Zum Glück sang der Seemann. Im Dunkel hatte ich ihn nicht kommen sehen. Mit einer Laterne am Vordersteven hielt sein Boot auf den Kutter zu. Ich löschte die Lampe und legte mich hin. Der Fischer kehrte mir den Rücken. Es war beeindruckend, wie er breitbeinig im Heck seines Bootes stand und es beidhändig mit kraftvollen Schlägen nach links und rechts vorwärtstrieb. Auf der Höhe der ersten Boote angekommen, drehte er sich um und manövrierte nun vorsichtig mit einer Hand. Ich richtete mich ein wenig auf den Ellbogen auf. Er kam direkt auf mich zu. In wenigen Minuten würden wir längsseits nebeneinanderliegen. Ich rollte auf den Rücken. Ich brauchte Luft. Gleich würde ich beim Diebstahl eines Fischerboots überrascht werden. Dann erwartete mich nicht Eysses, sondern Cayenne.

Der Typ sang immer noch vor sich hin. Der Wind trug seine Stimme übers Meer.

Ich wühlte im Seesack, fand mein Messer, klappte die Klinge aus. Umfasste den stählernen Griff mit beiden Händen, presste es an meinen Oberkörper. Ich war bereit.

Gerade hatte ich noch vom Land geträumt, jetzt hoffte ich auf das Meer. Niemand sollte mich aufhalten. Ich wollte frei sein, und dafür würde ich töten. Wirklich töten, wirklich die Segel hissen, wirklich navigieren, wirklich fliehen. Ich zitterte. Vor Kälte, Angst und Müdigkeit. Die Rümpfe der Boote stießen aneinander. Ich schloss die Augen. Um ihm nicht ins Gesicht zu sehen. Ich musste ihn von hinten erstechen. Damit mich sein Blick nicht verfolgte. Da war nur eine Silhouette im Dunkel, eine Stimme, ein schwaches Licht an einem Bug. Ich würde keinen Menschen umbringen, bloß einen Unbekannten ins Meer stoßen. Einen Mann ohne Namen, ohne Familie, ohne Geschichte. Er würde nicht schreien, nicht weinen. Nicht röcheln, nicht einmal atmen. Nur ein Schatten mit einem Messer im Rücken, der ins Wasser fiel.

Ich öffnete die Augen. Und schrie auf. Breitbeinig stand der Riese über mir. Ein Schatten ohne Gesicht. Er hielt sein Ruder mit beiden Händen. Und schlug wortlos zu. Einmal mit dem

Schaft auf den Brustkorb, dann auf die Schulter. Ich ließ das Messer fallen. Er sah es. Wirbelte das Ruder durch die Luft und setzte mir das Blatt an die Kehle.

»Rühr dich und du bist tot.«

Ich rührte mich nicht. Hob nur die Hände. Mit dem Fuß kickte er das Messer zur Backskiste. Er beugte sich über mich.

»Hörst du mir zu?«

Mein Hals war von seinem Ruder blockiert. Also zwinkerte ich zur Bestätigung.

»Hörst du mir genau zu?«

Ich zwinkerte wieder.

Er gab meinen Hals frei, ließ aber das Ruder ein paar Zentimeter über mir drohend in der Luft schweben.

»Ich stelle dir gleich drei Fragen, die du beantworten wirst. Klar?«

Ich nickte.

»Bist du aus dem Erziehungsheim ausgebrochen?«

Ich schüttelte den Kopf. Mit aufgerissenen Augen, um meine Überraschung zu zeigen.

Er stach mir das Blatt zwischen Mund und Nase. Ich musste gleich kotzen.

»Soll ich die Frage wiederholen?«

Ich hob die Hand: Nicht nötig.

Und ja, bin ich.

Er nahm das Ruder wieder weg.

»Bist du allein?«

Ja.

»Und du machst mir keinen Ärger?«

Nein, sagten meine Augen.

Er stieg über mich hinweg und setzte sich auf die Reling.

Ich stemmte mich auf den Ellbogen hoch. Arme, Seiten, alles tat weh.

»Setz dich hin!«

Er beugte sich über Bord, um die Laterne von seinem Boot abzunehmen, und drehte mir dabei den Rücken zu. Ich rollte auf den Bauch und holte mir das Messer zurück. Die Waffe in der Hand, sprang ich auf.

»Du kleiner Arsch!«, brüllte er.

Und stürzte sich auf mich. Ich stach auf gut Glück zu. Traf ihn zweimal am Arm. Er schrie auf und gab mir einen Handkantenschlag auf die Kehle. Ich fiel auf den Rücken, mit geschlossenen Augen, den Schädel von stählernen Kiefern zermalmt. Ich atmete nicht mehr, hustete nur noch. Spuckte Galle, Meer, Keksbrösel aus. Hatte den Geschmack von Blut im Mund. Hob die Hände. Ergab mich endgültig.

»Gnade!«

Meine atemlose Stimme. Ich war besiegt. Noch nie hatte ich um Gnade gefleht. Er ließ sich auf mich fallen, bohrte mir die Knie in die erhobenen Arme. Ein grauenhafter Schmerz. Er hatte mein Messer in der Hand. Setzte mir die Klinge an den Hals, als ob er ein Schwein schlachten wollte.

»Eine Bewegung und ich stech dich ab!«

Die Laterne war auf den Boden gerollt. Beleuchtete sein Gesicht. Ein Mordskerl, hätten wir im Heim dazu gesagt. Unter der Mütze, die so groß war wie ein Teller in der Kantine, buschige graue Haare, dichte Augenbrauen, Bartschatten, eine gebrochene Nase. Die Augen zu hell. Keine Glut, kein Glanz, das glasige Grau toter Fische. Ich hätte im Meer ertrinken können, das begriff ich jetzt. Und auch, dass dieser Mann mich töten könnte. Er hatte den Blick dafür, die Haltung und einen ruhigen Atem. Ich machte ihm keine Angst.

»Nur eine Bewegung, klar?«

Klar. Eine Bewegung und er würde mir die Kehle durchschneiden.

Immer noch auf mir kniend, zog er seinen Jackenärmel mit den Zähnen hoch.

»Du hast mich verletzt, kleiner Arsch!«

Aber nicht schlimm. Zwei Schrammen, ein Blutstropfen, als hätte er sich an einer Brombeerranke gekratzt. Die schwere Baumwolle hatte seine Haut geschützt. Er nahm die Klinge von meinem Hals und ließ sich gegen die Bordwand fallen. Ich rappelte mich hoch. Zuerst seitlich, auf einen Arm gestützt, dann setzte ich mich auch hin. Er leuchtete mir mit der Laterne ins Gesicht. Beobachtete mich. Ich senkte die Lider und ballte die Fäuste. Ich war doch kein Zirkustier!

Dann machte er etwas total Verrücktes. Er beugte sich zu mir herüber und reichte mir das Messer mit dem Griff voran. Gab mir schweigend mein Douk-Douk zurück. Bewaffnete mich, mich, die Kröte! Nur wir zwei waren auf dem Boot, im Hafen, die ganze Nacht. Niemand würde ihm zu Hilfe kommen, und er gab mir die Möglichkeit in die Hand, ihn zu töten. Oder ihm zu zeigen, dass ich es nicht tun würde. Also nahm ich das Messer ganz vorsichtig, um ihn nicht zu verletzen. Klappte die Klinge ein und verstaute das Douk-Douk in meinem Seesack.

Das Boot schwoite im Wind, das Meer ließ die Masten schwanken.

Der Fischer legte sich auf den Rücken, den Kopf an der Backskiste. Zündete eine Zigarette an und hielt sie mir hin, ohne mich anzusehen. Aber ich rauchte nicht. Nur heimlich, um es den Kapos gleichzutun. Oder vor den Neuen anzugeben. In der Anstalt rollten wir den Tabak in kariertes Papier ein. Das Feuerzeug, das die Klempnerlehrlinge heimlich in der Werkstatt fabrizierten, war dasselbe Modell wie das der Soldaten im Krieg: aus einem Stück gehärtetem Stahl, einem unterwegs gefundenen Feuerstein und einem Lumpen statt Zunder. Das ergab nie eine Flamme, sondern mit Glück etwas Glut. Ich nahm die Zigarette an. Der Fischer stocherte in seinem Paket, um noch eine herauszufischen. Das Feuerzeug erhellte sein Gesicht. Er sah in den Himmel. Ich saß da und rauchte.

»Ich erklär dir mal die Lage.«

Eine tiefe Stimme. Eine, zu der man aufschaut.

»In einer Viertelstunde kommt das Boot mit meinen Jungs.«

Er atmete lange aus und ließ den weißen Rauch aufsteigen. Wie aus dem Schornstein eines Schiffs, dachte ich.

»Zu spät für dich, um von Bord zu gehen.«

Er wandte den Kopf.

»Also steckst du in der Klemme, ich auch.«

Da ich nicht reagierte, kam ihm ein Zweifel.

»Sprichst du Französisch, Junge?«

Ich nickte.

»Dann hör gut zu, was ich dir jetzt sage.«

Jetzt wandte er sich mir ganz zu.

»Normalerweise sind wir hier zu fünft.«

Er wog jedes Wort.

»Aber noch ist mein Decksjunge krank. Du kommst also grade recht.«

Er blies ein paar Rauchringe in die Luft.

»Wärst du gern Decksjunge?«

Das konnte ich nicht sagen.

»Aber besser als Sträfling, oder?«

Ich nickte.

Er setzte sich auf, mir gegenüber, den Blick auf die Lichter des Hafens gerichtet.

»Und schon ist die *Sainte-Sophie* wieder komplett.«

Er nahm seine Mütze ab, fuhr sich durch die Haare und stand auf.

Ein gelbes Licht tanzte zwischen den Fischerbooten.

»Meine Männer kommen.«

Ich geriet in Panik. Tastete nach meinem Messer.

»Werden Sie mich verraten?«

Der Fischer betrachtete mich stirnrunzelnd.

»Seh ich so aus?«

Nein. Nur furchterregend.

Die Laterne kam näher.

»Weißt du, ich habe Augen und Ohren in der Anstalt. Ich weiß immer alles, was dort los ist.«

Ein Spion? Le Goff vielleicht, der war auch Bretone, wie er.

»Echt alles?«

Zum ersten Mal lächelte er. Seine blassen Augen begannen zu leuchten.

»Ganz schön viel jedenfalls.«

Ich richtete mich auf. Saß ihm genau gegenüber.

»Ich heiße Ronan«, sagte er.

Gab mir aber nicht die Hand.

»Ronan Kadarn.«

Ich erwiderte nichts.

»Und wie heißt du?«, bohrte er.

Ich senkte den Kopf.

»Jules Bonneau.«

Diesmal lachte er. Ein schönes Männerlachen.

»Mit dem Namen musstest du ja auf die schiefe Bahn geraten.«

Ich zuckte mit den Schultern. Leise lächelnd wiederholte er meinen Namen. Stand auf und lehnte sich an den Großmast. Die Falten auf seiner Stirn verschwanden, als er dem schwankenden Boot entgegensah.

»Ab jetzt bist du mein Neffe, Jules Bonneau.«

Ich verstand ihn nicht. Er sah mich an.

»Du bist der Sohn meines Bruders Yann.«

Noch immer nicht.

»Wie willst du meiner Mannschaft erklären, was du mitten in der Nacht auf meinem Boot wolltest?«

Ich sperrte den Mund auf. Darauf hatte ich keine Antwort.

»Welche Geschichte willst du ihnen lieber erzählen?«

Ratlos hob ich die Arme. Was für eine Geschichte?

»Wärst du lieber Ausbrecher oder der Neffe des Chefs?«

Langsam begriff ich.

»Der Neffe des Chefs.«

Er seufzte.

»Schnell bist du nicht, Kleiner.«

Ich war auf dem Sprung. Körper, Nacken, Bauch angespannt. Ich konnte die Gefahr riechen. Das war doch absurd! Was wollte der Mann von mir? Wer rettete schon einen entlaufenen Häftling? Und aus welchem Grund? Christliche Barmherzigkeit? Er trug ein glänzendes Kreuz um den Hals, aber ich glaubte nicht recht daran. Der liebe Gott und die Heiligen hatten immer einen Umweg um Haute-Boulogne gemacht. Wo war Jesus denn während der Schlagstockorgien, des Großen Balls, der Erniedrigungen, des Hungers, wo war er, wenn die Kleinen den Großen in den Hosenstall krochen, ohne dass die Wärter einen Finger krumm machten? Pater Bricout jedenfalls hätte mich mit dem Weihwasserwedel verdroschen, wenn er mich geschnappt hätte. Seit meiner Geburt hatte ich nur einen einzigen netten Menschen kennengelernt: Barnabé, den Feldhüter, der ein Huhn in sein Heft gezeichnet hatte, statt festzuhalten, dass ich dem Bauern Maurel drei Eier gestohlen hatte. Nach all den Jahren konnte ich mich immer noch an seine Stimme erinnern.

»Jules Bonneau, du musst auf den rechten Weg zurückfinden. Sonst geht dein Name in die Kriminalgeschichte ein.«

Nette Menschen gab es nicht. Nur Heuchler, Lügner, Duckmäuser. Auch dieser Mann konnte nicht einfach nett sein. Der hatte bestimmt etwas vor.

Mechanisch strich ich über den Griff des Douk-Douks in meinem Beutel.

Das Boot kam näher. Schnell fragte der Fischer ab, in welcher Abteilung ich eingesessen hatte. Marinesektion? Perfekt. Seilerei? Kriegen wir hin. Ob ich wenigstens auf dem Trockenen ein paar Manöver durchgeführt hätte? Ja, klar. Und auf See? So gut wie nie. Aber immerhin könnte ich Segel bergen, ein Netz auswerfen und einholen, ich hatte gelernt, Netze zu flicken, und Rudern ging auch. Während dieses kurzen Austauschs nahm ich die Perücke aus dem Seesack, setzte sie auf und zog meine Mütze darüber bis zu den Augen.

Lächelnd sah er mir zu.

»Gar nicht blöd, der Junge.«

Er beugte sich zu mir.

»Aber lass es.«

Er nahm mir die Mütze ab, riss mir die Perücke herunter und warf sie ins Wasser.

Ich wollte sie festhalten, aber er fiel mir in den Arm.

»Dem Ding sieht man das Pferd an.«

Ich schüttelte ihn ab.

»Stell dir vor, es fällt dir runter.«

Ich schwieg.

»Oder eine Welle schmeißt es auf die Körbe.«

Ich sagte noch immer nichts.

»Wenn das einer spitzkriegt, bist du erledigt.«

Ich strich über meinen geschorenen Schädel voller Dellen und Narben.

»Und das da? Ist das nicht schlimmer?«

Er schüttelte den Kopf. Setzte eine angewiderte Miene auf.

»Dass mein Neffe Läuse hatte? Das ist ja nun nichts Besonderes.«

Dann warf er einen Tampen zum Beiholen auf das andere Boot hinüber.

Sie waren zu viert. Drei gingen an Bord der *Sainte-Sophie*, der alte Moses blieb in der Schaluppe, um sie anschließend nach Port-Vihan zurückzubringen.

Wir lagen Rumpf an Rumpf.

»Deine Hand«, befahl der Käpt'n.

Ich schnappte den ersten erhobenen Arm. Er half den beiden anderen an Bord.

»Sicher, dass ihr bei dem Wetter rauswollt?«, fragte der Alte.

»Der Sardine ist das Wetter wurst«, knurrte der Kapitän.

Andere seien auch schon an der Arbeit. Und der Wind würde gegen Ende der Nacht abflauen. Wer eine Familie zu ernähren habe, müsse raus.

Der Alte reichte mir ein Fässchen herüber und noch eins. Die anderen schnappten sich die Körbe.

Dann gab er mir noch eine Wasserflasche.

»Nimm das, Junge!«

In diesem Moment legte mir Ronan die Hand auf die Schulter.

Ich zuckte zusammen.

»Das ist mein Neffe Jules.«

Die anderen sahen schweigend zu mir hin. Ohne Neugier. Hoben nur kurz den Blick und fuhren dann fort, die Körbe zu stapeln und die Fässer mit den Ködern zu öffnen.

»Klein Jules kommt hinter die Ruderbank, auf den Posten von Matthieu.«

Klein Jules? Ich richtete mich auf. Das hatte noch keiner zu mir gesagt.

»Matthieu Bihan ist nicht mehr dabei?«, fragte einer.

Der Kapitän machte eine verächtliche Handbewegung.

»Krank. Und ich brauche einen Decksjungen.«

Dann ging jeder an seinen Platz, ohne mich noch eines Blickes zu würdigen. Der Wind hatte nachgelassen. Einer lichtete den Anker, der mich gerettet hatte. Ein anderer machte die Leine von der Mooring los.

»Segel setzen!«, befahl der Kapitän.

Vorsegel und Fock wurden aufgezogen und flatterten im Wind. Ich wusste, was zu tun war. Aber nur vom Sehen. Mein Platz war an der Pinne, im Schatten des Kapitäns. Rund um uns bereiteten sich die anderen Boote aufs Auslaufen vor. Ronan beobachtete sie.

»Von jetzt an schweigen wir alle.«

Verblüfft sahen sich die anderen an.

»Wir sagen nichts, wir zeigen nichts. Wir arbeiten für uns, nicht für die anderen.«

Seine Anweisungen waren nur für mich bestimmt. Ich hatte verstanden.

Der Rest der Mannschaft hörte nicht einmal hin. Alle waren beschäftigt. Der erste Rudergänger hatte seine Pantinen ausgezogen. Als er seine Wollmütze abnahm, sah ich, dass auch er kahl war. Er griff sich den großen Riemen, der andere hob schon den zweiten.

»Halbe Kraft voraus!«

Lautlos glitt das Boot durchs Wasser. Der Kapitän stand am Steuer und beobachtete die Sardinenfischer, die aus Sauzon kamen. Wir ließen die Mole und die letzten Bojen hinter uns.

»Riemen einziehen!«

Die beiden Rudergänger hoben gleichzeitig ihre Ruder aus dem Wasser und legten sie längs ins Boot. Dann setzten sie sich hin. Einer auf den Schiffsboden, der andere auf die Weidenkörbe.

»Kurs See«, sagte leise der Kapitän.

Nun wurde ich beäugt, über die pulsierende Glut des Tabaks hinweg. Auch Ronan schien mich gerade erst zwischen seinen Männern zu bemerken. Der Bug glitt sanft durch die Wogen. Der Käpt'n hatte recht behalten, der Wind war abgeflaut. Aber immer noch stark genug, um die Segel zu blähen. Mir wurde schlecht von den Wellen, ich klammerte mich an ein Tau, das am Dollbord entlanglief. Keiner außer mir hielt sich so am Schiff fest.

Auf den Trossen lümmelnd, die Maispfeife im Mund, musterte mich der barfüßige Rudergänger.

»Hast du schon mal Sardinen gefischt?«

»Ja, mit seinem Vater, vor Douarnenez«, antwortete der Kapitän.

»Kann Jules Bihan nicht selbst sprechen?«

Der Rudergänger hatte eine tiefe Stimme. Und wegen des Rauchs kniff er das linke Auge zusammen.

Ich richtete mich auf.

»Bonneau, nicht Bihan!«

Schweigen. Verblüffung.

»*Ne vefe ket bleup hennezh?*«, fragte der Matrose lächelnd.

Der Käpt'n und die beiden anderen lachten. Der vierte an Bord, ein kleiner Dunkelhaariger mit einer langen, schmalen Nase unter einer riesigen Baskenmütze, verzog keine Miene.

Ich ballte die Fäuste. Der Barfüßige sah es.

»Nur die Ruhe, Decksjunge. *Bihan* heißt auf Bretonisch klein.«

Ich zeigte mit dem Finger auf ihn.

»Und was hast du dann gesagt?«

Er zündete seine Pfeife wieder an.

»Dann habe ich deinen Onkel gefragt, ob du vielleicht nicht ganz helle bist.«

Jetzt lachten alle vier.

Nur die Ruhe! Ich war hier nicht in der Anstalt. Ich war ausgebrochen. Nur die Ruhe! Nach diesem Fischzug würde ich den Käpt'n fragen, wie ich nach Quiberon kommen könnte. Vielleicht brachte er mich sogar hin. Nur die Ruhe! Ich überlegte kurz, den Kutter zu entführen. Den Jüngsten der Mannschaft als Geisel zu nehmen, ihm mein Messer an den Hals zu halten und dann Kurs Festland. Keine Chance. Also, nur die Ruhe!

»Der Decksjunge, für den du da bist, hieß bei uns auch Matthieu Bihan.«

Der Kapitän hatte eine Hand an der Pinne, die andere in der Tasche.

»Klein Matthieu, verstehst du, Neffe?«

Über den »Neffen« musste ich lächeln.

Ja, das verstand ich. Aber ich hasste es, wenn sich wer über mich lustig machte. Das wussten in der Anstalt alle. Und ich konnte es auch nicht ausstehen, wenn mich wer »Kleiner« rief. Selbst »Decksjunge« vertrug ich nicht. Ich war die Kröte. Mich musste man fürchten oder respektieren. Auf dem Kutter genauso wie in der Kantine. Wie überall und immer in meinem Leben.

Der zweite Rudergänger hatte noch gar nichts gesagt. Das war der untersetzte Typ mit der langen, schmalen Nase und den lockigen, zurückgekämmten Haaren unter seiner riesigen Baskenmütze, die viel größer war als unsere. Genauso schweigsam wie ich, aber anscheinend jünger, war er der Einzige mit Wachsjacke und Schiffermütze. Sein Posten war zwischen Pinne und Großmast.

Erschöpft lehnte ich mich an die Ducht. Und fragte mich, wo ich mich hinlegen könnte. Die anderen hingen ihren Gedanken nach. Am Horizont zeigte sich ein heller Streifen. Noch nicht errötet.

»Schlaf ein bisschen, Decksjunge«, empfahl der Kapitän.

Er wühlte in seinem Seesack und warf mir einen schweren schwarzen Wettermantel zu. Den Kopf auf den Trossen, zog ich ihn über mich. Er roch nach Öl und Teer.

Dann schlief ich ein. Ohne mich umzudrehen, ohne zu atmen, ohne die Hoffnung, je wieder aufzuwachen. Sah noch einmal die Mauer vor mir, den Blick Le Goffs, als er im Laufschritt Verstärkung holte, Soudars Blut und die beiden alten Schwestern. Hörte Loiseau schreien. Traf den Kinderjäger im Hafen, sprang noch einmal ins Wasser, ging unter, klammerte mich an die glitschige Kette. Schlief tief und fest. Auf der Seite liegend, die Knie angezogen, zwei Finger zwischen dem Band meiner Mutter und meinem Handgelenk.

*

Ein leichter Tritt in die Seite. Der Käpt'n stieg über mich drüber.

»An die Arbeit, Decksjunge!«

Es war schon hell. Kein Laut war zu hören, kein Wort. Alle Blicke waren aufs Meer gerichtet. Am Heck hatte der Jungmann eine Angel ausgeworfen. Andere Kutter zogen nördlicher ihre Kreise, wie eine kleine Flotte. Nur die *Sainte-Sophie* war allein unterwegs.

Der Käpt'n schaute zum Himmel, prüfte die Farbe des Wassers. Backbords waren Basstölpel zu sehen. Und Möwen. Manche tauchten im Sturzflug ins Wasser.

»Das Federvieh ist aufgeregt«, flüsterte ein Rudergänger.

Plötzlich zupfte etwas an der Angel des Jungmanns. Er holte die Schnur ein und hatte eine schöne Makrele am Haken.

»Netz auswerfen!«, befahl leise der Kapitän.

Der erste Rudergänger holte das Vorsegel ein. Der zweite barg die Fock.

»Bewegt euch nicht zu viel. Wir wollen nicht auf uns aufmerksam machen.«

Ich fühlte mich nutzlos. Wechselte von einer Seite zur anderen.

»Wo es Makrele gibt, sind auch Sardinen«, flüsterte mir der Jungmann zu.

Er nahm ein Glasröhrchen aus seinem Mantel. Und einen Rosenkranz aus blauen Steinen.

»Zuerst der Segen«, befahl der Käpt'n.

Alle knieten sich im Kreis hin. Ich zögerte noch.

»Angst um deine Hose?«, spottete unser Hilfskaplan.

Doch dann dachte ich: Was kostet es mich? Vor Pater Bricout und den Kapos wäre diese Pantomime lächerlich gewesen. Aber hier, mitten im Ozean, der mich netterweise wieder ausgespuckt hatte? Warum nicht? Ich sollte jeden Strohhalm ergreifen, der mir beim Vergessen half. Auf der *Sainte-Sophie* war ich der Neffe des Kapitäns, Sohn eines Sardinenfischers aus Douarnenez und einer Arbeiterin. Nahm wie die anderen meine Mütze ab und kniete mich hin. Alle Köpfe waren gesenkt. Der Käpt'n ließ seinen Blick auf meinem rasierten Schädel ruhen. Und zwinkerte mir zu. Keiner hatte etwas bemerkt.

Nein, Herr Kaplan, ich habe keine Angst um meine Hose!

Der Jungmann bekreuzigte sich.

»Im Namen des Vaters und des Sohnes und des Heiligen Geistes …«

Die anderen taten es ihm nach. Ich auch. Seine Stimme war sanft. Er brauchte kein Gebetsbuch.

»Herr, erhöre uns! Lass Deine Barmherzigkeit walten über der *Sainte-Sophie*. Halte widrige Winde von ihr fern und besänftige Sturm und Wellen mit deiner Macht. Vermehre für uns die Fische, wie du einst die hungrigen Menschen gesättigt hast. Beschütze alle, die auf diesem Schiff arbeiten, und führe sie sicher zurück in ihren Heimathafen.«

Er schwieg eine Weile. Senkte den Kopf. Stand auf und besprengte die Netze mit Weihwasser aus dem Glasröhrchen.

»Durch Jesus Christus, unseren Herrn.«

»Amen«, murmelte die Mannschaft. Sogar ich. Ronans Neffe.

Ronan sprang auf.

»Los, Decksjunge, hilf mir beim Mastlegen!«

Das Manöver kannte ich. Ich hatte es schon auf dem Schulschiff geübt. Die Masten kamen längsseits ins Boot.

»Riemen raus!«

Die Rudergänger setzten sich wieder auf ihre Ducht.

»Wir drehen in den Wind!«, murmelte der Käpt'n.

Die Ruder tauchten lautlos ins Wasser.

»Decksjunge, Jungmann, werft das Netz aus!«

Wie das ging, wusste ich, also machte ich, was er sagte. Wir hatten es zwar nur auf dem Trockenen geübt, aber im Wasser konnte es auch nicht viel schwerer sein. Der Jungmann auf der einen, ich auf der anderen Seite, ließen wir das Netz ins Wasser, beschwert mit einem Zwei-Kilo-Stein, der es unten hielt. Ausgespannt hing es am Heck der *Sainte-Sophie.* Und die Schwimmer drifteten langsam auseinander.

»Schmeißen wir jetzt den Rogen rein?«, fragte ich.

Der Käpt'n lächelte. Und entspannte sich ein wenig.

»Ah, ein paar Grundbegriffe hast du also behalten!«

Er öffnete eine von den stinkenden Tonnen.

»Womit fängt man an?«

»Mit Kabeljaurogen.«

Er schüttelte den Kopf und sprang auf die Backskiste.

»Falsch! Heringsrogen lockt die Sardinen an.«

Wie ein Säer warf er die Köderkügelchen auf beiden Seiten des Netzes aus. Ein Dutzend backbords, ein Dutzend steuerbords. In vollkommener Stille. Nördlich von uns wurden die Kutter unruhig. Es war nicht unbemerkt geblieben, dass wir den Mast gelegt hatten. Wir hatten anscheinend eine Fischbank entdeckt. Sie würden nicht zögern, in unser Revier einzufallen.

Die Rudergänger skullten schweigend. Der Köder zog seine fette Spur im Kielwasser. Eine milchig weiße Wolke aus Fischeiern, Erdnussmehl und ranzigem Öl trieb über dem Netz.

»Es funktioniert«, flüsterte der Jungmann.

Der Glanz des Wassers hatte sich verändert. Als wäre es unter der Oberfläche verdichtet.

»Jetzt Kabeljaurogen. Um die Fischbank zum Aufsteigen zu bewegen.«

Der Käpt'n warf die Köder ins Wasser. Und entfesselte damit die Tiefen.

»Ganz langsam weiterskullen, meine Herren!«

Wind, Strömung und Seegang störten beim Rudern.

Der Jungmann beugte sich über das Dollbord. Tausende Luftblasen drangen durch die Wellen nach oben. Die Bank hatte sich vom Grund gelöst. Die Sardine stieg auf.

»Bourbouilh!«

Er schrie fast.

Der Käpt'n packte ihn am Kragen.

»Brauchst du einen Lautsprecher?«

Der Junge entschuldigte sich.

»Wir zeigen unsere Freude nicht!«, ermahnte der Käpt'n.

Die Schwimmer waren abgesunken.

Die anderen Kutter am Horizont nahmen schon Fahrt zu uns auf. Der Käpt'n warf die letzten Köder ins Wasser. Diesmal Makrelenrogen, um den Fisch festzuhalten.

»Einholen!«

Ein kurzer Befehl.

Gemeinsam mit dem Jungmann packte der Käpt'n die Trosse, an der das Netz hing. Er hatte das Boot beidrehen lassen, um den Fang längsseits an Bord zu hieven. Vierhändig holten sie ihre Beute ein, im Rhythmus, nach hinten gebeugt und hörbar atmend. Das Gewimmel der Fische wühlte das Meer auf, immer wieder klatschte die kompakte, gewaltige Masse silbriger Blitze ins Wasser.

»An den Kescher, Decksjunge!«

Damit fischte ich die fliehenden Fische zu Dutzenden aus dem Netz. Meine eigene Flucht fiel mir ein. Ich sah Tausende Heimbewohner in den Maschen zappeln. Le Goff rannte mit erhobenem Netz hinter mir her, als wollte er einen Schmetterling fangen. Ich versuchte, ein paar Sardinen mit der Hand zu erwischen.

»Sardinen fängt man nicht mit der Hand!«

Das Netz ergoss seinen Inhalt ins Boot.

»Nie, klar?«

Ein guter Fang. Überall flimmerte der Fisch um unsere Füße.

»Wenn du eine beschädigst, ist das Ausschuss, und du kriegst nicht mal einen Sou!«

Der Jungmann waltete wieder seines Amtes. Mit größter Sorgfalt legte er die Sardinen reihenweise in die Kisten.

»Er ist der Einzige, der das darf!«

Ronan beobachtete die näher kommenden Kutter. Allen voran eine Ketsch aus Le Palais.

»Der Fischzug hat sich gelohnt. Den Rest schäkeln wir im Hafen los.«

Er sprach jetzt in normaler Lautstärke. Geheimhaltung war nicht mehr nötig.

»Kurs Land, wir fahren zurück!«

Wir hätten auch weitermachen können. Die Bedingungen waren gut, und wir hatten einen ordentlichen Vorsprung. Steuerbords zeigte eine Wolke Möwen eine weitere Fischbank an. Das zweite Netz lag zum Auswerfen bereit, aber der Käpt'n gab den Befehl zum Rückzug. Wir würden an Bord übernachten und nicht vor Freitag auslaufen. Die drei Tage an Land würden bezahlt. Keiner beschwerte sich. Der Jungmann deutete sogar einen Tanzschritt an. In den Cafés wurden Rum und Met ausgeschenkt. Machte er das alles meinetwegen? Wollte er den Landgang der Mannschaft nutzen, um mich nach Quiberon zu bringen? Oder noch ein paar Dinge mit mir klären, die die anderen nicht hören sollten? Ich wusste es nicht.

Wir setzten den Mast, zogen die Riemen ein und hissten die Segel.

Auf dem ersten Kutter, dem wir begegneten, breitete der Kapitän die Arme aus, als wollte er Ronan fragen, was er vorhabe. Warum er zurückfuhr. Ronan stieg auf die Backskiste, schwenkte lachend eine Vier-Kilo-Dorade in einer Hand, legte die andere wie einen Trichter an die Lippen und rief: »Die Cotriade wartet nicht!«

Dann empfahl er sich mit einer theatralischen Verbeugung.

*

Der alte Moses erwartete uns mit seinem Boot an der Ankerboje von Port-Vihan. Schlafend auf der Ducht. Der Jungmann und ich hatten gerade erst die Netze entwirrt. Sie im Takt geschüttelt, um Hunderte von Sardinen, die noch mit Schwanz oder Kiemen in den Maschen hingen, loszukriegen.

»Ihr seid die Ersten bei der Auktion!«, schrie der Alte.

Schon drängten sich die Arbeiterinnen auf dem Kai.

»Gib uns die Hand, Decksjunge!«

Gemeinsam mit dem Jungmann und den Rudergängern reichte ich Körbe und Reusen über Bord. Der Alte verstaute sie in seinem Boot, das schwer im Wasser lag.

»Das gibt eine schöne Suppe!«

Dann füllten wir das Beiboot des Käpt'ns.

»Ich geh gleich an Land zu den Arbeiterinnen. Kommst du mit, Neffe?«

Ich schüttelte den Kopf. Mir waren zu viele Leute auf dem Kai. Zu viele Einkäuferinnen aus den Sardinenfabriken, zu viele Touristen, die von echtem Fisch schwärmten, zu viele Dorfbewohner auf der Suche nach einem prächtigen Barsch oder jungen Thunfisch. Vielleicht wäre ja auch ein Aufseher mit seinen Kindern dabei. Oder ein wissbegieriger Gendarm. Eine Menge Leute würde sich um den Karren der *Sainte-Sophie* scharen. Und ich hatte Angst vor vielen Menschen.

Ronan lächelte.

»Hast sicher recht, Decksjunge.«

Er stieg ins Beiboot.

»In einer Stunde sind wir wieder da.«

Der Jungmann hielt mir einen Schrubber hin. Das Deck musste geputzt werden. Er hängte das Netz zum Trocknen auf den Fockmast. Ein Rudergänger holte das Vorsegel ein und legte es zusammen. Der andere griff sich einen Topf für die Cotriade und warf den Kocher an.

*

Diese Fischsuppe, die Cotriade, hatte ich noch nie gegessen, nur einmal serviert. Kurz nach meiner Ankunft in Haute-Boulogne. Als ich noch nicht die Kröte war, sondern nur der kleine Bonneau. Fünf als Karnevalsmatrosen kostümierte Zöglinge gingen zwei Oberkellnern zur Hand, die aus Le Palais gekommen waren. Der Anstaltsdirektor hatte ein paar Mitglieder der besseren Gesellschaft von Belle-Île zum Dîner geladen: den Bürgermeister von Le Palais samt Gattin, den Chef der Gendarmerie, einen Unteroffizier, den Erzpriester der Gemeinde Auray und noch ein paar andere Honoratioren. Deren Namen standen alle auf einem Kärtchen neben dem Messer. Als wir den Speisesaal betraten, verstummten die Gespräche.

Fünf Sträflinge mit gestreiften Leibchen, weißen Jacken und weißen Handschuhen brachten den Aperitif.

»Sind das welche?«, flüsterte eine junge Frau.

Das hatte ich gehört. Ihr Mann nickte hochmütig und zog seine Manschetten glatt.

Ja, wir waren welche.

Fünf böse Jungs, nur ein paar Schritte von euren schönen Roben entfernt. Fünf kahl rasierte Schädel. Zehn schwielige Hände, die Stielgläser hielten. Eine Frau sah zu mir hoch. Sie hatte ein besticktes Taschentuch in der Hand. Wahrscheinlich hatte sie mit dem Gedanken gespielt, es sich vor die Nase zu halten. Mit einem Augenzwinkern reichte ich ihr ihren Suze. Das war gewagt. Sie verbarg ihr Lächeln hinter dem Taschentuch.

An diesem Abend gab es Cotriade.

»Ein ebenso elegantes wie volkstümliches Gericht«, schwadronierte der Bock.

Er nahm die Brille ab, als wartete er auf Inspiration.

»Statt der Suppe der Mütter gibt es heute die Suppe der Maate.«

Gelächter. Applaus.

Ich trug die große Platte ins Anrichtezimmer, griff mit beiden Händen in die fette Fischsuppe und schnappte mir ein großes Stück Merlan, das ich im Stehen hinter der Tür hinunterschlang.

*

Der Topf war verbeult, schwarz und nass, weil er gerade mit Meerwasser ausgespült worden war. Der Kocher stand abseits des Großsegels. Der Rudergänger gab die zerrupften Sardinen, Makrele, Stöcker und zwei selbst geräucherte Fische in die Suppe. Dann schüttete er ein Dutzend gekochte Kartoffeln in einen Napf, grobes Salz auf ein Stück Zeitung und Essig in einen Becher.

»Schneidest du das Brot, Decksjunge?«

Dicke Scheiben, weich und goldbraun.

Ich hatte Hunger. Um elf hatte es Speck und rohe Zwiebeln gegeben. Meine letzte richtige Mahlzeit war in dem am Vortag quer durch die Kantine geschleuderten Napf gewesen.

*

Ronan und sein alter Moses hatten Wein mitgebracht. Eine Flasche pro Mann für den guten Fang. Und ein Viertel für mich.

»Ich will nicht, dass du beim Pissen ins Meer fällst.«

Der Jungmann hatte die Näpfe und Löffel verteilt. Jeder hatte seinen eigenen Becher. Ich nahm den silbernen von Camille aus dem Seesack. Der kahlköpfige Rudergänger nickte.

»Du hast deinen mit? Gut so! Der Becher ist heilig.«

Dann stellte ich Camilles Teller auf meine Knie.

Die blauen Blümchen auf dem verrosteten Tellerrand brachten ihn zum Lächeln.

»Angler, was?«

Als der Jungmann die Cotriade servierte, klatschte der Käpt'n in die Hände.

»He, Männer! Das hier ist Jules Bonneau, der Sohn von meinem Bruder Yann.«

Alle Blicke waren auf mich gerichtet.

Er gab mir einen Klaps auf den Nacken. Ich zuckte zusammen.

»Nimm deine Mütze ab, wenn ich dich der Mannschaft vorstelle.«

Ich wurde rot.

»Der Decksjunge hatte Läuse. Und an Bord ist kein Platz für alle.«

Der kahle Seemann strich sich mechanisch über den Schädel.

»Auf meinem Kutter muss man sich entscheiden: Läuse oder Leute.«

Alle lachten.

»Das einzige Problem: Ein paar solche Lümmel wie er streunen heute auf der Insel rum.«

Der Käpt'n sah mich an.

»Schon mal was von dem Erziehungsheim hier gehört, Neffe?«

»Das ist kein Erziehungsheim, sondern eine Strafkolonie für Kinder«, fiel ihm der Rudergänger ins Wort.

Ronan lachte.

»Plapperst du jetzt auch alles nach, was die Klatschpresse schreibt?«

Der andere machte eine ärgerliche Geste.

»Strafkolonien gibt's in Cayenne oder Biribi, sonst nirgends«, beharrte der Käpt'n.

Dann hatte er den Faden verloren.

»Wo war ich?«

»Bei der Strafkolonie«, beharrte der Rudergänger.

»Ja, jetzt hab ich's wieder. In der Nacht sind dort ein paar ausgebüxt.«

Ich musste etwas dazu sagen.

»Und was hat das mit mir zu tun?«, warf ich erregt ein.

Der Käpt'n klatschte sich mit beiden Händen auf die Schenkel.

»Was das mit dir zu tun hat? Dass sie alle genauso geschoren sind wie du, du Schaf!«

Ich tat, als würde ich ihn nicht verstehen. Der Jungmann half mir auf die Sprünge. Er schenkte mir zwei große Schöpfer Suppe ein und ließ mich dabei nicht aus den Augen.

»Dass man dich für einen von denen halten könnte.«

Der Käpt'n warf lachend die Arme in die Luft.

»Jetzt kapiert? Wach endlich auf, Decksjunge!«

Ich nickte. Die Suppe war heiß. Der Fischgeruch ließ mich erschauern. Meine erste echte Mahlzeit als freier Mann.

»Los, iss!«, befahl der Käpt'n und zeigte auf den anderen Glatzkopf.

»Das ist übrigens unser Streithammel Alain.«

Alain hob lächelnd eine Ecke seiner Mütze.

»Mit Alain an der Theke, das gibt immer Ärger. Andererseits kann dir mit ihm auch nichts passieren.«

»Ich bin Kommunist«, murmelte Alain. Es klang wie ein Geständnis.

Ronan stand auf, nahm den Löffel zwischen die Zähne, zog die Augenbrauen zusammen, legte die linke Faust an die Schläfe und schrie: »Sardinen aller Länder, vereinigt euch!«

Und setzte in normalem Ton hinzu: »Das hindert ihn aber nicht daran, mit uns den Fang zu segnen.«

Alain hatte zu essen begonnen und zuckte mit den Schultern. Die anderen grinsten.

»Er hat sogar einen Artikel für den *Pionnier rouge* in Dinard geschrieben.«

Die Zeitung lag nicht im Papierkorb des Anstaltsdirektors.

»Stimmt's nicht, *enfant rouge*?«

»Doch, stimmt. Über die ausbeuterischen Sardinenfabriken«, erwiderte er und schaute den Käpt'n an. »Sie mästen sich an unserer Arbeit, stimmt's?«

Der Käpt'n lächelte.

»Stimmt das vielleicht nicht?«, ereiferte er sich.

»Doch, stimmt schon«, bestätigte der Käpt'n.

Dann zeigte er auf den zweiten Rudergänger mit den braunen Haaren und der langen, schmalen Nase.

»Und der da ist Pantxo.«

Mechanisch nahm Pantxo seine riesige Baskenmütze ab und setzte sie wieder auf.

»Und jetzt spitz mal die Löffel, Decksjunge. Mit ihm kommt man verdammt viel rum.«

Der Angesprochene ging nicht darauf ein, sondern starrte in seine Schüssel.

Der Käpt'n beugte sich zu ihm hinüber.

»Woher kommst du, Pantxo?«

»Aus Guipuzcoa.«

»Er ist nicht grade gesprächig«, erläuterte der Käpt'n und zwinkerte mir zu.

»Und wo liegt dein Guipuzcoa, Pantxo?«

Lächeln und Schweigen waren die Antwort.

»Da siehst du's, Neffe! Wenn ihr euch irgendwann mal anfreunden solltet, der Brummbär und du, verrät er dir vielleicht sogar, dass er Baske ist. Aber sicher ist das nicht.«

Vom Baskenland hatte ich schon gehört.

»Und dass er von Sardinenfischern aus Hondarribia abstammt.«

Ich war so übermüdet, dass ich ihm kaum mehr folgen konnte. Zweimal waren mir schon die Augen zugefallen. Außerdem tat mir noch immer alles weh. Ich wollte nur schlafen. Der Käpt'n aß drei Löffel Suppe. Und gratulierte dem Koch.

»Richtig gut, Junge, deine Suppe schmeckt wie unsere Arbeit.«

Er wies mit dem Kinn auf ihn.

»Der heißt Perig. Er ist fünfzehn und in Sauzon geboren.«

Perig nahm seine Mütze ab und hängte sie sich übers Knie.

»Er ist der einzige echte Insulaner hier.«

»Außer Matthieu Bihan«, ergänzte Perig.

Klein Matthieu, der kranke Decksjunge. Ich erkannte mich in ihm wieder.

Der Käpt'n sah in seinen fast leeren Teller.

»Matthieu Bihan?«

Bohrte sein Messer in den Brotlaib.

»Du meinst den, der mal da ist und dann wieder nicht? Weil er ständig krank ist und jedes Jahr neun Großmütter beerdigt?«

Schnitt sich eine Scheibe ab.

»*Gast!* Redet mir nie wieder von Matthieu Bihan!«

Diesmal grinste keiner.

Perig bat mich, das Geschirr mit Süßwasser zu spülen. Er und der Baske spannten das Rahsegel mithilfe des großen Ruders zu einer Art Zelt aus. Die beiden anderen legten darunter Wachstuch aus. Wir würden also dicht an dicht nebeneinander schlafen.

»Wie die Sardinen!«, sagte lächelnd der Jungmann.

Meine erste Nacht außerhalb der Mauern.

Ich wusch achtern das Geschirr. Der Käpt'n kam auf mich zu. Mit dem Rücken zum Wind pissten seine drei Männer ins Meer, schwankend von Wellen und Wein.

»Hörst du, Kleiner?«

Ich nickte.

»Leg mal die Löffel weg.«

Über meine Schulter hinweg beobachtete er seine Männer.

»Sechsundfünfzig sind ausgebüxt«, sagte er leise.

Ich sah ihn an. Sein Blick war düster.

»Im Hafen hab ich gehört, dass sie achtunddreißig wieder eingefangen haben.«

»So viele?«

»Ja, so viele.«

Alain kam auf uns zu. Der Käpt'n hielt ihn mit einer Handbewegung auf.

»Geh du mal 'ne Pfeife rauchen! Wir haben hier ein paar Familiendinge zu besprechen.«

Der andere hatte meinen Becher in der erhobenen Hand. Offenbar war ihm aufgefallen, dass er noch voll war.

»Trinkst du den Wein noch, Decksjunge?«

Nein, lieber nicht. Ich hatte Bauchweh.

Alain goss ihn in seinen Becher um.

»*Yec'hed mat!*«

Ronan puffte mich in die Rippen.

»Hörst du mir überhaupt zu?«

Ja, das tat ich. Ich hatte zu zittern begonnen.

»Die ganze Insel ist hinter euch her.«

»Hab ich gesehen.«

»Sogar die Touristen, weißt du das?«

Wusste ich.

Er war wütend. Außerhalb der Mauern würde uns keiner verstehen, dachte ich.

Er redete sich immer mehr in Rage.

»Wusstest du, dass sie ein Kopfgeld ausgesetzt haben?«

»Ja«, murmelte ich.

»Zwanzig Silber-Franc auf die Hand! Kannst du dir das

vorstellen? Und die Ratten rennen gleich los, um sich ihren Anteil zu sichern!«

Er spuckte ins Dunkel über Bord.

Wie legten uns auf das Wachstuchlager und zogen die feuchten Decken über uns. Meine Sachen waren klamm, obwohl ich sie im Seesack verstaut hatte. Mir wurde langsam kalt. Zum ersten Mal in meinem Leben schlief ich zwischen zwei menschlichen Körpern. Alain atmete schwer. Er hatte eine verstopfte Nase und einen rauen Hals vom Tabakqualm. Pantxo schlief schon, die große Baskenmütze halb überm Gesicht. Perig murmelte ein letztes Gebet. Ich schloss die Augen.

Plötzlich fuhr Ronan hoch und schrie: »Aufwachen!«

Wir zuckten zusammen.

»Los, alle aufwachen!«

Alain drehte sich um.

»Was'n los, Käpt'n?«

»Pantxo! Perig!«

Die beiden schnaubten. Ronan zündete eine Laterne an.

»Kein Licht, Kadarn, scheiße!«, murrte Alain.

»Setzt euch mal auf!«

Ich folgte dem Befehl wie die anderen, mein Herz schlug bis zum Hals. Mir war übel.

»Ich muss euch was fragen, dann schlafen wir weiter.«

Aller Blicke waren auf den Käpt'n gerichtet.

»Ich will wissen, wie meine Jungs zur Kinderjagd stehen.«

Mir stockte der Atem.

Perig zeigte auf wie in der Schule.

»Zu was?«

»Na, zu dem Kesseltreiben, bei dem die Ausbrecher wieder eingefangen werden sollen.«

Der Junge nickte.

»Ach, das! Meine ganze Familie hat da mitgemacht.«

»Die ganze?«

Er lachte.

»Ja, alle, sogar mein Hund.«

»Und?«

»Und was?«

Er war anscheinend etwas begriffsstutzig.

»Bist du stolz drauf?«

An seinem Gesicht, seinem Blick, seiner gerunzelten Stirn war abzulesen, dass der Junge die Falle ahnte.

»Sag mir, dass du nicht mitgemacht hättest!«

»Du musst ihm nicht antworten!«, mischte Alain sich ein.

Mit einer Handbewegung schnitt ihm der Käpt'n das Wort ab.

»Lass ihn reden!«

Der Junge zögerte.

»Ja, doch, ich wär mitgegangen. Das sind alles Verbrecher!«

»Halt's Maul, Kleiner!«, unterbrach ihn Alain, um ihn zu schützen.

»Weißt du überhaupt, was das hinter der Mauer für welche sind?«, fuhr der Käpt'n fort. »Ich kann's dir sagen. Kleine Schuhdiebe, Waisenkinder, Straßenjungs oder Bettler. Das sind deine Verbrecher!«

So hatte ich noch nie jemanden reden gehört.

»Wenn ich deiner Familie nicht geholfen hätte, wärst du auch dort gelandet, verstehst du?«

Ronan ballte die Fäuste.

»Und deine Familie? Du redest von deiner Familie? Ein Säufer, der die Biege gemacht hat, eine kranke Mutter, ein großer Bruder, der humpelt, und du, der Kleinste, arbeitest bei mir.«

Perig senkte den Kopf.

»Das ist deine Familie, Kleiner!«

Der Käpt'n schnippte mit den Fingern.

»Ach, und dein Hund natürlich! Scheiße, den hab ich ganz vergessen!«

Er beugte sich zu dem jungen Seemann hin.

»Eine Schwindsüchtige, ein Hinkebein und ein Haufen Flöhe, das ist deine Familie! Hätte ich dir keine Arbeit gegeben, wären eure Teller leer. Ohne den Kutter hättest du Brot geklaut und wärst eingesperrt worden, wie ein Verbrecher.«

Der Kleine saß immer noch mit gesenktem Kopf da.

»Schau mich an, Perig!«

Er hob den Blick.

»Dutzende deinesgleichen versuchen gerade, ihre Haut zu retten. Verstanden?«

Perig nickte.

»Vergiss bitte nie, woher du kommst.«

»Und was denkst du, Alain?«

Alain drehte die Handflächen zum Himmel.

»Wenn du die *Humanité* lesen würdest, Kadarn, dann wüsstest du, dass die Partei Strafkolonien für Kinder ablehnt.«

»Deine Partei ist mir egal, Genosse!«

Der Käpt'n stand auf.

»Ich will wissen, was der Waliser Alain, Erster Rudergänger der *Sainte-Sophie*, von Leuten hält, die Kinder jagen, um sie an die Gendarmerie auszuliefern!«

Alain schlug sich mit der Faust in die flache Hand.

»Bürgerliche Gesellschaft, bürgerliche Justiz, eine Schweinerei! Oder was willst du sonst von mir hören, Käpt'n?«, schob er trotzig nach.

»Stimmt alles, aber sag's mit dem Herzen. Nicht mit Parolen.«

Pantxo hatte die Mütze wieder aufgesetzt und den Kopf eingezogen.

»Und was ist mit dir, Spanier?«

»Baske!«, wies der ihn zurecht. »Ein Baske ist kein Spanier, Käpt'n!«

Der Käpt'n hob lächelnd die Hände.

»Tut mir leid, Baske. Und du?«

Der zündete sich erst einmal eine Zigarette an.

»*Nere herrian ateak zabaltzen dizkiagu*«, sagte er dann mit starker Stimme. Und fügte mit grimmiger Miene hinzu: »*Ez diagu haurrik saltzen.*«

»Kannst du das für die anderen übersetzen?«

»Bei mir zu Hause öffnen sich die Türen.«

Er sah mir direkt ins Gesicht.

»Und man verkauft keine Kinder.«

Zufrieden ließ der Käpt'n den Blick über seine Mannschaft schweifen.

»Gut, meine Herren, willkommen auf meinem Schiff!«

Er ließ sich auf das Lager fallen.

»Los jetzt, wir schlafen!«

Der Baske legte sich wieder hin. Der Jungmann auch.

»Und was sagt der Neffe, der nie was sagt?«

Alain saß noch aufrecht und schaute mir tief in die Augen.

Ich gab keine Antwort. Drehte nur mit dem Finger das Band meiner Mutter am Handgelenk.

»Geht mich nichts an?«

Ich wusste nicht, was ich sagen sollte.

»Oder vielleicht zu sehr?«

Ronan klatschte in die Hände. Er ahnte die Gefahr.

»Licht aus!«, rief er und löschte die Laterne.

Starr lag ich auf dem Rücken, die Hände auf dem Oberkörper gefaltet. Wie eine Grabfigur.

Alain legte sich auch wieder hin.

»Man muss vertrauen können, Neffe«, hörte ich Ronans ruhige Stimme. »Ohne Vertrauen bist du allein auf der Welt.«

*

In dieser Nacht habe ich schlecht geschlafen. Eine seltsame Mischung aus Schnarchen, Angst, Seegang und Kälte hielt mich davon ab. Kurz vor Tagesanbruch kehrte die Mannschaft mit der Schaluppe des alten Moses zurück an Land. Das Faulenzen tat ihnen gut. Um uns herum liefen die letzten Kutter aus.

Ein Rothaariger fuhr an uns vorbei, die Hand an der Pinne.

»Fährst du heute nicht raus, Kadarn?«

Der legte den Arm um meine Schultern.

»Nein, hab einen Decksjungen auszubilden!«

Der andere streifte mich kurz mit dem Blick.

»Mein Neffe Jules!«

Ronan beugte sich zu mir und zischte mir ins Ohr: »Deine Mütze!«

Ich zog sie. Winkte dem Fischer zu. Der deutete lächelnd auf seinen Kopf.

»Lauf bloß nicht ohne Mütze rum, Junge, das ist bei uns grade nicht Mode.«

Ich lachte. Ohne mich anzustrengen. Der harmlose Humor eines braven Kerls.

»Bringen Sie meinen Onkel bloß nicht auf Ideen!«

Ronan formte seine Hände zum Trichter und rief hinüber:

»Wollen wir uns die zwanzig Franc teilen, Jeannot?«

Das gleiche freundliche Lachen auf dem anderen Kutter.

Als der die Mole passiert hatte, lächelte Ronan mir zu.

Er hatte gerade begonnen, mich zum Insulaner zu machen.

7.
DER LETZTE MEUTERER

Der alte Moses wartete an der Pier von Port-Vihan mit einem Karren auf uns. Er schob die Reusen zur Seite, damit ich hinten auf der Ladefläche sitzen und die Beine baumeln lassen konnte. Der Käpt'n warf seinen Seesack neben meinen.

»Sitzt du gut?«

Ich nickte stumm.

»Wohin wollen wir?«

Er zündete sich eine Zigarette an und hielt mir eine hin.

»Wohin soll ich meinen Neffen mitnehmen?«

Ich schwieg.

»Am besten zu mir, bis sich das Ganze ein bisschen beruhigt hat.«

»Bis sich was beruhigt hat?«, fragte der Alte.

»Er hat Knies mit seinem Vater.«

Ich senkte den Blick. Ronan wusste auf alles eine Antwort.

Er tätschelte den Hals des Pferdes.

»Rat mal, wie es heißt!«

Woher sollte ich das wissen?

»Queuille, wie der Fischereiminister.«

Ich verstand den Zusammenhang nicht.

»Wirst du gleich sehen.«

Der Alte gab dem Pferd mit der Peitsche einen Schlag auf den Hintern.

»Hü, Henri Queuille! Hopp, hopp, beweg deinen Arsch!«

Lächelnd drehte sich der Käpt'n zu mir um.

»Kapiert, kleiner Matrose?«

Ronan Kadarn hatte ein großes, einstöckiges weißes Haus mit Garten an der Straße nach Port-Belloc. Zwei Fahrräder lehnten an der Mauer. Kein Nachbar. Der Alte ließ uns vor dem Tor aussteigen.

»Bis Freitag, Käpt'n?«

»Bis Freitag. Um fünf müssen alle an Bord sein.«

Der Alte nickte und wiederholte mechanisch: »Freitag um fünf.«

Ein Peitschenhieb für Henry Queuille. Ein Winken zum Abschied. Dann rumpelten die Räder über den Kies.

Der Käpt'n öffnete die Tür.

»Schuhe aus!«

Er stellte seine Stiefel in den Flur.

So ein Haus hatte ich noch nie gesehen. Weiße Vorhänge an den Fenstern, bestickte Deckchen auf dem Tisch und den Sessellehnen. Eine Jungfrau mit Kind aus wurmzerfressenem, bemaltem Holz beherrschte das Esszimmer. Es roch nach Wachs. Eine Anrichte, glänzend von Möbelpolitur, ebenso wie ein großer Geschirrschrank mit geschnitzten Türen, auf denen das Gesicht eines Mannes mit rundem Hut und einer Frau mit Haube zu sehen waren. Ich fuhr mit dem Finger darüber.

Ronan beobachtete mich. Ich fing an, sein Lächeln zu mögen.

»Ich lebe nicht allein, wie du dir sicher gedacht hast.«

Ich nickte. Zwei Stapel frischer Bettwäsche warteten darauf, weggeräumt zu werden. Auf einem niedrigen Tischchen lagen ein Nähzeug und eine Männerjacke mit einem Loch im Ärmel.

»Setz dich, Decksjunge!«

Sechs Stühle standen um einen großen Tisch. Auf den Lehnen waren die gleichen Gesichter. Bevor ich mich hinsetzte, legte ich das bunte Kissen beiseite.

»Zu weich für dich?«

Er setzte sich. Und lächelte.

»Wir können die Matratze auch wieder abziehen, wenn du lieber auf dem Boden schlafen willst.«

Er schob zwei Gläser zu mir hin und entkorkte eine Flasche, die auf dem Tisch stand.

»Glas Wein?«

Ich sagte nicht Nein.

Er beobachtete mich.

Schwieg lange.

»Was soll ich mit dir machen, Bonneau?«

Der Wein war lauwarm und bitter. Ich verzog das Gesicht.

»Monsieur ist große Gewächse gewohnt?«

Ich schwieg.

Er ging ans Fenster und hob eine Ecke des Vorhangs.

»Das Einfachste wäre, du nimmst die *Solacroup*.«

»Was ist das?«

Er kam zum Tisch zurück.

»*Émile Solacroup*, der Dampfer nach Quiberon.«

Die Gendarmen würden den Anleger noch ein paar Tage überwachen und es dann bleiben lassen. Wenn wieder Ruhe eingekehrt wäre, könnten wir ja einen Familienausflug aufs Festland machen.

»Der Onkel mit seinem Neffen auf Spritztour, du verstehst?«

Ja, ich verstand.

»Wir zwei unter zweihundertfünfzig anderen Passagieren. Und keiner merkt was.«

Er goss sich nach.

»Noch einen?«

Ja, aber nicht zu viel. Ich war das Trinken nicht gewohnt.

»Ich habe aber kein Geld, um die Überfahrt zu bezahlen«, wandte ich ein.

»Lass das mal meine Sorge sein!«

Den Kopf in die Hände gestützt, sah ich ihn an.

»Warum tun Sie das, Käpt'n?«

»Was?«

»Sie haben doch nichts mit mir zu tun!«

Er leerte das Glas in einem Zug.

»Nein.«

Und schenkte sich nach.

»Du bist mir egal, Bonneau. Ich kann nur diese Schweine nicht ab.«

»Welche Schweine?«

Er trank.

»Alle. Die Richter, die Schließer, die Gendarmen, die Pfaffen, die Presse, die Gewehr bei Fuß steht, und die Boulespieler, die sich zu Richtern aufschwingen.«

Er knallte sein Glas auf den Tisch.

»Und die Fischer, die Jungs ausgeliefert haben, die an ihren Bojen hingen.«

Er verschränkte die Arme.

»Dieser Abschaum bringt mich in Rage.«

Sein Blick ging zu meinem Seesack, den ich auf den Boden geworfen hatte.

»Durch dich kann ich sie ins Unrecht setzen. Du bist das Mittel, nicht der Grund.«

Ich verstand nicht alles, was er sagte. Er redete wie die Lehrer in der Anstalt.

Eine Möwe landete auf dem Fensterbrett.

»Hast du noch nie jemandem geholfen?«

Camille Loiseau schrie in meinem Kopf. Seit gestern hatte ich immer sein blasses Gesicht vor mir, wenn ich die Augen schloss. Und hörte seine Stimme, als ob er im Zimmer wäre.

»Doch, ich hab's versucht.«

»Auch wenn es nicht deine Art ist?«

»Stimmt, das ist nicht meine Art.«

»Aber meine. Ich helfe, weil mir mal geholfen wurde.«

Mit zurückgelegtem Kopf trank er sein Glas aus. Dann stand er auf und zog seine Regenjacke an.

»Wohin wollen Sie?«

»Hören, was es Neues gibt.«

Ich schob den Stuhl zurück.

»Nein, Decksjunge. Du bleibst schön hier.«

Mit einem Schlag auf den Schenkel entfaltete er seine große Mütze.

»Ich fühle mal dem Hafen den Puls. Und erzähle ein bisschen von meinem Neffen.«

Er sperrte mich nicht ein. Schlug nur die Tür zu. Gab mich frei. Ich hörte seine Fahrradreifen auf dem Kies. Und war allein. Ohne Käfig, ohne Schlösser, ohne quietschende Gitter, ohne schwere Türen. Zum ersten Mal seit meiner Kindheit. Allein. Ich schenkte mir bis zum Rand ein. Beugte mich über das Glas und blies auf den Wein. Wie mein Großvater auf die Suppe. Dann stand ich auf. Die Hände in den Hosentaschen, umrundete ich das große Zimmer. An den Wänden Bleistiftzeichnungen von Le Palais und Sauzon. Auf dem Kamin ein gerahmtes Foto mit einem alten Paar vor einem gemalten Sonnenuntergang. Auch der Fliesenboden war gewachst. Ich öffnete die Türen des Geschirrschranks und zog alle Laden heraus. Noch nie hatte ich Porzellanteller oder Stielgläser gesehen. Außer einmal auf dem großen Esstisch des Bocks. Und vielleicht auch auf der einen oder anderen Tour mit den Rolin-Brüdern. Wenn die Familien beim Erntedankfest waren und das Dorf verlassen, besuchten wir ihre Häuser. Ich nahm eine Suppenschüssel, drei mit Rehbockköpfen bestickte Kissen und einen gravierten, vergoldeten Siegelring mit. Lucien Rolin schwenkte zwei Leuchter über seinem Kopf, bevor er sie in die Tasche steckte und lachend rief: »Ich bin Jean Valjean!«

Das war sein Held. Da er aber erst zehn Seiten des Romans von Victor Hugo gelesen hatte, kannte er ihn nur als Zuchthäusler in Toulon, aber nicht als Père Madeleine. Ausbrüche faszinierten ihn, Erlösung weniger.

In der Schublade des Couchtischs lagen sechs kleine goldene Löffel. Ich wog einen in der Hand. Die konnten nicht echt sein. Unmöglich. Bei einem Sardinenfischer! Also wahrscheinlich vergoldet. Trotzdem ein bisschen Gold. Was ließe sich damit verdienen? Ein-, zweihundert Franc? Zusammen mit der Standuhr auf der Anrichte und der Glasmenagerie, die in der Vitrine schimmerte, könnte ich vielleicht auf tausend kommen.

Ich legte die Löffel auf den Tisch. Die würden in meine Mütze passen. Aber ich ließ sie liegen.

Wer weiß, vielleicht fand ich noch etwas Besseres im Haus.

Mein Herz klopfte zum Zerspringen, meine Schläfen pochten. Ich goss mir noch ein Glas Wein ein. Und verschüttete die Hälfte, weil ich zitterte. In der Küchenecke gab es ebenso wenig Interessantes wie in der Waschküche. Gegenüber der Kellertreppe befand sich eine schwere lavendelblaue Metalltür. Mit zwei Schlössern. Schnell lief ich in den ersten Stock. Das Messer hatte ich in die Tasche gesteckt. Dort waren drei Türen. Zuerst ein winziger Raum mit einem Bett, einem Schreibtisch mit veilchenblauen Tintenflecken, einem Strohstuhl, einer Bettlampe und einem leeren Schrank. Auf dem Schreibtisch lagen zwei Zinnsoldaten: ein Franzose mit Marschgepäck und aufgepflanztem Bajonett in Angriffshaltung. Er trug einen himmelblauen Mantel, Wickelgamaschen, Adrianhelm und eine Feldflasche am Riemen und gehörte dem 95. Infanterieregiment an, wie in Schwarz auf der Unterseite des Sockels vermerkt war. Und ein Deutscher mit Pickelhaube in Liegendstellung, der einen Stiefel verloren hatte. Diese schlichten Spielzeugfiguren waren bestimmt nichts wert.

Hinter der zweiten Tür befand sich eine Art Büro mit einem Tisch voller Zeitungen, Briefe und Seekarten. Auf einem Regal ein Holzmodell der *Sainte-Sophie*. Ein großer Karteischrank aus Metall und ein anderer Schrank, auf dem sich Rechnungsbücher stapelten. Der Schlüssel steckte im Schloss. Drinnen Akten, Pläne, ein schimmliger alter Fender und ein Schiffskennzeichen aus Auray. Eine alte Karte von Morbihan und der Halbinsel Quiberon war heruntergefallen. Wasser und Licht hatten die Farben ausgebleicht. Ich leckte an meinem Zeigefinger und berührte sie. Das blasse Meerblau ging ab. Die Karte war ein Aquarell. Kein Druck, sondern ein Original. Ich hätte fast aufgeschrien. Links unten in der Ecke stand 1891.

Eine gemalte Seekarte aus dem vorigen Jahrhundert, die bestimmt ein Vermögen wert war. Ich wollte sie schon in meine Jacke stecken, zögerte aber. Vorher wollte ich noch den dritten Raum durchsuchen. Es war das Schlafzimmer. Ich schob einen Stuhl vor den großen Wäscheschrank. Und musste grinsen. Die anständigen Leute waren einfach zu blöd. Alle versteckten sie ihre Ersparnisse in der Bettwäsche oder oben auf einem Schrank. Das hatte Jean Valjean mir einmal verraten: Die Marie liegt entweder im Staub oder zwischen Lavendelzweigen. Damit machst du nie was verkehrt. Trotz des Stuhls sah ich nicht auf den Schrank hinauf. Also tastete ich ihn ab. Bis meine Finger an eine Blechdose mit einer Schnur drumrum stießen. Ich nahm sie herunter. Und setzte mich damit aufs Bett.

Als ich sie öffnete, stockte mir der Atem.

Sie enthielt drei eng gerollte Tausenderbündel. Außerdem Fünfziger und rund fünfzig violette Fünf-Franc-Scheine. So einen hatte ich nach einer Schlägerei in der Anstalt einmal in der Hand gehabt. Das war der Preis für mein Schweigen. Ein Segelboot war drauf. Und ein Hafenarbeiter, der mit einem Seesack auf dem Rücken auf einer Leiter zum Kai abstieg. Von den anderen Scheinen hatte ich noch nie einen gesehen.

Ich nahm eine Tausenderrolle heraus. Mein ganzes Leben lang würde ich nie auch nur in die Nähe eines solchen Vermögens kommen, das war mir klar. Und dann sah ich die braunen Umschläge auf dem Boden der Dose. Ich hoffte auf noch mehr Geld und stieß auf die Namen der Mannschaft: Alain, Pantxo, Perig, Matthieu Bihan, mit denen sie beschriftet waren. In Schönschrift. Es gab für jeden einen, auch für Ronan.

Im Deckel klemmte ein Blatt, auf dem stand: »Das ist mein Testament.« Darin vermachte der Käpt'n sein Schiff und sein Haus Sophie Kadarn, geb. Mével. Außerdem hinterließ er ihr das Geld, das an seinem Todestag noch in der Schatulle wäre. Sein gesamtes Vermögen. Er mochte Banken nicht und misstraute Notaren. Unterzeichnet war es mit: »Verfasst und zur Gänze mit eigener Hand geschrieben, Ronan Kadarn, am 14. Mai 1931«. Auf der Rückseite hatte er mit Bleistift noch eine »persönliche Bemerkung« notiert: »Wer hätte gedacht, dass eine Finanzkrise im fernen Amerika die bretonischen Fischer und Bauern in die Knie zwingen kann? Ohne das Boot meines Vaters und die Sardinenhandlung meiner Onkel, die ich verkauft habe, hätte ich auf der Straße gestanden. Schwere Zeiten stehen vor uns. Wer diese Zeilen liest, bete für einen armen Fischer.«

Ich atmete tief ein. Mein Mund war trocken. Ich schloss die Augen. Begann zu begreifen. Ich stand kurz davor, Ronans Leben zu stehlen, Sophies Erbe und die Heuer der Mannschaft.

»Ja, und?«, fragte die Kröte.

»Das ist eine Gemeinheit«, sagte ich.

Die Scheine in der Hand, gehe ich aus dem Haus. Die alte Seekarte und die kleinen goldenen Löffel lasse ich dem Käpt'n. Ich springe auf das Fahrrad, das an der Wand lehnt, und radle direkt zum Anleger von Le Palais. Von dem Geld kaufe ich mir eine Fahrkarte nach Quiberon und besteige den Dampfer. Außer dem Seesack trage ich zwei Fischkörbe auf dem Rücken, und die Sache ist klar: Kadarns Neffe, Decksjunge auf der *Sainte-Sophie*, reist aufs Festland, um dort seinen Vater Yann zu treffen. Von Quiberon nehme ich den Zug nach Paris, wo sich jede Spur verliert. Und tauche im Gewirr der Gassen unter, zwischen Händlern, Gauklern, Straßenmädchen, mageren Künstlern, Glasern, die ihre Dienste anpreisen, Schornsteinfegern mit rußverschmiertem Gesicht, Schuhputzern, Tagelöhnern auf Arbeitssuche, Bettlern, Soldaten auf Heimaturlaub, verirrten Bauern, Dienstboten mit gekrümmtem Rücken, Schülern, Dieben und Bürgern.

Ich knalle einen Tausender auf den Tisch einer Vermieterin und bekomme natürlich das möblierte Zimmer. Vor einem Café, die Beine auf den Gehweg gestreckt, trinke ich einen Wermut auf die Gesundheit der Rolin-Brüder. Die Sonne scheint. Ich trage eine modische Jacke, Hosen mit Bügelfalte, Manschettenknöpfe, zweifarbige Schuhe, die Haare sind ein bisschen lang und fallen über den Kragen. Ich habe mir eine Bruyère-Pfeife mit langem, dünnem Stiel gekauft und rauche englischen Tabak. Vor mir liegt eine Pariser Zeitung ohne Tidenkalender und Fischauktionspreise. Ich brauche keine Arbeit. Mein Geld habe ich immer bei mir, in einer im Rücken eingenähten Tasche. Ich zähle es jeden Abend. Lasse die Scheine zwischen den Fingern knistern. Ich gebe den Kellnern immer Trinkgeld. Ich gehe ins Kino, um Harry Baur als Jean Valjean zu sehen. Ich kaufe mir Sonnenbrillen, um geheimnisvoll zu wirken. Ich suche mir ein nettes Mädchen, das nichts von alldem weiß, und fahre mit ihr in meiner kleinen Zitrone, dem Citroën 5 CV, durch die Stadt. Wie die glückliche Familie in Laval. Und winke einem armen Jungen, der uns neiderfüllt vorbeifahren sieht.

Ich habe die Geldrollen wieder in der alten Keksdose verstaut. Auf dem Deckel und an den Seiten waren Bilder von einer bretonischen Hochzeit mit Tanz und Dudelsackspielern. Rost hatte das Lächeln des Bräutigams zerfressen. Ich verschloss den Schatz und stieg auf den Stuhl. Blieb lange so stehen, eine Hand auf dem Deckel, den Blick in die Sonne gerichtet.

Ich konnte das nicht.

Ich sah die Fischer über ihr Netz gebeugt, Alains Lächeln, Pantxos Blick. Ronan, der mir vorsichtig das Messer zurückgab. Seine Augen, seine Stimme.

Ich konnte das nicht.

Ich räumte die Seekarte in den Schrank und die goldenen Löffel in die Schublade. Zog die Wanduhr auf. Trank meinen Wein aus. Wusch das Glas ab. Setzte mich wieder an den Esstisch. Löste das Band von meinem Handgelenk, steckte es zusammen mit der Mütze in die Tasche, verschränkte die Hände auf der Tischplatte und legte den Kopf auf die Unterarme. Leise atmend, mit geschlossenen Augen. Mein Bauchweh war verflogen, mein Herz leicht und fast ruhig. Die Kröte zog hinter meinem Rücken Grimassen. Tanzte lachend wie ein Verdammter um mich herum und zog ständig Scheine aus den Taschen, die er mir ins Gesicht warf. Dann legte er mir den Arm um die Schultern.

»Du bist ein besserer Mensch als ich, Bonneau! Darum geht's dir?«

Er jonglierte mit den goldenen Löffeln.

»Du glaubst, du bist anständiger als wir alle zusammen?«

Er runzelte die Stirn und ging mit erhobenem Messer auf mich los.

Als die Klinge in meine Schulter fuhr, war es, als hätte mich eine glühende Faust getroffen.

Blut spritzte in kleinen Bläschen aus der Wunde.

Ich schrie auf.

»Was ist mit dir, Decksjunge? Geht's dir nicht gut?«

Riesig stand der Käpt'n im Esszimmer.

Ich war eingeschlafen.

Er zog seine Jacke aus und warf ein paar Zeitungen auf den Tisch.

»Schau mal, du bist jetzt berühmt und in aller Munde!«

Er lachte.

»Du heißt jetzt nur noch der Sechsundfünfzigste.«

Außer mir hatten sie alle Flüchtigen erwischt.

Fünfzehn von ihnen hatten die Ketsch *Araok* kapern wollen, das Schulschiff der Anstalt, das im Hafen von Le Palais ankerte. Anführer war Auzenet gewesen. Er war schon damit gesegelt, wie auch seine Gefährten, und hielt es für das einzige Schiff der Insel, das Wind und Wetter spielend gewachsen wäre. Das Wagnis war beherrschbar. Im Hafen erwartete sie allerdings kein Schiff, sondern Gendarmen, die mit ihren Dienstpistolen in die Luft schossen. Die *Araok* hatte am Vortag den Anker gelichtet, um vor der spanischen Küste zu fischen. Die Ausbrecher wurden noch an Land verhaftet, auf dem Chemin du bois Vauban. Drei andere fielen bei dem Versuch, ein Boot zu stehlen, ins Wasser. Sie wurden herausgefischt, auf dem Kai verprügelt, mit Handschellen aneinandergefesselt und nach Haute-Boulogne gebracht.

Ronans Frau war dabei, als die im Hafen Gefangenen in der Anstalt abgeliefert wurden. Aneinandergekettet, in Zweierreihen, mit gesenktem Kopf. Der Kapo Auzenet forderte von der Direktion, dass der Haupteingang für sie geöffnet würde. Sie hätten verloren und sich ergeben, wollten aber durch das große Tor in ihre Zellen zurück. Das wurde ihnen verweigert. Also setzten sie sich auf ihre Ketten. Und wurden von den Aufsehern massakriert. Mit Schnürstiefeln und Ochsenziemern. Eins zu eins, jedem Schließer sein Prügelknabe. Bis zwei von den Wärtern blutige Fäuste hatten.

»Saubande, ihr hättet fast eure Erzieher umgebracht!«, brüllte Chautemps.

Le Goff drehte völlig durch. Ließ seinen einen Arm kreisen und beschimpfte die Zöglinge als dreckige Deutsche. Sogar der Bock war herausgekommen. Und wirbelte sinnlos seinen Stock durch die Luft.

»Bringen Sie dieses Geschmeiß zur Räson!«

Ein paar Gendarmen brachten Verstärkung, einer mit gezückter Pistole. Gleichzeitig kamen zwei Jungen über den Küstenweg. Ganz jung, höchstens zwölf seien sie gewesen. Und hätten sich mit erhobenen Händen selbst gestellt.

»Achtung, das ist eine Finte!«, schrie ein Wärter.

Worauf drei andere über die Kinder herfielen und sie verprügelten.

Chautemps war außer sich.

»Durch das große Tor? Wer glaubt ihr, wer ihr seid? Vielleicht noch mit militärischen Ehren?«

Der triumphale Einmarsch blieb ihnen verwehrt. Es gab Schreie und Schläge. Schließlich mussten sie in Zweierreihen durch die schmale rote Tür, die den Zöglingen vorbehalten war.

Auzenet wurde von seinem Nebenmann getrennt und von zwei Wärtern zu Boden geworfen. Er wehrte sich. Sie zwangen ihn auf die Knie und hielten ihn fest.

Auf allen vieren musste er in den großen Hof kriechen wie ein dreckiges Tier.

Ronan berichtete, wie die Kinderjäger im Hafen von Sauzon mit ihren Erfolgen prahlten, und machte sie für mich nach. Einer behauptete, er hätte bloß gerufen: »Wer will Zigaretten?« und ein paarmal gepfiffen, schon seien welche aus dem Dunkel aufgetaucht und hätten die Arme nach den Handschellen ausgestreckt.

»Ich habe ihnen gepfiffen wie meinem Hund, so, mit den Fingern, seht ihr«, habe er gesagt und das auch gleich demonstriert.

Ein anderer erzählte auf einer Café-Terrasse, wie er, mit einer Lampe bewaffnet, einen jungen Flüchtling im Matsch fand, der sich unterwegs in einem Schlammloch den Knöchel gebrochen hatte.

Als er sah, wie einer sich Notizen machte, stand er auf, das Weißweinglas in der Hand, und rief ihm zu: »He, Journalist! Kannst meinen Namen gleich dazuschreiben, wenn du willst: Henry Lagorce, Brückenwächter am Pont Albert-Louppe, der Plougastel mit Relecq-Kerhuon verbindet.«

Er war sichtlich stolz auf sich. Dem Fotografen des Magazins *Détective* verriet er noch, dass er Beamter im Generalrat sei. Als die beiden Pariser Reporter sich anderen Zeugen zuwandten, begann er, die Brückenzölle herunterzurasseln.

»50 Centimes für eine Person zu Fuß, zu Pferd oder per Auto, für einen Esel, ein Schaf, ein Schwein, aber nur 25 Centimes für einen Hund.«

Keiner hörte ihm mehr zu, aber er redete immer weiter.

»Gaston Doumergue hat die Zollstation eröffnet. Wussten Sie das? Und ich war dabei! Ich habe den Staatspräsidenten gesehen, so wie ich Sie sehe. Und der Bischof von Quimper hat mir die Hand gedrückt!«

Ronan machte mir vor, wie der Brückenwächter hinter den beiden Sonderberichterstattern hertrottete.

»Wollen Sie gar nicht wissen, was der Junge mit dem kaputten Knöchel zu mir gesagt hat?«

Der Reporter blieb abrupt stehen und drehte sich um, der

Fotograf tat es ihm nach. Der Brückenwächter kostete den Moment aus und ließ seine Blicke über die Neugierigen schweifen, die sich um ihn sammelten.

»Weinend hat er zu mir gesagt: ›Ich bin kein Heimkind, ich bin ein Bauernjunge und habe mich im Dunkeln verirrt.‹«

Gelächter.

»Wartet, es geht noch weiter!«, rief der Erzähler. »Wie alt der war? Zwölf, dreizehn vielleicht. Und weil er die ganze Nacht Maulbeeren gegessen hat, hat er einen schwarzen Schnurrbart im Gesicht gehabt!«

Nun lachte er. Schweigend schrieb der Journalist die Anekdote auf, ohne eine Miene zu verziehen.

Ich war wie erstarrt. Reagierte nicht. Sagte nichts. Fragte nichts.

Dann beugte ich mich stumm über die Zeitungen.

Stirnrunzelnd beobachtete der Käpt'n, wie ich auf eine Seite starrte.

»Kannst du überhaupt lesen, Decksjunge?«

»Ja«, sagte ich.

Und dass ich in der Anstalt den Hauptschulabschluss gemacht habe und die Zeitungen des Direktors aus dem Müll stibitzt. Und lesen, schreiben, rechnen könne. Er schlug den *Ouest-Éclair* vor mir auf und klopfte mit dem Finger auf das zerknitterte Papier: »Schwere Meuterei im Erziehungsheim auf Belle-Île-en-Mer« stand da und weiter: »56 Zöglinge greifen in der Kantine die Aufseher an, verletzen drei davon, rauben die Schlüssel und brechen aus.«

»Und schau mal hier!«

Er entfaltete mit großer Geste den *Ouest Républicain*.

»MEUTEREI AUF BELLE-ÎLE«, titelte die Zeitschrift auf Seite drei.

Ich nahm sie vom Tisch auf.

»Sämtliche Zöglinge sind wieder in Gewahrsam in ihren Zellen. – Nur ein Meuterer ist nach wie vor unauffindbar.«

»Du bist ein Meuterer«, sagte der Käpt'n lächelnd.

Er setzte sich, nahm eine Zigarette aus dem Päckchen und streckte die Beine aus.

»Schönes Wort, Meuterer.«

In dem Artikel wurde ausgeführt, dass die Insassen von Haute-Boulogne »keine braven Kinder« seien und »mehr als zwei Drittel von ihren Eltern ein schweres Erbe mitbekommen« hätten: »Trunksucht, Willensschwäche, Schwachsinn oder Debilität.«

»Viele mussten sich schon wegen Diebstahls, Körperverletzung, Einbruchs und anderer Delikte vor Gericht verantworten«, schrieb das Wochenblatt weiter, »und manchmal sehen wir jugendliche Verbrecher, die den Erwachsenen in nichts nachstehen.«

»Quatsch«, sagte ich.

Und legte die Zeitung beiseite.

Der Käpt'n grinste.

»Lies bis zum Schluss. Sonst verpasst du das Beste.«

Ich hatte aber keine Lust.

Also nahm er sich die Zeitschrift und fummelte in der Tasche nach seiner Brille.

»Hör lieber zu, statt hier so eine Fresse zu ziehen!«

Er sah noch einmal auf.

»Du solltest wissen, dass sich die Journalisten das Wichtigste immer bis zum Schluss aufheben.«

Dann las er weiter aus dem *Ouest Républicain* vor: »Der Sechsundfünfzigste, wie man ihn nennt, wird nicht weit kommen. Auf dem Meer werden ihm das raue Wetter und die schwere See ziemlich zu schaffen machen, und im Umkreis von Belle-Île lauern zahllose Gefahren auf einen unerfahrenen Schiffer.«

Ronan grinste noch immer.

»Warte, es kommt noch besser: ›Die Gendarmen fragen sich schon, ob er, der vermutlich ein Boot gestohlen hat, nicht im Meer ertrunken ist.‹«

Ronan stand auf, nahm seine Mütze ab, legte die Hand aufs Herz und beugte sich zu mir.

»Jetzt bist du leider tot, Jules Bonneau.«

Dann zündete er sich seine Zigarette an. Sog lange den Rauch ein und blies einen weißen Ring in die Luft.

»Also frei wie dieses Wölkchen hier.«

*

Als er ein Auto in den Hof fahren hörte, sprang Ronan auf. Drängte mich in den Flur und zeigte auf die Treppe.

»Geh da rauf und versteck dich in meinem Büro. Zweites Zimmer links.«

»Gendarmen?«

Er sah meine Angst und lächelte.

»Viel schlimmer.«

Und schloss die Tür hinter mir.

»Kein Ton, klar?«

Ich rannte in den ersten Stock, nahm immer zwei Stufen auf einmal. Stürzte ins Büro. Sah die Zeitungen, Briefe, Seekarten auf dem Tisch. Das hölzerne Modell der *Sainte-Sophie* im Regal. Den großen Aktenschrank aus Metall, die auf dem eisernen Spind gestapelten Rechnungsbücher.

Da blieb mir fast das Herz stehen. Ich hatte die Spindtür vergessen. Die Seekarte stand aus ihrem Fach hervor. Zitternd schob ich sie zurück. Sperrte die Tür wieder zu. Setzte mich auf einen Strohstuhl, der unter dem Fenster schlummerte.

Ein Auto hielt, neben den Rädern auf dem Kies, ein alter Peugeot, der ziemlich mitgenommen aussah. Ich hörte Ronan, seine gedämpfte Stimme. Er sprach mit einer Frau. Er hatte mich nicht verraten. Ich sank in dem Stuhl zusammen. Mechanisch klappte ich mein Messer auf, steckte es mit offener Klinge in die Tasche. Die Frau sprach laut. Ronan antwortete ihr ruhig. Das klang nach Streit. Langes Schweigen. Ein paar laute Worte. Stille. Ich war gespannt. Die Mütze lag zwischen Hemd und Haut auf meiner Brust. Ich setzte sie auf.

Dann hörte ich unten die Tür aufgehen.

»Kommst du, Decksjunge?«

Ronans Stimme.

»Ich möchte dir eine alte Bekannte vorstellen.«

Ich stand langsam auf. Ging durch den Flur, die knarrenden Stufen hinunter. Mit müdem Gesicht stand Ronan in der Tür. Ich blieb auf der Schwelle stehen. Mit einer Kinnbewegung lud er mich ins Esszimmer ein. Und machte die Tür ganz auf.

»Komm rein, du Meuterer!«

Ich rührte mich nicht.

»Willst du dich dein Leben lang unter meinem Schreibtisch verstecken?«

Also tat ich noch einen Schritt. Er ließ mich vorbei, legte eine Hand auf meine Schulter und schob mich sanft in den Raum.

Ich riss mir die Mütze vom Kopf und wich zurück.

»Ich hätte mir denken können, dass du es bist.«

Am Tisch saß die Rote vor einem Glas Wein. Die Krankenschwester aus Haute-Boulogne, die Haare zu einem Knoten hochgesteckt, den Schleier und den weißen Kittel vor sich.

»Vorstellen muss ich euch ja nicht mehr«, sagte der Käpt'n.

»Nicht nötig, nein«, sagte die Rote mit strenger Miene.

Dann lächelte sie. Sah mir direkt ins Gesicht.

»Einen, der mir mit Vergnügen die Augen auskratzen würde, vergesse ich nicht so schnell.«

8.
EINE GÖTTIN IN RÖCKEN

Der Käpt'n kochte. Seine Frau hatte schweigend Kartoffeln und Karotten aus dem Garten geschält, Knoblauch und Zwiebel gehackt. Es war dunkel geworden. Ich kam mir nutzlos vor.

Der Fischer: »Heute gibt's Schwänze vom Seeteufel, dem Fisch der Reichen.«

Mit Butter und Öl röstete er sie in der Pfanne goldgelb. Erläuterte jeden einzelnen Schritt. Möblierte die Stille für mich.

»Anschwitzen ist wichtig.«

Die Rote sah uns an. Ihr Blick ging zwischen uns hin und her, zu Ronan, zu mir. Sie saß mit verschränkten Händen am Tisch.

»Wann wolltest du mir eigentlich sagen, dass wir Besuch haben?«

Er beugte sich über den Topf.

»Heute Abend, hab ich ja auch.«

Er warf ihr einen schnellen Blick zu.

»Was hast du dir denn vorgestellt? Dass ich ihn den Gendarmen verkaufe?«

Sie schaute in den Regen hinaus.

»Stell dich nicht dümmer, als du bist, Ronan Kadarn.«

Eine Flasche in der Hand, zwinkerte er mir zu.

»Weißwein und passierte Tomaten sind das Geheimnis.«

Es brutzelte in der Pfanne, die heiße Butter spritzte, als Wein und Tomaten dazukamen, es roch nach Knoblauch und Petersilie.

»Deckst du den Tisch, Decksjunge?«

Ihr Blick wurde hart wie Stahl.

»Decksjunge? Du hast ihn an Bord genommen?«

Ich verteilte Teller und Besteck. Beim Anblick der goldenen Löffel in der Lade zuckte ich zusammen.

»Sagen wir, ich hab es mir nicht ausgesucht«, erwiderte der Käpt'n.

Sie schaute mich an.

»Du wolltest allein rüber?«

Ich antwortete nicht. Sie verdrehte die Augen.

»Die Kröte allein auf dem Kutter. Ich glaub's nicht!«

Ronan hob eine Augenbraue. Der Name »Kröte« war ihm neu.

»So nennen sie ihn dort«, erläuterte sie.

Er sah mich an.

»Kröte?«

»Mein Kampfname.«

Ronan machte große Augen. Er war sehr ernst.

»Was für ein Kampf?«

»Meiner«, sagte ich.

Er nickte.

»Verstehe.«

Er verstand das.

Wir setzten uns an den Tisch, er mir gegenüber. Der Seeteufel war gut und schön fett.

»Und jetzt?«, fragte die Rote. »Hast du eine Idee?«

»Bonneau ersetzt Matthieu Bihan an Bord, bis sich alles wieder eingerenkt hat.«

Seine Frau schenkte sich ein Glas Rotwein nach.

»Na gut, aber was machst du dann mit ihm?«

Ronan legte seine Gabel hin.

»Dann sehen wir weiter.«

»Aber wie?«

»Wir sehen dann weiter. Basta.«

Er stand auf und warf seine Serviette auf den Stuhl.

»Hast du wenigstens mit den Jungs geredet?«

Er hatte ihr den Rücken gekehrt und sich dem großen Kamin zugewandt. Zündete mit dem Feuerzeug Zeitungen an, um ein Reisigfeuer zu machen. Im Haus war es so feucht, dass die Tapeten Blasen schlugen.

»Das muss ich noch.«

Jetzt legte er trockene Holzscheite in die Flammen.

Seine Frau war nervös.

»Du musst jetzt gleich mit ihnen sprechen!«

Schweigen. Das knisternde Feuer. Der Geruch von feuchtem Holz.

»Vor Freitag fahren wir nicht raus.«

»Eben. Du musst das vorher klären, an Land.«

Ronan goss sich ein Glas ein.

»Und was soll ich ihnen sagen? Dass wir einen Flüchtling an Bord der *Sainte-Sophie* haben?«

Sie beugte sich zu ihm hin.

»Du bist ihr Kapitän, sie haben Vertrauen zu dir.«

»Und?«

»Und deshalb ziehst du sie nicht ohne ihr Wissen da rein.«

Ich kaute schweigend, mit gesenktem Kopf. Ich kam mir vor wie bei den Großeltern, wenn sie beim Essen über mich stritten. Unter diesem Dach war ich noch immer ein Gefangener der Anstalt. Die Freiheit lag jenseits der Mauer, jenseits des Fischers und seiner Frau, jenseits des Ozeans. Ich saß vor meinem dampfenden Teller in der Klemme. Diese Leute durften für mich nicht zum Klotz am Bein werden. Hätte ich den Mut gehabt, wäre ich aufgestanden, hätte Mütze und Seesack genommen und wäre gegangen. Aber draußen regnete es.

»Soll ich gehen?«, fragte ich.

Ronan legte noch ein Scheit ins Feuer.

»Gut gemacht, Frau, Glückwunsch!«

Die Rote sah mich an.

»Wo willst du denn hin, Dummerchen?«

Ich gab keine Antwort.

Der Käpt'n stand auf. Steckte die Hände in die Taschen und ging zum Fenster, auf dem der Regen seine schrägen Spuren zeichnete.

»Kannst du mir erklären, was dich das angeht, Sophie?«

Die Frau blickte auf den zerfurchten Nacken ihres Mannes, seine vom salzigen Wind zerzausten Haare.

»Du bist mein Mann, und das ist mein Haus, also geht es mich etwas an.«

Er zündete sich eine Zigarette an. Wischte mit der Hand über die angelaufene Scheibe.

»Ja, und?«

»Du spielst mit meiner Freiheit.«

Er drehte sich um, warf ihr einen harten Blick zu.

»Ich verbiete dir, das zu sagen!«

»Du gehst mir auf die Nerven, Ronan.«

Sie war aufgesprungen, er stand ihr mit verschränkten Armen gegenüber.

»Wir hatten keine Wahl. Du nicht, ich nicht, er nicht.«

Sie lächelte spöttisch.

»Keine Wahl, alles klar, wie so oft in unserem Leben!«

»Scheiße, Sophie, er wird einundzwanzig. Wenn sie ihn kriegen, geht er ins Zuchthaus.«

»Und ich ins Gefängnis. Möchtest du das?«

Der Käpt'n straffte sich. Sein Blick befahl Schweigen.

Den Löffel vor den geschlossenen Lippen, erstarrte ich.

Ich betrachtete die Frau, den Mann, dieses unbekannte Paar. Wer waren sie? Woher kam all das in der Keksdose versteckte Geld? Und warum sollte sie ins Gefängnis müssen? Weil sie einem Ausbrecher Unterschlupf gewährten? Nein, das war es nicht. Die Frau hatte ein Geheimnis. Deshalb störte meine Anwesenheit.

»Ich spreche noch heute mit der Mannschaft«, versprach der Käpt'n.

Ich suchte seinen Blick.

»Nachdem Sie mich als Ihren Neffen vorgestellt haben?«

»Er ist dein Neffe?«

Sie verzog spöttisch den Mund.

Ronan bekräftigte es mit einer Geste.

»Ja, so ist es. Das müssen sie eben begreifen.«

Die Frau schüttelte den Kopf.

»Da hast du uns ja in was reingeritten, mein Freund.«

Wir hatten die Teller kaum angerührt. Ich zögerte, in das weiße Brot zu beißen. Der Käpt'n war damit beschäftigt, das Feuer zu unterhalten. Dabei sprach er wie zu sich selbst.

»Dauert nur ein paar Tage, bis alles wieder in Ordnung kommt.«

Seine Frau hüllte sich in ein violettes Schultertuch, das auf einem Stuhl hing.

»Dein Neffe nimmt vermutlich das Zimmer von Alexandre«, sagte sie mit müder Stimme.

»Dauert nur ein paar Tage«, wiederholte Ronan.

Sie nickte.

»Ich hoffe, du weißt, worauf du hinauswillst.«

Sie ging drei Schritte zur Tür.

»Ich lüfte das Zimmer von Alex, mache das Bett und hole ein Handtuch für ihn.«

Dann drehte sie sich zu mir um und gab mir die Hand.

»Ich bin übrigens Sophie.«

Sie lächelte ein wenig.

»Nicht die Füchsin, nicht die Rote. Sophie.«

Ich bin errötet, glaube ich. Widerspruch zwecklos.

»Sie heißen nach dem Boot?«, fragte ich erstickt.

Verblüfft sah sie mich an.

»Das Boot heißt nach mir!«

*

Ich erwachte in einem frisch überzogenen Bett unter einer warmen Decke, den Kopf auf einem Kissen. Nachts hatte ich heftig um mich geschlagen. Mich auf den Bauch gedreht. Und geträumt, dass ich in einer Wattewolke steckte. Ronan und Sophie hatten mich schlafen lassen. Kein Geräusch war im Haus zu hören. Durch die Fensterläden sickerte das Tageslicht. Ich hatte nur die Schuhe ausgezogen. Angezogen stand ich auf. Der Schlüssel steckte von innen. Sie hatten mich nicht eingeschlossen. Jetzt war ich mir sicher, dass sie mich nicht anzeigen würden. Meine Socken hatten an der Ferse ein Loch, und vorn standen die großen Zehen raus. So ging ich hinunter, die schmutzigen Schuhe in der Hand.

»Gut geschlafen, Decksjunge?«

Ronan saß mit nacktem Oberkörper am Tisch. Sophie desinfizierte seine Arme.

»Wolltest du meinen Mann umbringen?«

Der Käpt'n lächelte.

»Er hat mich nur ein bisschen gekratzt, wie ein Kätzchen, das Angst hat.«

Ich wollte mich entschuldigen. Tat es aber nicht.

Ronan zog das Hemd wieder an.

»Komm mal mit«, flüsterte Sophie mir ins Ohr.

Ich zögerte. Sie drehte sich lächelnd zu mir um.

»Ich weiß doch, dass sie dich verdroschen haben. Du brauchst dich nicht zu genieren.«

Sie ging zu der lavendelblauen Tür gegenüber der Kellertreppe, nahm einen Schlüsselbund aus der Tasche und sperrte die zwei Schlösser auf. Eine Krankenstation. Mit einer Liege, einem großen Schrank, einem Tischchen, einem Schreibtisch und drei Stühlen.

»Zieh dein Hemd und deine Hose aus.«

Da gab es keine Diskussion.

Sie hatte ihre weiße Haube wieder aufgesetzt. Und ich noch immer meine grauen Socken an. Mit einem schnellen Blick erfasste sie die Löcher in meiner ausgeleierten Unterhose.

»Das muss mal geflickt werden.«

Ohne mich aus den Augen zu lassen, trat sie zwei Schritte zurück.

»Dreh dich um.«

Sie horchte mich ab.

»Heb die Arme.«

Sie nickte.

»Die haben dir nichts geschenkt. Drecksbande!«

»Ich ihnen aber auch nicht!«

Was für ein idiotischer Satz! Ich wollte den Harten spielen. Und machte mich nur lächerlich. Sie ging gar nicht darauf ein.

»Leg dich mal auf den Bauch.«

Ich legte mich auf das Feldbett. Und sah vor mir einen Farbdruck, eine vollständige Darstellung der weiblichen Anatomie, die fast die ganze Wand einnahm. Unter der Überschrift »SCHWANGERSCHAFT UND MENSTRUATION« vier Frauenkörper von der Brust bis zur Mitte des Oberschenkels. Die Köpfe fehlten. Im aufgeschnittenen Bauch ein Ei, ein Embryo, dann fast schon ein Baby, das kaum mehr reinpasste. Ich schaute vor allem auf die Brüste, die jedes Mal größer wurden. Ich bekam den Mund nicht mehr zu. Sie merkte es.

»Du kannst die Augen auch schließen, wenn dir das lieber ist.«

Nein, war es nicht.

Sie betupfte meine Wunden mit Alkohol. Es biss und brannte. Aber ich beklagte mich nicht.

»Dreh dich um.«

Ich legte mich auf den Rücken. Das war mir peinlich. Gerade war mir eingefallen, wie Marcelle, die Schwester der Rolin-Brüder, mir ihre Brust gezeigt hatte. Und mir gegen kleine Geschenke sogar erlaubt hatte, sie zu berühren. Die Brüste auf den Bildern hatten mich daran erinnert. Aber Sophie schaute woanders hin. Sanft reinigte sie meine wunde Haut. Auf einem Schenkel der Abdruck einer genagelten Sohle. Ein klar umrissener schwarzer Fleck.

»Geht's?«

Geht schon.

Ich zog Hemd und Hose wieder an. Sie versperrte sorgsam die blaue Tür, und wir gingen zurück ins Esszimmer. Sie hatte für mich eine Kanne Kaffee vorbereitet, einen Becher und eine Scheibe Brot. Ronan wirkte besorgt. Er sah seine Frau an.

»Wie schlimm ist es?«

»Wie üblich. Sie haben sich an ihm ausgetobt.«

Ich setzte mich an den Tisch, der Käpt'n daneben. Er warf ihr einen Blick zu.

»Erzählst du's ihm, Soph?«

Sie nahm sich ein Glas Milch.

»Was nach dem Ausbruch passiert ist, mein ich.«

Sie sah mich an, neigte fragend den Kopf.

»Willst du es hören?«

Ja, wollte ich.

Ohne mich aus den Augen zu lassen, trank sie erst einmal ein halbes Glas.

»Sie haben jeden, der sich ergeben hat, geschlagen …«

»… und Camille Loiseau?«, fiel ich ihr ins Wort.

Sophie stand am Gefängnistor, als Camille vom Schinder und den Gendarmen zurückgebracht wurde. Sie wollte ihm helfen, aber der Direktor stellte sich ihr in den Weg.

»Hinkte er?«, fragte ich.

»Ich habe gesehen, wie der Schinder ihm mit einem Stock auf die Beine geschlagen hat«, antwortete sie ausweichend.

»Hinkte er?«

Sie senkte den Kopf. Schwieg lange. Ronan warf ihr einen aufmunternden Blick zu.

»Er konnte nicht mehr gehen.«

Ich wiederholte diesen schrecklichen Satz Wort für Wort.

Eine Scheißträne lief mir über die Wange. Und ich ließ es geschehen.

»Ein Gendarm hatte ihn geschultert, Kopf und Arme baumelten in seinem Rücken.«

Ich ballte die Fäuste und verzog das Gesicht.

»Was hat er gesagt? Hat er sie beschimpft? Hat er sich wenigstens gewehrt?«

Sie schüttelte den Kopf.

»Nein, er hat sich nicht mehr gerührt. Hing wie ein Sack über der Schulter.«

Ich beugte mich zu ihr hinüber.

»Aber er hat noch gelebt?«

»Als der Gendarm ihn an der Hofmauer fallen ließ, hat er gestöhnt«, sagte sie mit schmerzlich verzogenem Gesicht.

Ich stand auf. Ich wollte töten.

»Und er ist liegen geblieben?«

Bejahend schloss sie die Augen.

»Und niemand hat was getan? Ihr habt ihn einfach liegen lassen?«

Sie senkte den Kopf.

»Der Direktor wollte ein Exempel statuieren.«

Ich verbarg mein Gesicht in den Händen. Meine Beine zuckten unter dem Tisch. Ich lief durch die Lande und schwenkte eine Eisenstange über meinem Kopf. Zertrümmerte Schädel. Polierte dem Schinder mit meinen Pantinen die Fresse. Biss den Schwestern die Kehle durch. Rettete den Freund. Trug ihn in meinen Armen bis nach Sauzon, zum Hafen, zur *Sainte-Sophie*. Versteckte ihn unter einer Plane. Machte ihn mit Ronan bekannt, mit Alain, Pantxo und Perig. Dann fiele er Sophie in die Arme, die gerade nach Hause käme. Kriegte das Zimmer und das frisch bezogene Bett. Und ich säße im Sessel und wachte über ihn, das Kind, die kleine Waise. Den missbrauchten, verletzten Spatz. Jetzt schliefe er, und keiner könnte ihm mehr was tun.

»Bonneau?«

Ich sah auf. Ronan dachte, ich wäre eingeschlafen.

Sophie setzte ihren Bericht fort. Bis zum Morgen ergaben sich immer mehr Kinder. Durchnässt und verängstigt, streckten sie, kaum am Wehrgang angelangt, die Arme den Handschellen entgegen. Andere wurden von Gendarmen gebracht, die Hände im Rücken gefesselt. Eine jagdlüsterne Familie – Vater, Mutter und drei Kinder – lieferte einen ganz Kleinen am Portal ab. Alle Heimkehrer wurden verprügelt. Die Wärter waren wütend. Kollegen waren verletzt, Möbel zerschlagen, im Hof hing noch der Brandgeruch, aber am schlimmsten war, dass sie die ganze Nacht auf den Beinen sein mussten. Wo sie doch vorhatten, in aller Ruhe im Bett zu liegen und zu schlafen, mussten sie aufs Rad steigen oder zu Fuß Patrouille schieben. Ob im Dienst oder nicht, alle Schließer fuhren bis zur Erschöpfung durch Regen und Wind oder verstauchten sich auf den von Schlammlöchern übersäten Wegen die Knöchel. Spät nachts, als die Straßen der Insel verlassen waren, die Gendarmen längst in die Kaserne zurückgekehrt und die Insulaner sich zu Hause verbarrikadiert hatten, waren sie noch auf und rächten sich dafür. Filzten die Flüchtlinge und warfen sie dann in Einzelzellen, im Hemd, ohne Essen und Trinken. Ein paar Anstifter landeten im Arrest, in Zellen, wohin das Tageslicht nur durch einen mit Stacheln versperrten Schlot drang. Stundenlang hörte Sophie sie unter Schlagstöcken und Ochsenziemern brüllen vor Schmerz und Wut.

Sie und Doktor Verhaeghe wollten ihnen helfen, aber der Direktor hatte es verboten.

»Die sind außer Rand und Band. Für Sie ist das heute Nacht zu gefährlich.«

Gegen drei Uhr morgens beratschlagten die Wärter in der verwüsteten Kantine. Der Direktor war inzwischen schlafen gegangen. Der Oberaufseher zog Bilanz. Die Gerte in der Hand, drehte er große Runden im Raum. Sechzehn Flüchtlinge fehlten noch. Das Gewitter hätte nun bestimmt auch die letzten von ihrem Schlafplatz im Farn vertrieben. Sie müssten sich einen Unterstand suchen. In Militärtunneln, unter Bäumen, einem verfallenen Dach, einem kieloben liegenden Boot. Die Jüngsten hätten sicher auch Angst vor den Blitzen.

»So lernen sie auch die Strafe der Einsamkeit kennen«, triumphierte Chautemps.

Die Jagd war unterbrochen, würde aber bei Tagesanbruch wieder aufgenommen. Die durchgefrorenen, verschreckten Jungs würden sich ohnehin für ein Stück Brot, einen Becher dünnen Kaffee oder eine Zigarette im Matsch auf die Knie werfen und die Hände auf den Kopf legen. Darum flehen, dass sie ihre durchnässten Kittel, die Hosen, die man auswringen konnte, trocknen dürften und die Schuhe, die ihre Füße wundgescheuert hatten, ausziehen. Stundenlang würden sie im großen Hof strammstehen. Zur Mahnung für die anderen. Bevor man sie mit der Fähre nach Quiberon brächte, dann in einem Sonderabteil der Bahn zusammengepfercht nach Villeneuve-sur-Lot und schließlich mit dem Gefangenentransporter ab ins Zuchthaus von Eysses.

Um zehn Uhr morgens waren fünfzehn wieder zurück in der Anstalt. Wie gehetzte Tiere, in Zweier- oder Dreiergruppen zusammengefesselt, wurden sie ihren Kameraden vorgeführt, längs des Schulschiffs, in Regen und Wind.

Biene war einer von ihnen. Er blutete aus Mund und Nase. Und wehrte sich gegen die Fesseln.

»Meine Haut ist mehr wert als zwanzig Franc, ihr Schweine!«

Sophie hatte alles mitangesehen. Und berichtete traurig davon.

Nur einer fehlte beim Appell. Da hörte sie meinen Namen, auf dem großen Hof. »Die Kröte«, flüsterte Le Goff, der Schinder wiederholte es, und auch Pater Bricout sprach es nach, während er seinen Rosenkranz knetete. Bonneau war nicht da. Der Direktor tobte. Wie konnte das passieren?

»Das hier ist eine kleine Insel, wir sind doch nicht in der Kasbah von Algier!«

Als Sophie wieder Dienst hatte, kamen zwei Reporter nach Haute-Boulogne. Ein Redakteur und ein Fotograf. Anstaltsleiter François-Donatien de Colmont höchstpersönlich hatte die Lokalredaktion des *Ouest-Éclair* angerufen und einen Scoop versprochen. Le Goff und Toupet mit seiner hässlichen Glatze begleiteten sie zur Krankenstation. Da war kein Verletzter, kein geprügeltes Kind auf der Liege zu sehen, nur vier verfrorene Jungs, die eine Nacht im Freien verbracht hatten.

»Wir helfen unseren Zöglingen, wieder zu Kräften zu kommen«, behauptete der Direktor, während er aus dem Augenwinkel den Stift des Journalisten überwachte, der über die Seiten seines Notizbuchs eilte.

Ein paar Rädelsführer hätten die Revolte ausgeheckt, und diese Kinder da seien ihnen dummerweise gefolgt. Ohne das rechtzeitige Eingreifen der Gendarmerie wären sie wahrscheinlich ertrunken, so spät, wie es war. Und ohne die aufopfernde Pflege im Heim würden sie wahrscheinlich von einer bösartigen Erkältung dahingerafft. Sophie versorgte derweil die Jungs. Und hörte aufmerksam zu.

»Und die Geschichte mit dem fehlenden Zögling?«

Colmont machte eine Kunstpause. Dann blickte er lächelnd den Reporter an.

»Ich habe Ihnen eine exklusive Story versprochen, hier ist sie.«

Anders nämlich, als vom Konkurrenzblatt *L'Ouest Républicain* kolportiert, fehle keiner der Ausbrecher. Alle sechsundfünfzig seien wieder da und schliefen hinter Schloss und Riegel. Ein Zögling aber sei in der Tat abwesend, das könne er ihnen im Vertrauen mitteilen, allerdings habe das nichts mit der Meuterei zu tun. Er sei ein paar Tage vor dem großen Ausbruch von einem Hof verschwunden, wo er wegen guter Führung als Melker verdingt war. Dabei sei er ein so vielversprechender junger Mann gewesen, er hätte ein neues Leben anfangen können. Dieses Verhalten sei für ihn, François-Donatien de Colmont, absolut unverständlich, wie er in aller Bescheidenheit einräumen müsse.

»Ich habe einfach ein zu großes Vertrauen in diese Bengel, das wird mir noch einmal das Genick brechen.«

Der Entflohene habe weder Proviant noch Kleidung zum Wechseln mitgenommen, nur eine Wachsjacke und einen Stahlsplitter zum Rasieren.

»Verraten Sie uns seinen Namen?«, fragte der Redakteur.

Der Direktor zögerte, überlegte kurz und sagte dann: »Rouxelin.«

Er schnippte mit den Fingern.

»Ja, genau. Léo Rouxelin.«

Dann, als hätte er sich eines Besseren besonnen: »Ich möchte Sie aber bitten, seine Identität nicht preiszugeben.«

»Haben Sie eine Idee, wo er sich aufhalten könnte?«

Der Direktor musterte sein Gegenüber. Ein junger Journalist mit makellosen Zähnen und glänzenden Augen, der in seiner Golfhose mit karierter Jacke ehrgeizig mit den Hufen scharrte.

»Sie brauchen noch ein paar pikante Details, richtig?«

Der Reporter nickte lachend.

»Kriegen Sie. Aber wenn Sie mich zitieren, dementiere ich alles.«

Er näherte sich vertraulich.

»Ein Freund von mir, er ist Gendarm, hat mir erzählt, dass ihn eine Frau in einer Felsengrotte versteckt hält.«

»Gut! Sehr gut!«

Sophies Blick begegnete dem des Anstaltsleiters. Sie hatte noch nie von einem Zögling namens Rouxelin gehört. Genauso wenig wie von der Flucht eines Melkers. Schamlos strickte François-Donatien de Colmont in ihrer Gegenwart schon an der Legende des großen Ausbruchs vom 27. August 1934.

Er senkte die Stimme – das war jetzt ganz geheim.

»Und laut meinem Freund, dem Gendarmen, hat ihn eine Göttin in Röcken mit Essen versorgt.«

Ich schaute auf.

»Eine Göttin in Röcken?«

»So hat er sich ausgedrückt«, bestätigte Sophie lächelnd.

Und der Reporter fraß ihm aus der Hand. Nachdenklich befeuchtete er mit der Zunge seinen Stift.

»Kann ich schreiben, dass ich mit ziemlicher Sicherheit das Rätsel um den entflohenen Zögling Rouxelin gelöst habe?«

Der Direktor lachte.

»Tun Sie sich keinen Zwang an, junger Mann. Wozu haben wir die Pressefreiheit?«

Dann wollte er noch mit einem der Jungs aufs Foto.

»Ich könnte ihm Mut zusprechen.«

Der Fotograf nickte, das Auge am Objektiv.

Als der Direktor die Hand zur Liege ausstreckte, um die des Jungen zu nehmen, legte der schützend den Unterarm über die Stirn. Ein peinlicher Moment.

»Mach dich nicht lächerlich, Bourquin!«, schnauzte Colmont.

Der Kleine nahm den Arm vom Gesicht, Colmont ergriff seine Hand und beugte sich über ihn wie ein besorgter Verwandter.

»Jetzt nicht bewegen!«

Es blitzte. Und der Redakteur freute sich.

»Schönes Foto!«

Ob sein Kollege auch die Anstaltsgebäude aufnehmen dürfe? Nein, keine weiteren Fotos. Weder die verwüstete Kantine noch die zerstörte Seilerei noch die ausgebrannte Segelmacherei. Keine Zöglinge, keine Wärter. Schluss jetzt.

Mit finsterer Miene lauschte Ronan seiner Frau.

»Lauter Vollidioten!«

»Immerhin hat der Journalist den Köder geschluckt«, sagte Sophie.

Am nächsten Tag stand alles genau so in der Zeitung, ohne jede Überprüfung einfach abgeschrieben und illustriert mit dem rührenden Bild des heiligen Direktors, der dem guten Schächer Mut zuspricht. Anschließend fand man den Namen Rouxelin in fast allen seriösen und unseriösen Gazetten. Im legendären Wochenblatt *Détective* wurde ein namenloser Gendarm zitiert, den die Liebesgeschichte mit der Insulanerin »sehr berührt« habe. Ronan hatte eine Passage in dem Artikel für mich eingekringelt: »Eine Göttin in Röcken soll ihm Essen gebracht haben.« Die Journalisten schrieben alle voneinander ab, sagte er, das sei der Beweis. Und in achtzig Jahren, wenn sich nur noch eine Handvoll Lokalhistoriker für Haute-Boulogne interessierte, würden unsere Enkel die Röcke der Göttin und den schönen Rouxelin in gelehrten Abhandlungen über die Anstalt finden, fügte er lachend hinzu.

Die Geschichte gefiel ihm ganz außerordentlich.

Da gab es zwei Nächte nach der Revolte, am Mittwoch, dem 29. August 1934, morgens in Haute-Boulogne auf einmal einen Jules Bonneau weniger und einen Léon Rouxelin mehr. So stimmte die Rechnung wieder. Und wenn die Geschichtsschreibung von Belle-Île diesen Taschenspielertrick mit dem Siegel der Wahrheit versah, gäbe es überhaupt keinen Grund mehr, nach mir zu suchen.

Zum ersten Mal hatte ich den Gedanken, dass meine Flucht vielleicht doch glücken könnte.

9.
ZU DEN FREIBEUTERN

Nach meiner zweiten Ausfahrt bestand der Käpt'n darauf, dass ich die Mannschaft in die Hafenkneipe *Zu den Freibeutern* begleitete, auf ein »Landglas«, wie Ronan es nannte. Ein Schnäpschen zur Feier unserer Rückkehr. Denn ein Fischzug ende erst dort, wo die Mannschaft sich trenne. Nicht an Bord inmitten der Wellen, nicht am Kai im Geschrei der Auktion, sondern an einem feuchten Tresen mit einem Schnaps zwischen Daumen und Zeigefinger.

So wollte es die Tradition.

Der Kneipenwirt hieß Cothias. Ein Mordskerl, stark und stolz. Er war Sardinenfischer in Le Palais gewesen, bis ein Unfall ihn der See beraubt hatte. Darauf hatte er sein Boot gegen das Lokal getauscht.

»Ich mag ihn, sagt nie ein Wort zu viel«, erklärte Ronan.

Auf seinen Rat hin hatte ich eine Wollmütze aufgesetzt, einen Schal übers Kinn gezogen und den Kragen meiner Wachsjacke aufgestellt. Ein Fischer wie jeder andere. Schweigend gingen wir den Kai entlang. Stießen die Kneipentür auf. Der Saal war laut und verraucht und brummte von Seemannslegenden und den Heldentaten ehemaliger Fischer, die an den Kai verbannt waren. Der Wirt hatte einen offenen Blick und ein sonniges Lächeln. Als wir fünf das Lokal betraten, vereint wie beim Einholen des Netzes, erläuterte er für die Kundschaft im Saal: »Die *Sainte-Sophie*, meine Damen und Herren!«

Und fügte lächelnd hinzu: »Auch wenn den *Freibeutern* manchmal die Damen fehlen.«

Mir gefiel seine Art, uns nicht direkt anzusprechen, wie ein normaler Wirt gewöhnliche Gäste. Er nannte nur den Namen des Kutters und stellte, ohne uns anzusehen, fünf Gläser für uns auf den Tresen und ein sechstes für sich selbst. Mir gefiel seine Art, den guten Tropfen, den ganz starken für die heil Heimgekehrten, einzugießen, indem er die Flasche über jedem Glas hob und senkte.

»So gießen die Araber ihren Tee ein.«

Lange hatte er vor den Küsten der »Barbaresken« gefischt, wie er sagte. Aus diesen fernen Ländern hatte er eine Wasserpfeife aus blauem Glas mitgebracht, die auf einem Brett an der Wand thronte, und einen krummen Türkendolch mit Holzgriff und einer Scheide aus angelaufenem Silber. Mir gefiel seine Art, einen stummen Toast auf unseren Fang auszubringen, indem er das Glas an die Stirn legte und die Augen schloss. Mir gefiel sogar das Ende der Zeremonie. Wenn wieder der Alltag einkehrte. Wenn wieder die Würfel auf den Tischen rollten, Spielkarten knisterten und Gespräche summten. Und der alte Fischer ganz hinten bei seinem Bier schwor, dass in den Hochzeiten der Fischerei die See noch viel grausamer gewesen war.

Zum ersten Mal empfand ich Stolz, zu diesem Völkchen zu gehören.

An diesem Tag tranken wir noch ein zweites Glas. Während Cothias den Tresen wischte, beobachtete er besorgt den Hintergrund des Saals. Er wirkte beunruhigt und nervös.

Der Käpt'n schaute ihn fragend an.

»Probleme?«

Der Wirt zeigte mit dem Kinn auf einen Tisch.

»Hast du den Kerl da hinten gesehen?«

Wir drehten uns um. Der Mann saß allein vor einem Glas Rotwein, eine Zigarette im Mundwinkel. Hut auf dem Kopf, Sommerhemd, dünne Jacke. Er setzte das Glas an die Lippen und sah zu uns herüber. Um die dreißig, grauer Teint, Tränensäcke. Schrieb dann etwas in sein kleines Notizheft.

»Pariser«, vermutete Ronan.

Der Gast wandte sich wieder seinem Glas zu.

»Und ich sag euch, das ist ein Bulle«, knurrte Cothias.

Ein Bulle?

Ich schaute genauer hin. Möglich. Mit der verknitterten Jacke und den sandigen Schuhen wirkte er aber eher wie ein gelangweilter Tourist.

»Wie kommst du drauf?«, fragte Alain.

Er habe alles Mögliche wissen wollen, über die Stammgäste, die Anstalt, den Ausbruch und die Treibjagd auf die Geflohenen.

Ronan warf mir einen besorgten Blick zu. Drohte hier womöglich Gefahr?

»Wir sollten nicht allzu lange hier rumlungern, Decksjunge, sonst schimpft Sophie, wenn ich zu spät zum Kochen komme.«

Wir nahmen einen Merlan mit. Und Cothias bekam seine Seezunge.

»Das ist ein Bulle«, knurrte Alain. »So was riech ich.« Nervös trommelte er mit den Fingerspitzen auf den Tresen.

»Lass das!«, warnte Ronan. »Bau keinen Mist!«

Er kannte seine Pappenheimer. Die bloße Gegenwart eines Polizisten konnte Alain ausrasten lassen. Allzu oft war er von der politischen Polizei über revolutionäre Flugblätter ausgehorcht worden. Zweimal hatten Polizisten, die extra aus Rennes gekommen waren, seine Wohnung verwüstet, um Beweise für eine subversive Tätigkeit zu finden. Seine Bekannten wurden verfolgt, registriert, schikaniert. Ein Freund von Alain Le Gallois konnte nur ein Komplize sein. Auch mit der Justiz hatte er unangenehme Erfahrungen gemacht. Im Dezember 1924 war er hundertfünfzig Kilometer mit dem Fahrrad nach Douarnenez gefahren, um die Sardinenarbeiterinnen, die Penn Sardin, die für einen Stundenlohn von einem Franc kämpften, bei ihrem großen Streik zu unterstützen. Er verprügelte einen Streikbrecher aus Paris und bewarf die Bereitschaftspolizei mit Steinen. Dafür gab es ein Jahr Gefängnis. Ein anderes Mal, in Auray, kam er in Polizeigewahrsam, weil er mit einer Handvoll Gewerkschafter eine Versammlung der faschistischen Bauernbewegung Comités de défense paysanne gestört hatte. Nachdem sie sich in den Saal geschmuggelt hatten, riss er ein Plakat gegen »DIE ZERSCHLAGUNG DES WEIZENMARKTS DURCH VATERLANDSLOSE TRUSTS« und ein Spruchband mit der Aufschrift »DER KOMMUNISMUS IST DER FEIND UNSERES LANDES« herunter, stieß einen Tisch um, an dem das Vereinsblatt *Haut les fourches* verkauft wurde, und ließ dann seine Fäuste sprechen. Die

Grünhemden stürzten sich auf die Gewerkschafter und skandierten: »Glauben! Gehorchen! Dienen!« Und einer der Organisatoren beschimpfte sie sogar als »Judenknechte«! Alain und seine Genossen kämpften wie die Wölfe. Voll Hass, Wut und Abscheu fielen sie über die Faschisten her. Da war kein Platz für Slogans. Draußen schnappte dann die Polizeifalle zu. Und Alain landete mit einem gebrochenen Arm und drei gebrochenen Rippen im Krankenhaus.

Alain schlug mit der flachen Hand auf den Tresen.

Ronan hielt ihn am Arm fest.

»Kein Zoff, hab ich gesagt!«

Alain schüttelte ihn ab.

»Hörst du mir überhaupt zu, du Granitschädel?«

Alain lächelte. Beugte sich zu ihm.

»Ich bin ganz lieb, Käpt'n, versprochen.«

Dann ging er quer durch den Raum zum Tisch des Fremden.

»Hinterher?«, fragte ich.

Ronan sah mich an.

»Du rührst dich nicht vom Fleck. Darf ich dich daran erinnern, dass auf deine Birne ein Kopfgeld ausgesetzt ist?«

»Zwanzig Franc, pah!«

Als sich Alain angespannt und mit geballten Fäusten näherte, stand der kleine Mann lächelnd auf. Zog den Hut, gab ihm die Hand und bot ihm den Stuhl gegenüber an.

Alain schien zu zögern, setzte sich aber.

Der andere zeigte auf sein leeres Glas und streckte zwei Finger nach oben.

Der Bulle lud den Kommunisten auf ein Glas Wein ein.

Ronan lächelte mir zu.

»Da waren wir wohl auf dem Holzweg, Decksjunge.«

Der Fremde hatte sein Heft aufgeschlagen. Alain beugte sich über den Tisch und blätterte darin. Der andere rückte näher heran, sprach mit ihm, brachte ihn zum Lachen.

Als wir gerade aufbrechen wollten, gab Alain dem Käpt'n ein Zeichen, dass er sich zu ihnen setzen sollte.

»Du bleibst hier, Decksjunge. Wir gehen später.«

Das Glas in der Hand, ging der Käpt'n zu seinem Rudergänger hinüber. Die kleine Zeremonie von vorhin wiederholte sich: Der Fremde stand auf und gab ihm die Hand, zog seinen Hut und zeigte auf einen Stuhl. In dem allgemeinen Stimmengewirr war nichts zu verstehen. Aber die drei lachten laut und stießen miteinander an. Dann verbeugte sich Ronan, um sich zu verabschieden. Alain bestellte noch zwei Wein und blieb bei seinem neuen Freund sitzen.

Dann gingen wir, der Käpt'n und ich.

»Das errätst du nie, was das für einer ist«, sagte er aufgekratzt.

Nein, ich hatte keine Ahnung.

»Das Gegenteil von einem Bullen.«

Er zog eine Grimasse mit gespitzten Lippen und flatternden Lidern.

»Ein Dichter!«

Dann streckte er den Finger nach oben.

»Aber Achtung, er ist ziemlich lustig!«

10.
EINE FAMILIE

Alain wusste es, von Anfang an. Schon am ersten Tag, als Ronan mich als seinen Neffen vorstellte, hatte er alles durchschaut. Auf unserer zweiten Ausfahrt spielte er kleine Spielchen mit mir. Nicht bösartig. Stellte harmlose Fragen, die Hände am Ruder, die Absätze ins Netz gestemmt.

»Na, Decksjunge, wo wohnt dein Vater nochmal?«

Mir blieb die Luft weg. Das hatten wir nie besprochen, der Käpt'n und ich. Ich hielt nach ihm Ausschau. Er hatte es gehört. Und antwortete auch, eine Trosse auf den Armen.

»Bei Douarn.«

Alain lächelte. Von dem Ort hatte ich noch nie gehört.

»Willst du es genauer wissen?«

Alain beobachtete den Käpt'n, wie er das Tau zwischen Hand und Ellbogen aufwickelte.

»Du kennst doch Douarnenez!«

Alain nickte lächelnd.

»Und Saint-Vendal? Auf der Straße nach Pont-Croix?«

»Sagt mir nichts.«

»Na, die rechteckige Kapelle mit dem Glockenturm.«

Der Käpt'n hatte eine Fischbank erspäht. Alain beugte sich über das Ruder.

»Kenn ich nicht.«

»Pardon des bigoudènes, nie gehört?«

Alain schwieg lächelnd.

»Wozu erklär ich dir das alles«, fragte der Käpt'n mit gespielter Empörung, »wenn du dich eh nicht auskennst?«

»Damit der Kleine nicht zu viel Scheiß erzählt«, erwiderte Alain mit gesenktem Kopf und nahm seinen Platz auf der Ruderbank wieder ein.

Die Ausfahrt war wüst. Das Meer tobte. Schweres Wetter, Regen, hohe Wellen. Ich wurde seekrank. Selbst der Käpt'n war kreidebleich. Er hatte uns befohlen, uns zu sichern. Als das Boot einmal untertauchte, trat ich auf meine Sicherungsleine, rutschte aus und fiel hin. Knallte mit der Stirn direkt auf die Verankerung. Von der Gischt geohrfeigt, rappelte ich mich auf, lehnte mich an eine Reuse. Ich hatte nur eine Beule, nichts blutete. Alain stand am Großmast, die Pfeife umgedreht, damit der Tabak nicht nass wurde.

»Geht's, Decksjunge?«

Ging schon wieder. Halbwegs.

Er schaute auf die Wogen, die bis zu den Segeln hochschlugen.

»Und dabei ist das noch harmlos. Du wirst die See hier schon noch kennenlernen.«

Ich schaffte es kaum, die Sardinen in die Körbe zu schichten. Alain kam mir zu Hilfe und kniete sich neben mich.

»Für einen aus Douarnenez stellst du dich ziemlich blöd an!«

Er musste gegen den Wind anschreien.

»Du machst sie hin!«

Einigen hatte ich sogar die Köpfe abgerissen, weil sie sich in den Maschen verfangen hatten.

»Glaubst du, die kaufen dir die Schwänze ab?«

Es war, als wäre ich zurück in der Marinesektion, und ein Vorarbeiter säße mir im Genick.

»Hat dir das dein Vater nicht beigebracht?«

Ich antwortete nicht. Meer und Regen peitschten in mein Gesicht.

»Oder hast du in der Anstalt nicht aufgepasst?«

Ich schwieg.

»Was warst du dort? Landmann oder Seemann?«

»Seemann!«

Ein Aufschrei. Um den Wind zu übertönen. Die Fragerei zu beenden. Mein inneres Gewitter zu besänftigen.

Seemann. Ein würdiges, stolzes Wort. Auf das ich Anspruch erhob.

»Alain Le Gallois, Kommunist aus Dinard«, sagte er ernst und streckte mir seine Hand entgegen.

Ich setzte mich auf, wütend, dass ich mich verplappert hatte. Scheißstolz! Ich gab ihm die Hand. Wie in einer kitschigen Filmszene oder in einer meiner wilden Fantasien.

»Jules Bonneau, Ausbrecher, aus der Mayenne.«

Dann ließ ich mich zitternd wieder auf alle viere nieder und sammelte die Sardinen so sorgfältig aus dem Netz wie totes Laub von einem geliebten Grab.

*

Und was machen wir jetzt? Das fragte ich Ronan auf dem Heimweg. Er hatte seiner Frau versprochen, der Mannschaft alles zu sagen, es aber nicht getan. Alain wusste Bescheid. Bald würden es alle erfahren. Und er als Kapitän der *Sainte-Sophie* müsste es ihnen sagen.

Das vierte Mal war ich nicht beim Verkauf dabei. Der Käpt'n hatte mir aufgetragen, den Kocher abseits des Großsegels aufzustellen und aus Stöcker, Makrele und den von mir zerfetzten Sardinen die Cotriade zuzubereiten. Nebenbei musste ich noch Brot aufschneiden, Kartoffeln in den Schüsseln verteilen, grobes Salz auf Zeitungspapier und Essig in die Becher schütten. Wegen des schlechten Wetters war unser Fang erbärmlich. Wir würden an Bord übernachten und am nächsten Morgen in aller Frühe erneut aufbrechen, hatte der Käpt'n entschieden.

Pantxo spannte die Fock zum Zeltdach aus. Perig kotzte wegen des Geruchs nach Schiffsküche über Bord. Alain lag auf dem Tauwerk, die Maispfeife im Mund, und beobachtete mich. Sein Lächeln war seit meinem Geständnis verschwunden. Das war jetzt kein Spiel mehr. Ein aus der Anstalt entflohener Häftling arbeitete heimlich als Decksjunge an Bord eines Kutters aus Sauzon. Er hatte den Ernst der Situation erkannt. Dachte nach. Kniff im Rauch seiner Pfeife die Augen zusammen.

»Was gab's denn bei dir zu Hause zum Essen?«, fragte er mit seiner brüchigen Stimme.

»Meine Eltern waren Kinderfresser«, sagte ich achselzuckend, während ich weiter in der Fischsuppe rührte.

Das war mir so herausgerutscht. Ein Bild von Blaubart aus den Tiefen meiner Erinnerung, ein dicker Mann mit irrem Blick, der kleine Kinder im Schlaf erwürgt.

Lachend klopfte Alain die Pfeife an seinem Absatz aus.

»Mit zwei Kommunisten an Bord muss der Kutter ja kentern!«

Der Käpt'n kam mit dem alten Moses zurück an Bord. Der hatte drei Flaschen Wein im Arm, Ronan zog eine Flasche Lambig aus der Tasche seiner Wachsjacke.

Beim Anblick der Flasche stieß Pantxo einen langen Pfiff aus und stützte die Hände in die Seiten.

»Was feiern wir heute? Den schlechten Fang?«

»Her mit den Bechern«, befahl Ronan.

Den von Perig ließ er aus.

»Dafür bist du zu jung«, sagte er. »Wein kannst du haben, das nicht.«

Der alte Moses öffnete eine Flasche Rotwein.

»Ein Schluck Burgunder für den *c'hwiltouz*!«

Die Männer setzten sich im Kreis um den Käpt'n. Er starrte auf das von Schuppen glänzende und vom Salzwasser klebrige Deck. Und schwieg. Die Wellen plätscherten, es dämmerte, und der schwere Geruch der Cotriade hing in der Luft.

»Ich muss euch was sagen, was mir nicht leichtfällt.«

So hatte ich ihn noch nie gesehen. Er hielt den Kopf gesenkt, um dem Blick seiner Männer auszuweichen. Suchte in meinem nach Worten. Hielt sich an mir fest. Noch keiner hatte seinen Becher erhoben.

Da erklang meine hohe, klare, fast kristalline Stimme.

»Ich bin nicht der Neffe vom Käpt’n.«

Alle hörten Ronan seufzen.

»Ich bin aus der Anstalt geflohen.«

Perig verschluckte sich.

»Deine Familie sucht solche Jungs wie mich.«

Pantxo trank seinen Apfelbrand in einem Zug. Alain sagte nichts. Und trank auch. Wie der alte Moses, wie Perig. Schweigend, den Blick ins Glas versenkt.

»Seit wann weißt du das, Käpt’n?«, fragte der Alte.

»Seit ich ihn euch vorgestellt habe in der ersten Nacht.«

Schweigen, bedrückte Stimmung, verlegenes Hüsteln. Die Spannung war spürbar.

»Hast du ihn auf der Straße gefunden?«

Ronan schaute den Alten an.

»Nein. Er wollte unser Boot klauen.«

Alain lachte böse.

»Und zum Dank hast du ihn gleich eingestellt!«

»Sei bitte nicht blöd!«

Pantxo war wütend. Seine Augenbrauen bildeten einen waagrechten Balken auf seiner Stirn. Drohend, mit erhobenen Fäusten, stand er auf.

»*Gurekin ontziratu aitzin abisatu behar gintuken?*«

Der Käpt’n seufzte.

»Auf Französisch, bitte!«

Alain forderte den Basken mit einem Wink auf, wieder Platz zu nehmen. Und zu übersetzen.

»Meinst du nicht, du hättest was sagen können, bevor du ihn an Bord nimmst?«

Ronan blieb stumm.

»Und weißt du was, Käpt'n? Es ist mir scheißegal, dass du meine Sprache nicht verstehst!«

Ronan senkte den Kopf.

»Ja, ich hätte was sagen können, ihr habt recht.«

»Nur dass du eben deiner Mannschaft nicht vertraust«, knurrte Alain.

Ronan zuckte mit den Achseln.

»So ist das nicht.«

Alain sprang auf. Um auf Augenhöhe mit ihm zu sein.

»Natürlich ist es so. Gib's zu, Käpt'n!«

Er machte einen Schritt nach vorn.

»Wir arbeiten zusammen, leiden unter denselben Stürmen, derselben Kälte im Winter, derselben Hitze im Sommer, wir teilen die Freuden, die Mühen, den Lohn für den Fang, wir essen gemeinsam, schlafen gemeinsam, lehnen nebeneinander zum Scheißen am Dollbord, schlagen uns tagtäglich gemeinsam durch, und du vertraust uns nicht!«

Der Käpt'n hob die Hand.

»Ich verbiete dir ...«

»Und ich verbiete dir, dich aufzuführen wie ein Fabrikdirektor! Du bist ein Fischer wie wir. Nicht mehr. Du hast von deinem Vater ein Boot geerbt, es wieder flottgemacht und zu Wasser gelassen. Nicht mehr. Das gibt dir keine Sonderrechte. Und schon gar nicht das Recht, uns zu belügen.«

»Ich habe nicht gelogen!«

»Nein, du hast uns nur eines der wichtigsten Dinge unseres Lebens verschwiegen: dass wir seit einer Woche unsere Tage und Nächte mit einem Ausbrecher verbringen.«

»Stimmt, du hast recht.«

»Warum bist du dieses Risiko eingegangen?«

»Was, ihn an Bord zu nehmen?«

»Nein! Uns nicht einzuweihen!«

Bleich starrte Ronan seinen Rudergänger an.

»Was hast du denn gedacht, Käpt'n? Dass ich dich bei den Bullen verpfeife? Dass der Baske mit seinem komischen Kauderwelsch bei den Bretonen petzen geht? Dass Perig zu Papa und Mama rennt und die ganze Familie gleich mit den Mistgabeln anrückt?«

Ganz außer Atem ließ sich Alain auf das Tauwerk fallen.

»Ehrlich jetzt, was hast du dir gedacht, Käpt'n?«

Der schwieg.

»Du bist eine Schande für deine Mannschaft!«

Beim Abendessen sagte keiner ein Wort. Wir saßen weit voneinander entfernt, obwohl die Cotriade doch etwas Verbindendes ist. Alain trank allein in einer Ecke des Kutters drei Becher Lambig und eine Flasche Wein. Perig legte sich früh hin, am äußersten Ende des Lagers. Pantxo betrachtete schweigend die Lichter des Hafens. Ronan tätschelte sinnloserweise die zusammengelegten Fischernetze. Und der alte Moses schlief, an ein Dollbord gelehnt, mit tief in die Stirn gezogener Mütze.

Irgendwann drehte Pantxo sich um und ging auf Ronan zu.

»Was heißt kauderwälzen?«

Der Käpt'n hob den Kopf.

»Was?«

»Kauderwälzen, was das heißt!«

Vom anderen Ende hörte man Alain lachen. Er rappelte sich mühsam hoch. Schwankte. Torkelte mit strahlendem Gesicht und ausgebreiteten Armen den ganzen Kutter entlang auf Pantxo zu.

»Komm her, mein Baske!«

Etwas besorgt sah Pantxo ihn an.

»Komm her, mein Kauderwälzer!«

Pantxo zögerte. Schließlich erhob er sich langsam, bereit zum Angriff. Alain ging auf ihn zu und nahm ihn in die Arme. Warf ihn gegen seinen Körper. Drückte ihn lange, ohne ein Wort, mit geschlossenen Augen. Hob ihn hoch, drehte ihn in der Luft. Wie ein Vater seinen Sohn.

Der alte Moses öffnete die Augen und trank lächelnd sein Glas zu Ende.

Perig setzte sich unter den Decken auf.

Alain ließ den Basken los und kniete sich wie ein Büßer mit ausgebreiteten Armen vor ihn hin.

»Entschuldige, mein Pantxo, ich habe mich nicht über dein Kauderwelsch lustig gemacht.«

Er runzelte die Stirn und hob den Finger.

»Sprachen aller Länder, vereinigt euch!«

Dann drehte er sich, auf Knien rutschend, zu Ronan um.

»Entschuldige, Käpt'n. Du hast in dieser Scheißgeschichte gemacht, was du konntest, das weiß ich.«

Er lallte ein wenig. Seine fahrigen Bewegungen und verdrehten Augen verrieten Rausch und Rührung.

»Entschuldige auch du, Perig, dass ich dir nicht zu Hilfe eilte, als das Großkapital dir deinen Lambig unterschlagen hat.«

Er stand auf und schüttete dem Jungmann einen Schluck von seinem Apfelbranntwein ins Glas.

Dann schwenkte er seinen Becher und brachte einen Trinkspruch aus: »*Yec'hed mat!* Perig Bihan!«

Der Junge warf dem Käpt'n einen fragenden Blick zu. Der antwortete mit einer Geste der Ohnmacht.

Alain hob sein Glas über den Kopf und rief: »Bleibt alle gesund, meine Kameraden!«

Dann fiel er auf die Bank wie ein angezählter Boxer.

Der Käpt'n holte tief Luft, wie erleichtert.

»Ich werde den Decksjungen behalten.«

Er warf den Kopf nach hinten und verschränkte die Arme.

»Solange Matthieu im Bett bleibt, bleibt Bonneau an Bord.«

Pause.

»Ich möchte euch bitten, die Hand zu heben, wenn ihr mir zustimmt.«

Keine Bewegung.

»Und wer dagegen ist, kann morgen früh das Beiboot zum Hafen nehmen.«

Alain war der Erste, der die Hand hob, das Glas zwischen den Fingern.

»Auf deine Gesundheit, Ausbrecher!«

Ronan beobachtete seine Mannschaft.

»Wer noch?«

Der Baske reckte die linke Faust. Der Alte hob den Arm.

»Perig?«

Der Junge zögerte. Mit finsterer Miene streckte er zwei schüchterne Finger aus.

»Das Geheimnis muss auf jeden Fall unter uns bleiben! Sind wir uns da einig?«

Das waren sie. Einer nickte, ein anderer streckte den Daumen nach oben.

»*Bai*«, murmelte Pantxo.

In seiner Sprache und für sich allein.

*

Während der Käpt'n ins Bootsbett schlüpfte, erklärte er Pantxo die Herkunft des französischen *baragouin* für Kauderwelsch. Während des deutsch-französischen Krieges von 1870 forderten die bretonischen Infanteristen mehr Brot und Wein von ihren Offizieren, um den Preußen besser den Arsch zu versohlen. Aber nicht auf Französisch, das sie nicht konnten, sondern in ihrer Muttersprache verlangten sie frisches *bara* und Krüge mit *gwin*.

»*Bara! Gwin! Bara! Gwin!*«, schrien sie, andernfalls wollten sie kapitulieren.

»Schluss mit diesem *Bara Gwin Bara Gwin*!«, befahlen die Offiziere und machten sich über die für sie unverständlichen Wörter lustig. Diese gingen unter Napoleon III. in der französischen Schreibweise *baragouin* in die Sprache ein. Mitsamt der dazugehörigen Verachtung.

*

Diesmal war es ein guter Fang. Die *Sainte-Sophie* kehrte mit schweren Körben und vollen Reusen zurück. Während der

Arbeit hatte sich niemand für mich interessiert, aber als der alte Moses uns mit dem Beiboot abholte, wurde mir klar, dass es Probleme gab.

Ronan stieg ins Boot. Der Alte sah mich an und schüttelte den Kopf.

»Du bleibst drüben!«, befahl der Käpt'n.

Ich wollte schon mit meinem Seesack auf dem Rücken von Bord gehen. Der Alte flüsterte Ronan etwas ins Ohr. Keiner der beiden sah mich an. Da wusste ich, dass sie nicht über mich sprachen.

»Jetzt kannst du aussteigen, Junge.«

Ich kletterte die Strickleiter hinunter, ohne die Männer aus den Augen zu lassen.

»Sophies Mutter ist gestorben«, klärte Ronan mich auf.

Der Alte bekreuzigte sich unauffällig. Ich setzte mich auf das Dollbord. Und der Käpt'n griff zum Ruder.

Sophie erwartete uns auf der Pier, umgeben von drei schwarz gekleideten Frauen. Ronan umarmte sie wortlos. Einer nach dem anderen drückte sie, dann ging der Rest der Mannschaft auf ein Landglas – zur Erinnerung an alle, die auf See geblieben waren.

Während der Fahrt sagte niemand ein Wort. Der Tod leistete uns Gesellschaft. Auf halbem Weg, auf der Küstenstraße, fielen Sonnenstrahlen durch die Wolken und brachten die regensatte Erde zum Glänzen. Die Hecken, das Gras, die Bäume, die ganze Insel war noch sommerlich grün. Ich ließ mich vom Pferdekarren schaukeln. Mein Körper reagierte auf das Gerumpel, mein Kopf wurde vor und zurück geschleudert. Ich hatte die Augen geschlossen und gab mich dem Lachen der Möwen, dem Murmeln des Meeres und der Liebkosung des Windes hin. Es ging mir gut. Nachdem ich ihren Sand geschleppt, ihre Steine gebrochen, Mauern und Wellen gefürchtet hatte, liebte ich diese Insel und ihre dramatische Schönheit.

Bei unserer Ankunft im Trauerhaus war ich nicht mehr die Kröte, keine Nummer auf einer Karteikarte, kein Nichtsnutz aus Haute-Boulogne. An diesem Tag im September 1934 waren wir eine Familie. Unter dem vom Gewitter reingewaschenen Himmel zog Henri Queuille, das alte Arbeitspferd, einen alten Moses, eine frisch Verwaiste am Arm ihres Mannes und mich. Ich hielt unsere Seesäcke fest und ließ die Beine baumeln. Kein Marineanwärter im Käfig mehr, sondern ein Fischer in Sauzon. Ich hatte die Haltung und die Kraft dafür. Alle Bewegungen, die ich auf dem versandeten Schiff im großen Hof gelernt hatte, waren wieder da. Die Rauheit der Trossen, der Ruf der gehissten Fock, die Last des zappelnden Netzes, seine brodelnde Kraft, seine silbrigen Blitze, das alles kannte ich. Ich hatte das Schaudern gespürt, das einen überkommt, wenn man die niedrigen Häuser, die Straßen, den Kai, die Mole, den Leuchtturm hinter sich lässt, die Tonnen und die hüpfenden Bojen. Wenn man schweren Herzens aufs offene Meer hinausfährt. Die Angst im Bauch, wenn der Himmel wütet. Ich hatte mich an die Sicherheitsleine geklammert, als der Ozean mit den Unsrigen spielte. Im bleichen Morgen gezittert, weil wir so klein, so verletzlich waren zwischen den Wellendomen. Und ich hatte vom Glück der Heimkehr gekostet. Wie das Herz jubelnd die Linie des Horizonts erkennt.

Wie die vollen Körbe die Fische zum Verkauf ausspucken. Wie die Willkommsirene des Leuchtturms ertönt und herbeigeeilte Silhouetten sich am Kai drängen. Wie mich die Fischer an Bord anderer Boote als einen der ihren begrüßen. Und wie das Landglas mich endgültig zum Mann gemacht hat.

Diesmal war ich ohne mein Messer losgefahren. Unter meinem Kopfkissen vergessen wie einen längst verrauchten Zorn. Ich hatte keine Angst mehr zu sterben, keinen Grund mehr zu töten.

11.
DIE PERLEN DER WAHRHEIT

Line Mével war mitten in Ronans Wohnzimmer auf zwei Holzböcken aufgebahrt. Der Käpt'n hatte den Sarg mit einem schwarzen Tuch bedeckt und mit vier mannshohen Kerzenleuchtern gerahmt. Alain und ich stellten den großen Tisch um, auf dem das Mittagessen aufgebaut werden sollte, ein Büffet aus Sardinen, Salaten und Würsten. Der Baske hatte mir ein weißes Hemd und eine dunkle Hose geliehen.

Vor der Ankunft der Nachbarn hatte Ronan mir noch einmal die Regeln eingeschärft: möglichst wenig reden, Antworten ausweichen, Kopf und Blick senken. Ich war der schüchterne und ein wenig schlichte Neffe. Der auch am Sarg seine Wollmütze aufbehielt. Sophie sollte auf mögliche Besucher aus der Anstalt achten. An der Fassade des Hauses hing eine alte Schiffsglocke, die Ronan einmal der Tochter eines Fregattenkapitäns abgekauft hatte. Nun geleitete sie keine Schiffe mehr durch den Nebel und verhinderte Kollisionen, sondern diente als Türklingel. Der Briefträger tippte den Bronzeschwengel an, wenn er die Post einwarf, Lieferanten zogen an der Kette, und manche Jungs machten sich einen Spaß daraus, sie mit Kieseln zu bewerfen. Wenn jemand Wichtiges aus Haute-Boulogne vorbeikäme, würde sie mich vor der Gefahr warnen. François-Donatien de Colmont hatte angekündigt, mit ein paar Aufsehern im Gefolge der Krankenschwester der Anstalt einen Besuch abstatten zu wollen. Gnädigerweise wollte er auch den Spielmannszug zur Verfügung stellen, der auf dem Weg zum Friedhof am Meer den Trauermarsch spielen sollte.

Die Fischer kamen als Erste, im Sonntagsstaat, mit ihren Frauen und Kindern. Man sah geknickte Kragenspitzen, schlecht gebundene Krawatten, herunterhängende Gürtelenden. Doch von ein paar schmutzigen Holzpantinen abgesehen hatten alle ihre Sonntagsschuhe hervorgeholt. An Land wussten diese Männer nicht, was sie mit ihrem Körper anfangen sollten. Sie standen schief vor dem Sarg, als müssten sie einer Böe trotzen, und hielten ihre Mützen mit beiden Händen vor sich fest. Ein paar Frauen trugen bestickte Baumwollhauben mit um den Hals geschlungenen Satinbändern. Sie begrüßten einander flüchtig mit den Schiffsnamen ihrer Männer. Der Himmel war hell, der Wind freundlich und das Meer ruhig, aber keiner war zum Fischen ausgelaufen. Aus Solidarität mit der *Sainte-Sophie*. Gekommen waren Fischer aus Sauzon, Le Palais und sogar die Mannschaft der *Jacana*, eines Trawlers aus Lesconil, der »die republikanischen Fischer des Bigouden-Landes« repräsentierte.

Die Leute kamen in Massen. Wegen des Käpt'ns und auch wegen seiner Frau.

»Respekt, meine Herren!«

Mit diesen Worten begrüßte Ronan Kadarn sie im Hof.

Dann trudelten Alains Genossen ein. Sie wirkten ein wenig verloren unter den Nachbarn.

»Die Alte hat sie gehasst«, flüsterte Ronan mir zu.

Sie seien nur ihrer Tochter wegen gekommen.

Keine schwarzen Krawatten, sondern frisch gewaschene und gebügelte Blaumänner. Zwei trugen ein rotes Tuch um den Hals. Lächelnd bat Sophie, daraus Einstecktücher zu machen, damit es weniger auffiel. Eine Handvoll Kommunisten und Libertäre, der für »Fischfang« zuständige Redakteur des Wochenblatts *La Bretagne ouvrière, paysanne, maritime*. Und der Chefredakteur des *Prolétaire breton*, laut Selbstauskunft »das Organ des Gewerkschaftsbundes von Morbihan und Umgebung«. Einmal wollte Alain mir den Satz erklären, der unter dem Titel der Zeitung stand: »Die Befreiung der Arbeiterklasse muss das Werk der Arbeiterklasse selbst sein.« Dabei rollte er die Augen und die Worte. Ich verstand nicht alles, was er sagte. Außerdem gefiel mir ein anderer Spruch, der gleich daneben stand, besser: »Proletarier, Almosen sind eine Schande!«

Den fand ich lustig.

»Lustig?«, fragte Alain.

Einen Satz mit einem Ausrufezeichen zu beenden kam mir immer schon komisch vor.

Sophies Freundinnen blieben im Garten unter sich.

Für Sophies tote Mutter waren es »Flittchen«.

Tatsächlich waren es Lehrerinnen, Kriegskrankenschwestern, Schulköchinnen, die zur Frauensektion der laizistischen Wohltätigkeitsorganisation Œuvres laïques du Morbihan gehörten. Vor drei Monaten hatten sie ein großes Fest in Locminé organisiert, zu dem Sport-, Musik- und Kunstvereine eingeladen waren. Es gab ein Essen gegen Spenden, und das Ganze stand unter dem Motto: »Die Französin muss wählen!«

»Eine Orgie für die Emanzen!«, wetterte die Alte, die am selben Tag France Gravier, einer Kriegerwitwe aus Ploërmel, den Tugendpreis der Cognacg-Jay-Stiftung überreicht hatte, weil sie ihre acht Kinder allein großgezogen hatte.

Das alles hatte Ronan mir in der Nacht mit gedämpfter Stimme erzählt, während Sophie die Totenwache hielt. Sie haderte mit sich. Die Alte hatte kurz vor ihrem Tod erfahren, dass die »gottlosen Schlampen« sich immer in Ronans Haus versammelten. Eine Lästerzunge hatte Stein und Bein geschworen, dass das Haus verderbt sei. Dass dort Frauen ohne Hut oder Tuch mit offenen Haaren ein und aus gingen und Männer, die aussähen wie Banditen und Pfeife rauchten. Dass sich nach Einbruch der Dunkelheit dort Dinge zutrügen, die gegen Gesetz und Moral verstießen.

Gleich darauf verschlechterte sich der Zustand der Alten. Vor Ärger hatte sie Fieber bekommen. Sie schickte eine Nachbarin zu ihrem Sohn, der für ein paar Tage in Le Palais war. Francis sollte seine kleine Schwester zur Raison bringen. Im Krieg war er Hauptmann der Infanterie gewesen, davor Bäcker, danach Versicherungsmakler. Bevor er sich in Lorient niederließ, hatte er seine Mutter stets zur Messe begleitet und sie jeden Sonntag nach dem *Ite missa est* auf eine Sahnetorte eingeladen. Nun sollte der Sohn sie zu ihrer verlorenen Tochter kutschieren.

Francis und Sophie waren seit Jahren zerstritten. Aber erst als seine Schwester »diesen Roten« geheiratet hatte, brach er endgültig mit ihr und kehrte der Insel den Rücken. Er hasste alles an seinem Schwager. Seinen Beruf, seine Haltung, sein Denken, seine Manieren. Einmal hatte Ronan ihm zur Beruhigung versichert, dass er kein Kommunist sei und keinerlei Beziehung zu den Bolschewiken und der Dritten Internationale habe. Klassenkampf sei nicht sein Ding. Vielmehr sei er Mitglied der Fédération socialiste du Morbihan. Ein Reformist. Sein Vorbild sei Blum, nicht Thorez.

»Blum?«, höhnte Francis. »Da sind wir ja unter wahren Franzosen!«

Seitdem gingen sich die Geschwister aus dem Weg. Die Mutter liebte ihren Soldatensohn und schimpfte über ihre undankbare Tochter. Ronan, der sie ihrer Meinung nach verdorben hatte, wünschte sie ins Gefängnis oder zur Hölle.

In der Nacht, als Line Mével starb, kam ihr Sohn zu spät. Die Nachbarin wollte ihn holen, aber er konnte sich nicht von seinen Freunden losreißen. Jedes Mal, wenn er auf der Insel war, rief seine Mutter ihn zu Hilfe. Wegen nichts und wieder nichts, aus Ärger oder einer bloßen Laune heraus. So rächte sie sich für seine Abwesenheit, dafür, dass er mir nichts, dir nichts aufs Festland gezogen war. Und diesmal trödelte er so lange, dass sie nicht mehr die Kraft hatte, auf ihn zu warten. Im Stich gelassen von der selbstsüchtigen Tochter und dem saumseligen Sohn, brach die Mutter auf dem grasbewachsenen Gehweg vor ihrer Hecke zusammen, mit Zorn im Herzen, dem Rosenkranz in der Hand und zwei Terrakottakugeln zu ihren Füßen.

Sehr viel später erzählte mir Sophie, was es mit diesen Kugeln auf sich hatte. Ihre Jugend sei davon geprägt gewesen. Die Tradition ging auf ihre Großmutter zurück. Sie nannte sie »Kugeln der Wahrheit«. Galt es, eine schwierige Entscheidung zu treffen, wartete sie bis zum Abend. Manche hielten es für besser, eine Nacht darüber zu schlafen, sie dachte einen Tag lang darüber nach. Dann warf sie die Kugeln, eine rote und eine schwarze, auf den Boden und wartete auf die Dämmerung. Wenn sie sich nicht mehr auseinanderhalten ließen, fällte sie ihre Entscheidung. Und ihre Tochter Line übernahm das Ritual. Für Sophie und Francis war es mit einer furchterregenden Erinnerung verknüpft. Eines Abends zwang sie ihre Mutter, daran teilzunehmen und mit ihr auf den Einbruch der Dunkelheit zu warten. Als die Dämmerung nahte, mussten sie sich mit ihr im Kreis hinsetzen und Schweigen bewahren, bis die Kugeln völlig gleich aussahen.

Dann sagte Line: »Es ist entschieden, euer Vater und ich werden uns trennen.«

So kam es, dass ihr Mann das Haus verließ und einsam starb.

Während Line auf ihren Sohn wartete, hatte sie die Kugeln zu ihren Füßen rollen lassen. Und gebetet, dass er kommen möge, bevor die Farben verblichen. Am Ende fühlten sich beide Geschwister verantwortlich für ihren Tod. Sophie, weil sie sie nicht geschont hatte, und Francis, weil er ihr nicht zu Hilfe geeilt war.

*

Line Mével war auf Belle-Île nicht sehr beliebt gewesen. Auf ihren Wegen zwischen Bett und Beichtstuhl drohte sie Kindern, die ihr zu laut waren, mit dem Regenschirm oder trug heimliche Küsse hinterm Pfarrhaus an die Öffentlichkeit. Beim Begräbnis einer noch Älteren brachte sie einmal ein Kind zum Weinen. Das Mädchen sang vor dem Sarg seiner Großmutter die bretonische Hymne *Le vieux pays de mes pères*.
Line Mével beugte sich zu der Enkelin hinunter und zischte ihr zu: »Dein Singsang tut mir in den Ohren weh, Kind!«

Die Witwe Mével schimpfte ständig. Auf alles und jeden. Auf den Schwindler Stavisky, die deutsche Wiederbewaffnung und dass man im neuen Zoo von Vincennes wilde Tiere einsperrte. Ihre Lippen konnten nicht lächeln, ihre Lider waren stets auf Halbmast. Den Großteil des Tages wachte sie an ihrem Fenster über die Vorgänge draußen. Am Hafen oder auf dem Markt erwartete sie, dass man ihr Platz machte. Der Ältesten von vier Kindern eines Notars aus Locmaria und seiner unterwürfigen Frau. Majestätisch schritt sie durch die Straßen ihrer Stadt, die trauernde, aber tapfere Witwe eines unbedeutenden Apothekers, dessen Namen sie auch nach dessen Tod noch verleugnete. Wie ein Tambourmajor auf der Parade.

Die besondere Abneigung der Witwe Mével jedoch galt den Insassen der Korrektionsanstalt von Haute-Boulogne. Für solche Banditen war auf ihrer Insel kein Platz.

Beim Tee hatte sie ihrer Tochter sogar vorgeworfen, dass sie sich um sie kümmerte.

»Vergiss das mit den Kindern, du flickst Kriminelle zusammen!«

Als Sophie widersprach, verließ ihre Mutter den Raum.

»Die gehören nach Cayenne, nicht an unsere Strände!«

In der Nacht des großen Ausbruchs hatte sie Zitronenlimonade für die Kinderjäger gemacht, die sie stolz wie die Madelon in ihrer Laube servierte.

*

»Achtung, Decksjunge, Gefahr von Steuerbord!«

Der Käpt'n schubste mich Richtung Treppe. Fünf Männer betraten den Raum. Dunkler Anzug, Krawatte, Einstecktuch, weiße Handschuhe, das Barett gleichmäßig über die Ohren gezogen, rote und grüne Orden am Revers. In der Mitte ein groß gewachsener Blonder mit Gehstock.

»Der verdammte große Bruder«, flüsterte Ronan mir zu.

Die Gruppe musterte die anwesenden Trauergäste, die vor ihnen zurückwichen. Dann nahmen alle ihr Barett ab und näherten sich dem offenen Sarg. Nur Hauptmann Mével ging vor bis zu der aufgebahrten Leiche, beugte sich über sie und küsste sie auf die Stirn. Ich sah keinen weinen. Außer den Klageweibern in Schwarz, fünf Freundinnen der Toten, die aufgereiht an der Wand saßen und sich selbst bedauerten, sah ich keine Trauer an diesem Ort.

»Geh ins Büro!«, befahl Ronan.

Ich machte eine abwehrende Geste. Der Typ und seine Freunde kannten mich nicht. Wo war da die Gefahr? Aber der Käpt'n bestand darauf. Ich kehrte dem Trüppchen den Rücken und flüchtete mich zu Sophie.

Sie war nervös.

»Solltest du nicht besser von hier verschwinden?«

Ich schüttelte den Kopf. Die Leute sollten sich an mein Gesicht gewöhnen.

Sophie wollte mir widersprechen. Plötzlich verstummte sie und riss erschrocken die Augen auf. Ihr Bruder und seine Männer kamen auf uns zu.

»Wen willst du damit zum Narren halten?«, fragte er laut.

»Hallo, Francis«, sagte Sophie.

Ich drehte mich um. Mit gerunzelter Stirn stand er ein paar Zentimeter vor mir.

»Ich wiederhole: Wen willst du damit zum Narren halten?«

Sie verstand nicht, was er meinte.

»Unsere Mutter aufgebahrt auf Holzböcken?«

Er fegte mit dem Knauf seines Gehstocks durch die Luft, das Zimmer umfassend.

»Vier Kerzenleuchter, das ist alles?«

Schweigen.

»Was ist mit schwarzen Trauerbehängen über der Tür?«

Er stemmte seine Fäuste in die Seiten.

»Wo sind die Posamenten? Borten und Litzen?«

Er wurde immer lauter.

Sophie ließ den Kopf sinken. Wie ein ertapptes Kind.

»Und was ist das für ein Fetzen, unter dem Mutter zum Friedhof gebracht werden soll?«

»Das ist ein Leichentuch«, gab Sophie mit ruhiger Stimme zurück. Ronan kam näher. Der Hauptmann trat etwas zurück. Ich kannte diese Bewegung und den dazugehörigen Blick. In der Anstalt hatte ich das oft von den Kapos erlebt. Erst rumbrüllen, dann einen Schritt zurückweichen. Weil sie Angst hatten. Daran sah ich, dass Sophies Bruder ihren Mann fürchtete. Und auch, dass der es wusste.

»Leichentuch? Eine Hundedecke ist das!«

»Nicht so laut!«, ermahnte ihn Sophie.

Im Zimmer wurden verlegene Blicke getauscht. Ein paar von Sophies Freundinnen kamen näher. Hauptmann Mévels Männer hielten sich bereit. Einer nahm ostentativ seine runde Brille ab, klappte sie zusammen und steckte sie ein. Wie unsere Schließer vor einer Strafaktion.

Diese jungen Männer waren es gewohnt, sich zu schlagen.

Der Hauptmann starrte den Käpt'n böse an.

»Ein proletarisches Begräbnis … War das deine Idee, Kadarn?«

Sophie kannte ihren Mann. Damit das Ganze nicht aus dem Ruder lief, stellte sie sich zwischen ihn und ihren Bruder.

»Wir haben mit dem, was wir hatten, getan, was wir konnten.«

Von Ronan wusste ich, dass Mével in Lorient wohnte, aber noch eine Unterkunft in Le Palais hatte. Dort aß er zu Abend, als seine Mutter starb. Ein winziges Zimmerchen mit Wasser und Klo im Gang. Das Begräbnis von dort aus zu organisieren kam für ihn nicht infrage. Deshalb hatte er seine kleine Schwester dazu vergattert. Ohne ihr irgendeine Unterstützung anzubieten. Angeblich hatte ihn seine Scheidung ruiniert. Vor 1914 hatte er sich um den Bäckerverband gekümmert, musste dann aber seine Backstube schließen. Die Rückkehr aus den Schützengräben war nicht einfach. Jedenfalls trug er nach dem

Krieg nie wieder den weißen Anzug mit der weißen Schürze, und seine Hände wurden nie mehr vom Mehl geweißt. Irgendwann fand er Arbeit bei einer Versicherung. Aber vor allem machte er Politik. Und mit seinen Reden über reines Franzosentum hätte er sich kein würdiges Begräbnis für seine Mutter leisten können.

Mével verließ den Raum in dem Moment, da der Leichenwagen vorfuhr, und schrie auf. Ich hatte schon von Ronan gehört, dass der Bruder sich ärgern würde. Sophie und Ronan hatten ihre Freunde um Spenden gebeten, damit die Tote nicht mit einem Handkarren zum Friedhof gefahren würde. Widerwillig hatte jeder etwas gegeben, aber das reichte nicht. Für das bisschen Geld hätten sie nicht einmal ein Begräbnis sechster Klasse bekommen.

Also begannen Ronan und seine Freunde, aus dem Fischkarren einen Leichenwagen zu basteln. Der alte Moses willigte ein, nachdem sie ihm versprochen hatten, den Karren danach wieder in seinen vorigen Zustand zu versetzen. Die Ladefläche wurde abgeschliffen und mit Kiefernteer bestrichen. Kein Verdeck. Kein schwarzer Federbusch beidseits des Sarges, aber ein längsseits silbern eingefasstes Futter, entworfen von Perigs Bruder, der in solchen Dingen begabt war. Für den alten Henri Queuille hatte Yves von den Bestattern in Quiberon einen schwarzen Überwurf mit Fransen geliehen, mit dem der Gaul aussah wie das Paradepferd eines Fürsten. An den Seiten des Gefährts hatte er zwei Beschläge aus grünem Samt mit goldenem Monogramm angebracht. Die stammten von einem anderen Trauerfall, aber das Gold machte was her. Außerdem hatte Yves noch ein goldbestirntes Leichentuch aufgetrieben, das die »Hundedecke« ersetzen würde, und seine Bestatteruniform angelegt – schwarz-goldener Zweispitz, blaue Livrée mit Fangschnur und Zeremonienstab –, in der er die Prozession anführte. Der alte Moses war mit weißen Handschuhen und Zylinder als Kutscher ausstaffiert worden.

»Zwei Clowns!«, befand der Hauptmann. Leise, aber ich hatte es gehört. Dem Ganzen fehle die Würde, erklärte er wiederholt.

»Das ist ein Leichenwagen für Arme!«

Ronan richtete eine goldene Troddel, die hinter Henri Queuilles Scheuklappen gerutscht war.

»Nein, einer für einfache Leute.«

Dann streichelte er die Nüstern des Pferdes, um es zu beruhigen.

»Victor Hugo hatte auch so ein Gespann.«

Francis warf ihm einen verächtlichen Blick zu.

»Ich pfeif auf Victor Hugo!«

Als Sophie die Glocke läutete, versammelten sich alle um den Sarg.

Dann legte sie die Hände um den Mund und rief: »Fehlalarm, tut mir leid!«

Das war das Signal für Gefahr.

Der Wagen von François-Donatien de Colmont war gerade angekommen.

Er saß allein in seinem Peugeot. Ihm folgten ein Lieferwagen, in dem sich fünf Männer drängten, und ein kleiner Lastwagen mit dem Spielmannszug.

Hinter der offenen Tür zur Treppe versteckt, blickte ich in lauter bekannte Gesichter. Oberaufseher Chautemps, der Schläger Chameau, der mit seinen Orden behängte Einarmige Le Goff, Doktor Verhaeghe und Abbé Bricout.

Mein Bauch krampfte sich zusammen, mein Mund war trocken. Ihre Schritte, ihre Stimmen, alles erinnerte mich an die Schläge, die Predigten, den Alkohol auf meinen offenen Wunden.

Ich schloss die Tür hinter mir. Seit Langem hatte ich nicht mehr gezittert. Überwältigt von der Unruhe im ganzen Haus, den vielen Gesprächen mit ein paar eingeschmuggelten Lachern setzte ich mich auf die Treppe. Fast hätte ich geweint. Aber nur fast. Seit vielen Tagen war ich praktisch ein freier Mann. Ich trotzte Meer und Wind. Ging meist mit erhobener Stirn und geradem Blick. Von benachbarten Kuttern winkten die Fischer mir zu. Haare begannen, meinen kahlen Schädel zu beschatten. Stück für Stück nahm ich meinen Platz unter den Lebenden ein. Und auf einmal setzte mein Herz aus. Der Anblick dieser Männer erinnerte mich daran, dass ich ihr Eigentum war. Ihren Klauen entwischt, aber immer noch in Reichweite ihres Schlagstocks. Niedergeschmettert saß ich auf der untersten Stufe der hölzernen Treppe, nur durch eine dünne Zwischenwand vor ihnen geschützt. Den Kopf in die Hände gestützt, hörte ich Chautemps' lautes Organ, sein tiefes Timbre über dem Stimmengewirr.

Traum oder Albtraum? Wo wäre ich, wenn ich jetzt erwachte, an diesem Donnerstag Mitte September? Bei der Beerdigung einer Hauptmannsmutter oder in einer vergitterten Zelle? Hatte der Aufstand je stattgefunden? Und dieser unsinnige Ausbruch? Wirklich? Hatte ich tatsächlich mit einem geschlagenen Kind im Schlepptau die Insel überquert? Und die zwei Schwestern hatten Loiseau wirklich für zwanzig Franc verraten? Und Ronan, der Käpt'n? Hatte ich mich wirklich auf seinem Boot versteckt, bereit, zu töten oder zu sterben? Und Perig, der Baske, der alte Moses? Meine Arme bis zu den Ellbogen im Sardinengewimmel, meine Kehle rau vom *Freibeuter*-Schnaps, war das alles wirklich? Oder hatte ich in meinem Wahn wieder alles erfunden? Hatte ich mich womöglich nur in meinem Kopf verschanzt? Wie ich Chautemps erdrosselt, den Schinder erstochen, Auzenet verbrannt hatte? Würde ich nach Tagen im Koma auf der Krankenstation aufwachen? Hätte ich Fieber? Visionen? Und wäre die Mauer immer noch da?

Ich zuckte zusammen.

Die Tür zur Treppe hatte sich einen Spaltbreit geöffnet. Sophie lehnte im Türrahmen.

»Wie geht's?«, fragte sie ins Halbdunkel.

»Hast du geweint?«

Ich schüttelte den Kopf. Fuhr mir mit dem Handrücken über die Augen. Das Gemurmel hatte sich vom Haus auf die Straße verlagert.

»Der Trauerzug geht gleich los.«

Ich nickte.

»Du kennst zu viele Leute. Besser, du bleibst hier.«

Einverstanden.

»Aber nicht im Treppenhaus.«

Ich sprang auf.

»In deinem Zimmer bist du besser aufgehoben.«

Ich stieß die Tür ganz auf und wurde vom Licht geblendet.

»Und bleib weg vom Fenster!«

Klar.

Dann fragte ich Sophie, wie sie sich fühlte.

Sie sah mich nachdenklich an.

»Schließlich war sie meine Mutter.«

Sie suchte nach Worten.

»Ich fühle mich wie eine Waise.«

Ich zog meine Zimmertür zu. Mamas Band lag neben meinem Messer unter der Matratze. Ich setzte mich aufs Bett und streichelte die Seide. Im Hof massakrierten Blechinstrumente und Trommeln Chopins *Trauermarsch*. Ich näherte mich dem Fenster. Öffnete es, hinter dem Vorhang verborgen. Und suchte nach Loiseau. Er war nicht dabei. Nicht bei den Trommlern, nicht bei den Bläsern. Bei den Signalhörnern sah ich Klein Malo und Brillat, das Würstchen. Und Jesson, der so stolz auf seine Militärtrommel war. Alle Zöglinge waren als Matrosen verkleidet, unsere Uniform für festliche Ereignisse. Und die Instrumente waren mit schwarzem Krepp umhüllt.

Ich konnte den üblichen Blick der Leute auf diese Leichtmatrosen erahnen. Und ihr Gerede.

»Und Sie sind sicher, dass das Häftlinge sind?«

Pater Bricout eröffnete den Trauerzug. Er trug ein besticktes violettes Habit über seiner Soutane und war von vier Ministranten umgeben, deren ältester ein großes Kreuz schleppte. Dann kam der Spielmannszug von Haute-Boulogne. Dahinter hatten sich Sophies Bruder und die anderen Baretträger eingereiht.

»Keine Feuerkreuzler an der Spitze des Zuges, nur Familie!«, rief Sophie.

Der Zug stockte kurz. Sophie legte den Arm ihres Bruders um die Schultern ihres Mannes und platzierte die beiden hinter der Kutsche. Angehörige und Nachbarn drängelten als Erste hintendrein, dann die Genossen mit den roten Einstecktüchern, die Fischer und die Frauenrechtlerinnen. Ohne ihren Hauptmann hatten die Feuerkreuzler Probleme, sich einzuordnen. Also beschlossen sie, zwei links, zwei rechts, die Prozession einzurahmen, als wären sie zu deren Schutz da.

*

Ich war eingeschlafen und kam erst am frühen Nachmittag wieder aus meinem Zimmer herunter. Die Gefahr war vorbei. Die Gäste aus Haute-Boulogne waren gegangen, ebenso wie viele Nachbarn. Das Büffet war vernichtet. Überall lagen leere Krüge herum, sogar im Gras auf dem Hof. Es war die Stunde der quäkenden Kinder, der Beichten und der betrunkenen Schwüre.

Perig stritt hinter einem Baum mit einem Gleichaltrigen, den er am Kragen gepackt hatte. Er sprach leise und wirkte ängstlich.

»Käpt'n?«

Ronan lächelte mich an.

Müdes Gesicht, glänzende Augen, Pappmascheestimme. Das Glas zu viel.

»Du warst verschwunden, Decksjunge?«

Hab nur geschlafen.

Ich zeigte auf die beiden Jungs hinter dem Baum.

Ronan nickte.

»Das ist Matthieu, der Decksjunge, für den du an Bord bist.«

Er riss ein Zigarettenpäckchen auf. Hielt mir eine hin. Plötzlich zeigte sich Anspannung in seinem Gesicht.

»Scheiße, Gefahr von Backbord!«

Francis Mével und seine Männer kamen auf uns zu.

»Ein letztes Glas, Hauptmann?«

»Wieso letztes?«, gab der ohne ein Lächeln zurück.

Und trat direkt vor mich hin.

»Die Mütze!«, flüsterte Ronan.

Ich setzte sie wieder auf.

Mével, die Hände in den Seiten: »Neu hier?«

Die hellen Augen irritierten mich. Ich nickte schweigend.

»Darf ich dir meinen Neffen Jules vorstellen?«, sagte Ronan lächelnd.

Der Hauptmann ließ mich nicht aus den Augen.

»Yanns Sohn?«

»Genau.«

Schweigen.

Diese Augen durchschauten bestimmt jede Lüge.

»Und was machst du auf der Insel, Yanns Sohn?«

»Er macht den Decksjungen, bis Matthieu Bihan wiederkommt.«

Mével würdigte seinen Schwager keines Blickes. Er verhörte mich.

»Seit wann bist du hier?«

»Seit 15. August«, sagte der Käpt'n.

Der Hauptmann beugte sich vor. Ich wich seinem Blick aus, um das Abzeichen an seinem Jackenaufschlag zu studieren. Ein bronzener Totenkopf auf einem vergoldeten Feuerkreuz und zwei gekreuzten Schwertern. Das Emblem trugen alle fünf neben ihren militärischen Auszeichnungen. Ich hatte es schon in der Anstalt gesehen. An Napoléon. Auch an Le Goff, aber nur ein einziges Mal. Nach dem Aufstand im Februar. Zwischen der Rosette der Ehrenlegion und seinem Orden. Aber der Bock hatte ihm befohlen, es abzunehmen.

»Wir sind hier nicht bei der Nationalversammlung!«, monierte er während des Mittagessens. Die ganze Kantine lachte, ohne zu verstehen. Es war das erste Mal, dass Le Goff öffentlich gerügt wurde. Danach hat er sich zwei Tage lang an uns gerächt.

»Du schaust auf mein Abzeichen?«

Ich nickte.

»Gefällt es dir?«

»Der Vater von einem Freund hatte auch so eins.«

Der Hauptmann entspannte sich.

»Der Totenschädel ist zu Ehren unserer Gefallenen.«

Ronan war zu uns getreten.

»Los, Decksjunge, du hilfst mir jetzt beim Aufräumen.«

Der Hauptmann wies ihn zurück.

»Du erlaubst, Kadarn?«

Er nahm Haltung an. Dieser Blick!

»Hast du schon etwas von den Feuerkreuzlern gehört?«

»So lala«, sagte ich.

»So lala?«

Er lachte, und seine Männer lachten mit.

»Wie, so lala?«

Ich war verlegen. Weil ich keine Ahnung hatte. Das Wort hatte ich schon mal gehört, in Gesprächen. Und in den Zeitungen des Direktors gelesen, aber mehr wusste ich nicht. Sie prügelten sich öfter mit der Polizei. Und Alain konnte sie nicht leiden. Das war alles.

»Du willst ihn nicht zufällig rekrutieren?«, fragte Ronan sarkastisch.

»Stell dir mal vor, Kadarn! Ein nationaler Freiwilliger an Bord der *Sainte-Sophie*!«

Ronan wirkte angespannt.

»Sonntagabend machen wir eine Informationsveranstaltung. Hast du Lust zu kommen, Decksjunge?«

Ich schaute Ronan an. Er war blass geworden.

»Kamerad Leroy tritt auf, der Führer der Sektion Lorient.«

»Ich glaube, meinem Neffen ist das egal«, sagte Ronan.

Er musste sich setzen.

»Ist dir das egal, Decksjunge?«

»Nein«, sagte ich.

Noch nie hatte mir Ronan so einen Blick zugeworfen.

Der Hauptmann strich über seine ordenbehängte Brust.

»Vorbeischauen verpflichtet ja zu nichts.«

Er legte seine Hände auf meine Schultern.

»Danach weißt du besser Bescheid als so lala.«

»Probleme?«

Sophie war unserer kleinen Versammlung beigetreten.

»Überhaupt nicht, nur dass mein Neffe zu den Feuerkreuzlern will.«

Sie sah ihren Mann an, ihren Bruder und warf mir dann einen fragenden Blick zu.

»Soll das ein Witz sein?«

»Leider nein«, knurrte Ronan.

Er lockerte seine Krawatte und lehnte sich an einen Baum.

»Dein lieber Bruder hat ihn zu ihrer nächsten Versammlung eingeladen.«

Francis Mével lächelte. Seine Männer nahmen sich noch ein Glas vom Fass.

»Wir sollten uns sputen, Messieurs.«

Dann gab er mir die Hand, ohne zu lächeln.

»Also bis Sonntag, Neffe!«

*

Sophie war sprachlos. Ich verstand die Aufregung nicht. Auch nicht Ronans Blicke. Seit Tagen sprach keiner mehr von Haute-Boulogne. Die Ausbrecher waren alle gefasst. Wo war das Problem? Ich fühlte mich weniger frei. Die neue Anstalt beschränkte mich auf mein Zimmer, den *Freibeuter* und das Boot. Als hätten sie mich eingesperrt. Aus Eifersucht? Weil sie mich für sich behalten wollten? So ein Heimkind ist praktisch. Sardinen sortieren, Körbe schleppen, Netze flicken, Kutter, Haus und Fenster putzen, Wasser vom Brunnen holen und ansonsten das Maul halten? War ich nun frei oder nicht? Wenn ja, konnte ich doch zu jeder Versammlung gehen, zu den Kommunisten, den Faschisten, Regionalisten oder Laizisten. Vielleicht wollte ich zur Kommunion in der Christ-König-Kirche. Oder in die Anstalt, um an die Mauer zu schreiben: *Ich scheiß auf euch*. Das war doch Freisein. Das und noch viel mehr. Sieben hinter hohen Mauern verlorene Jahre nachholen.

Nachmittags, als die Veteranen und Fischer gegangen waren, legte Ronan sich hin. Ich half mit ein paar Frauen beim Abräumen der Gläser und der letzten herumstehenden Teller. Sophie fegte das Esszimmer.

»Ich mach das!«, sagte ich und nahm ihr sanft den Besen aus der Hand.

Den Zeigefinger auf den Lippen, sah sie mich an.

»Sprich mit mir, Jules.«

Ich bückte mich nach einer Birne, die unter den Schrank gerollt war.

»Was soll ich dir sagen?«

»Willst du Ronan auf den Arm nehmen?«

Ich richtete mich auf. Die Fragerei nervte.

»Wie kommst du drauf?«

Sie drehte die Handflächen nach außen.

»Mein Bruder verkörpert alles, was mein Mann bekämpft.«

»Das ist eure Familiengeschichte, nicht meine.«

Sie wurde lauter.

»Ronan hat dich beschützt, mein Bruder hätte dich verkauft. Das hat nichts mit der Familie zu tun, begreifst du das?«

»Und?«

Ich ließ den Besen fallen, dass der Stiel auf den Boden knallte. Und setzte mich.

»Was soll das heißen?«

Sie hob den Besen auf.

»Mein Bruder und seinesgleichen haben deinen Knast gebaut!«

Ich dachte an Le Goff, Napoléon und das Abzeichen an ihrer Jacke.

»Dein Bruder?«

»Und seinesgleichen, ja. Für die bist du nicht würdig, ein Franzose zu sein.«

»Scheiß drauf!«

Ich reckte demonstrativ den Stinkefinger.

»Und was bin ich für euch?«

»Was meinst du?«

»Was ich für euch bin, für dich und deinen Mann.«

Sie überlegte kurz.

»Wir fühlen uns mit dir solidarisch.«

»Und deshalb sperrt ihr mich ein, ja?«

Ich hatte den Ton der Anstalt wiedergefunden.

»Ronan will dich schützen, du Blödian!«

Sie war außer sich.

»Und ich dich auch!«

Jetzt ließ sie den Besen auf den Fußboden fallen.

»Willst du wieder einfahren?«

Ich zuckte mit den Schultern.

»Nichts leichter als das. Dazu brauchst du nur deine Sträflingsklamotten und eine Trommel.«

Sie marschierte im Stechschritt durchs Wohnzimmer wie ein Tambour und ließ die imaginären Stäbe wirbeln.

»Ich, Jules Bonneau, habe die Freiheit satt!«

Dann fegte sie die Gemüseschalen auf dem Tisch zusammen und warf sie mir ins Gesicht.

»Ich, Jules Bonneau, bin sieben Jahren lang in meinem Käfig auf und ab getigert. Und heute spiel ich mich auf, weil ich wieder reinwill.«

»Ich spiele mich auf?«

»Die Leute wollen deinen Kopf. Wenn du zu ihnen hingehst, spielst du dich auf, klar!« Sie zeigte auf mich, die Haare fielen ihr in die Stirn. »Und sie haben ja recht! Du bist nur eine aufgeblasene, dreckige Kröte!«

Ich stand auf.

»Du verdienst uns nicht! Hast du gehört, Bonneau? Du verdienst uns nicht!«

Dann ging alles sehr schnell in meinem Kopf. Meine Jacke schnappen, meinen Seesack, mein Messer, das Band meiner Mutter und weg.

»Ich gehe!«

Ronan schaute durch die halb geöffnete Treppentür.

»Setz dich! Du gehst nirgendwohin.«

»Willst du mich dran hindern?«

»Will ich.«

Eine furchterregende, ruhige Kraft ging von ihm aus.

Er zeigte auf einen Stuhl. Er war ganz entspannt. Schenkte sich Wasser aus dem Krug ein.

»Setz dich, Sophie.«

Sie stand mit verschränkten Armen da.

»Bitte, Frau, so kommen wir nicht weiter.«

Sie setzte sich. Mit gesenktem Kopf nahm ich auch wieder meinen Platz ein.

Eine Birnenschale hing noch auf meiner Schulter.

Wir mussten uns erst beruhigen. Sophie knetete ihre Schürze, und mein angewinkeltes Bein zuckte unter dem Stuhl.

Ronan schwieg lange, die Ellbogen auf dem Tisch, die Hände gefaltet.

Dann sah er mich an.

»Weißt du, wer vor dir in der Zelle saß?«

»In der Anstalt?«

»Ja, in Haute-Boulogne.«

Ich schüttelte den Kopf. Nein, wusste ich nicht.

Er schenkte mir ein Glas Wein ein.

»Hoffentlich magst du Geschichte.«

Ein bisschen, ja.

»Hast du schon mal was vom Juniaufstand 1848 gehört?«

Ein Lehrer hatte das im Unterricht erwähnt. Zum Glück, sagte er, hätten die Zweite Republik und die Ordnungspartei damals den sozialistischen Aufstand in Paris niedergerungen.

Ronan lächelte.

»So kann man es auch sehen.«

Ob ich wisse, wann die Anstalt erbaut worden sei.

Nein, das wusste ich nicht.

Eigentlich hing alles mit allem zusammen. Die Ereignisse vom Juni 1848 hatten den Lagerbau auf dem Glacis der Vauban-Zitadelle beschleunigt. Das Gefängnis wurde später zu einer Strafkolonie und schließlich zur Korrektionsanstalt für Kinder und Jugendliche. Der Lehrer hatte nur vergessen zu erwähnen, dass die ersten Insassen Aufständische aus Paris waren.

»So was wie deine Kumpel also?«

Ronan lächelte.

»So was Ähnliches, könnte man sagen, ja.«

Sophie ließ ihren Mann nicht aus den Augen.

»In vier Tagen wurden also 5 000 Kumpel in den Kämpfen getötet, 1 500 ohne Gerichtsurteil erschossen und 25 000 verhaftet.«

Der Wein war lauwarm.

»Und Hunderte Kumpel waren hier eingesperrt, bis der Kriegsrat sein Urteil fällte oder ein Schiff sie nach Neukaledonien deportierte.«

Er goss sich noch einen Schluck ein.

»Und deine Kumpel aus dem zweiten Block, wie hießen die?«

»Ihre Namen?«

»Namen, Spitznamen, was du willst.«

Ich fuhr mit dem Finger über den Rand des Glases.

»Camille Loiseau, Moysan, Trousselot, Carrier, Klein Malo, Soudars, Auzenet.«

»1850 hießen sie Auguste Blanqui oder Armand Barbès.«

Nie gehört.

»Und 1866 wurde deine Anstalt zum Bagno.«

»Ein Kindergefängnis?«

»Nein, ein Zwangsarbeitslager für Erwachsene«, erklärte Sophie mit ihrer sanften Stimme.

»Ihr Kinder seid erst später gekommen, 1880. Bis dahin haben sich die Kommunarden an euren Wänden die Köpfe blutig gestoßen.«

Ich sah Ronan an, dann Sophie.

»Warum erzählt ihr mir das alles?«

»Weil die Helden meines Bruders immer auf der einen Seite der Mauer waren und wir auf der anderen«, sagte Sophie lächelnd.

Und entschuldigte sich dann dafür, dass sie mich vorher so angefahren hatte.

*

Wir hatten den Tisch verlassen. Gegen neun Uhr abends zog jemand heftig an der Glocke. Ich war auf meinem Zimmer und konnte durchs Fenster sehen, dass Perig aufgelöst auf der steinernen Bank saß und heulte. Ich lief hinunter. Aber er wollte nicht hereinkommen, sondern blieb draußen sitzen. Schauer liefen ihm über den Rücken.

»Bring ihm ein Glas Wasser, Decksjunge!«

Sophie hatte sich neben ihn gesetzt, Ronan stand, ich hatte ein Knie auf der Erde und half ihm beim Trinken. Das gelbe Licht vom Giebel machte die Szene dramatisch.

»Der Decksjunge war's!«, sagte Perig immer wieder.

»Was?«

Sophie streichelte ihm den Rücken.

»Matthieu Bihan.«

Sie hätten auf dem Begräbnis gestritten, aber niemand habe darauf geachtet.

Perig sah mich an und erhob dann seine tränenerfüllten Augen zu Ronan.

»Verzeiht, ich mache mir solche Vorwürfe. Verzeiht …«

Ich hatte verstanden.

Sprang auf. Packte ihn grob an den Schultern.

»Du hast es ihm gesagt?«

Er klagte und jammerte. Ich schüttelte ihn.

»Hast du mich verraten?«

»Nein!«

Er wedelte wild mit den Händen.

Ich packte ihn am Kragen, holte aus, aber Ronan stoppte meine Faust mit der offenen Hand und brach mir dabei fast die Finger. Wie ein stählerner Schraubstock. Ein furchtbarer Schmerz. Sophie schrie auf. Ronan presste seine Stirn gegen meine und warf mich auf den Kies.

»Bleib liegen, Kröte!«

Ich war verdutzt, verblüfft, aber ich wusste, dass Ronan recht hatte. Ich hätte den Jungmann töten können. Hinauflaufen, mein Messer holen und ihn abstechen. Aber ich gab auf. Ich war verdattert und erleichtert zugleich. Perig war unverletzt.

Ronan hatte seinen Fuß auf die Bank gestellt.

»Was soll ich mit dir machen, Jungmann?«

Der flehte immer noch um Vergebung. Bis zum Erbrechen.

Sophie setzte sich neben mich ins Gras und legte mir den Arm um die Schulter.

»Die Kröte ist tot«, murmelte sie.

Ich sah sie an. Ihr strahlendes Lächeln. Ich verdrückte eine Träne.

»Du verdienst uns so sehr, Jules.«

Im Kielwasser des Kummers hauchte sie mir einen Kuss auf die Wange.

»Wir sind stolz auf dich.«

Wir gingen ins Haus. Perig schluchzte immer noch. Sophie goss ihm eine Schale Cidre ein, gab ihm ein gefaltetes Taschentuch und setzte sich neben ihn.

»Was hat Mattieu gesagt?«

»Dass ihr einen Verbrecher versteckt und er euch anzeigen wird«, antwortete Perig mit gesenktem Kopf.

Ronan lehnte mit dem Rücken an der Tür.

»Und wann? Hat er dir das auch gesagt?«

»Nein, hat er nicht.«

»Bonneau, du musst heute Nacht noch weg. Ich bring dich woanders unter.«

Der Jungmann sah mich an.

Und begann wieder zu schluchzen.

»Bin ich schuld?«

»Was glaubst du?«, erwiderte Sophie sanft.

»Aber wenn ihr bezahlt, sagt er vielleicht nichts.«

Er schnäuzte sich lautstark.

Ronan beugte sich zu ihm hin.

»Kannst du das noch einmal wiederholen?«

Perig zögerte.

»Wann sagt er vielleicht nichts?«

Sophie legte ihre Hand auf Perigs Unterarm, so wie sie kranke Zöglinge in der Anstalt beruhigte.

Sie lächelte.

»Den ganzen Satz, Perig.«

Er dachte nach.

»Für Geld ist er bereit zu schweigen.«

Der Käpt'n legte die Hände auf seinen Kopf.

»Und hat er dir auch gesagt, für wie viel?«

»10 000 Franc.«

»So viel wie für fünfhundert Flüchtlinge«, bemerkte Sophie.

Der Käpt'n beobachtete seinen Jungmann.

»Und wenn ich drauf einginge, was würde er dann fordern? 20 000?«

Perig schüttelte den Kopf.

»Nein, er hat gesagt, er braucht 10 000 Franc.«

»Und weiß er auch, dass es mit der *Sainte-Sophie* für ihn vorbei ist?«

Perig wand sich ein bisschen.

»Er hat vor zwei Wochen auf einem Muschelfischer in Saint-Brieuc angeheuert.«

»In Saint-Brieuc?«, wiederholte Sophie.

Ronan sah seine Frau nachdenklich an.

»Um ans Ende der Welt zu fliehen, braucht man Geld.«

Perig war nervös und hatte die Tür und die Fenster im Auge.

»Erwartest du noch jemanden, Jungmann?«

Dann ertönte die Glocke, mitten in der Nacht. Der Käpt'n öffnete.

»Probleme, Jungs?«

Alain und Pantxo kamen herein.

Im Laufe des Nachmittags hatte Perig ihnen alles erzählt.

Der Baske war immer noch wütend.

»Bei mir zu Hause würde man das Schwein in der Bucht von Txingudi wiederfinden.«

Alain wirkte eher unglücklich.

Pantxo war an der Tür stehen geblieben. Mit seinem Schlechtwettergesicht.

Ronan warf ihm einen fragenden Blick zu.

»Einmal durchatmen. Und jetzt beruhigen sich alle mal.«

Er stellte eine Reihe Gläser auf den Tisch. Alain trank seines in einem Zug aus. Pantxo schien seines gar nicht zu sehen.

»Und was sagst du zu dem allen, Bonneau?«

Alain beobachtete mich. Mir war, als könnte er in mir lesen wie in einem Buch.

»Ich gehe weg«, sagte ich.

Und dachte es auch. Ich wusste nur nicht, ob ich den Mut dazu finden würde. Und vor allem: Wohin? Ich war eine Last für alle, eine Sorge, die zu groß für sie war. Und ich brachte Leben in Gefahr.

»Und wo willst du hin?«

Ich betrachtete mein Glas und gab keine Antwort.

Plötzlich begann Alain zu lachen. Riss den Mund auf und fletschte die Zähne wie ein Raubtier. Das hatte fast etwas Irres.

»Nein, Decksjunge. Du gehst nirgendwohin!«

Er drehte sich zu Pantxo um.

»Hol dein Spiel raus, Kamerad!«

Der Baske schwenkte stolz den grünen Stoffbeutel, den er unter seiner Jacke trug.

Ronan ahnte Unheil.

»Ihr habt doch keine Dummheiten gemacht, Männer?«

»Nur ein bisschen Freibeuter gespielt, aber in echt!«, erwiderte Alain.

»Und ein paar Gimpel unauffällig um ihre Penunzen erleichtert«, grinste Pantxo.

Er leerte den Inhalt seines Beutels auf den Tisch. Ein Durcheinander von Münzen und Scheinen.

»Stimmt schon fast«, stellte Alain lächelnd fest.

Ronan sog die ganze Luft des Raums in sich ein.

»Ihr seid ja verrückt!«

Er betrachtete den kleinen Schatz. Strahlend.

»Wie ich euch liebe, meine Halunken!«

Dann stand ich auf. So brüsk, dass mein Stuhl hinter mir umfiel. Seit Perigs Tränen hatte ich aufgehört zu atmen. Ich war überall nutzlos und für alle gefährlich. Vor meinen Augen tanzten die braunen Umschläge mit der Heuer. Ich wollte dich bestehlen, Ronan! Ich war so nah dran! Ich wollte dir das Geld für die Mannschaft, Sophies Erbe, die schöne Seekarte, die goldenen Löffel klauen. Vielleicht wäre ich sogar mit deiner Glasmenagerie oder deinen Zinnsoldaten abgehauen. Ich habe es nicht getan, aber ich hätte es gekonnt. Und vielleicht wäre es besser gewesen. Dann wärt ihr von dem Verbrecher befreit. Ronan, du weißt, dass ich einer bin. Ein Schläger aus der Anstalt, den du auf dein Boot und in dein Haus gelassen hast. Keine bemitleidenswerte Waise, die unter einem Kapo schluchzt, sondern eine Kröte. Eine echte Kröte. Ein räudiger Schakal ohne Vater, ohne Mutter, ohne einen Funken eurer Menschlichkeit. Niemand kann aus seiner Haut. Ich versuche ja, meine Verbrechervisage abzumildern, das Rohe abzuschmirgeln, die Hyänenzähne herunterzuschleifen, aber der Geier in mir scharrt schon mit den Krallen.

Was glaubst du, Ronan, Käpt'n? Dass ich der Gnade teilhaftig werde, nur weil du Fische und Brot vermehrst? Ja, ich habe mein Lebtag gehungert, gefroren und gedürstet. Aber weißt du was, Ronan? Dafür räche ich mich. Hast du gesehen, wie ich mir von der Cotriade nehme? Die besten, die fettesten Stücke für mich. Jedes Mal. Von deinem Wein fülle ich mein Glas stets randvoll. Unter dem nächtlichen Zeltdach wickle ich ein Stück Decke um mein Bein, um sie später zu mir zu ziehen, wenn ihr alle schlaft. Weißt du was, Alain? Manchmal habe ich beim Einholen des Netzes nur so getan, als ob ich mitmachte, die Beine eingeknickt, die Arme gestreckt, den Rücken gebeugt, und euch alleingelassen mit der Last des Fangs. Was hast du dir erhofft, Kommunist? Dass ich mit dir gegen das teure Leben demonstriere? Ich scheiß auf deine Kämpfe. Wenn ich die Faust erhebe, dann für mich. Was hast du erwartet, Baske? Dass ich dir das Hemd und die Hose zurückgebe, die du mir zum Begräbnis der Alten geliehen hast? Niemals, klar? Die liegen ganz unten in meinem Seesack. Was denkst du, schöne Sophie? Ich war immer nur eingesperrt. Die einzigen Frauen, die mir je Erleichterung verschafften, waren solche in Unterwäsche auf den Reklamebildern der Kataloge. Für dich bin ich ein Kind, dabei bin ich einundzwanzig. Weißt du, dass ich, um einzuschlafen, nachts in der Anstalt dir deinen weißen Kittel aufgeknöpft habe?

Und so was wollt ihr retten? Einen tollwütigen Hund? Für diesen Schuft, diesen Dieb, diesen Lügner, diesen Zuchthausschläger wollt ihr eure Ersparnisse angreifen? Warum, verdammt? Mit welchem Recht? Erklärt mir das! Was habe ich euch getan? Womit hätte ich eure Güte verdient? Wisst ihr was? Ich pfeife auf eure Barmherzigkeit! Eure Solidarität ist mir zuwider. Was glaubt ihr, wem ich am ähnlichsten bin?

Matthieu Bihan. Dem Schwein, dem Verräter, dem Judas, der sein Linsengericht frisst und sich auf seinen dreißig Silberlingen einen abwichst. So jemanden habt ihr aufgelesen. Lasst mich lieber fallen, bevor ich euch wirklich was antue. Geht mir aus dem Weg, den Augen, dem Leben. Gestattet mir, vor euch zu fliehen.

Mein Stuhl war umgefallen. Und ich mit ihm. Ein schrecklicher Schmerz schoss in meinen Nacken, mein Herz war zermalmt. Ronan hob mich auf und trug mich zum alten Sofa.

»Lasst ihm ein bisschen Luft«, ordnete Sophie an.

Ich schlug die Augen auf. Mein Blick war vernebelt. Wie auf dem Kutter mitten im Wind. Das Zimmer drehte sich langsam um mich. Die Stimmen klangen verschwommen, tief, entstellt. Wie bei einem Phonographen, wenn die Kurbel am Ende ist. Ich atmete mit offenem Mund wie ein Fisch. Ergreifend. Sophie legte mir ein feuchtes Tuch auf die Stirn. Der Baske befeuchtete meine Lippen mit herbem Cidre. Alain schlug sich mit der Faust in die Hand. Wie ein verärgerter Boxer den Ring betritt.

»Du brauchst dir um nichts mehr Sorgen zu machen, es ist vorbei, wir bezahlen«, murmelte Ronan.

»Ich bin dagegen!«

Diese Fistelstimme! Lächerlich. Ein Bild kam mir in den Sinn, eine Vignette von Daumier in einem alten Schulbuch. Ein Tribunal. Ein dünner, kleiner Mann mit Glatze und Zwicker auf der Nase, steht, in einen karierten Anzug gezwängt, auf einer Holzkiste, um auf der Höhe der Richter zu sein. Mit einer Spatzenhand klammert er sich an den Zeugenstand, reckt die andere zum Stuck an der Decke empor, steht schwankend auf den Zehenspitzen und quiekt: »Ich protestiere!«

Dieses Männlein war ich, umgeben von Riesen.

*

Mitten in der Nacht übergab Perig im Hafen von Le Palais Matthieu Bihan das Geld. Die Kollekte hatte nicht ganz die erwünschte Summe ergeben, 600 Franc fehlten. Der Verräter war nicht allein gekommen. Der Mann, der ihn begleitete, verharrte aber, auf einen Stock gestützt, im schützenden Dunkel einer Mauer. Als Perig gestand, dass die Mannschaft nicht mehr aufbringen könne, habe der Unbekannte geantwortet: »Ist gut so.«

Dann seien die beiden gegangen.

»Ich würde sagen, das war sein Chef.«

Zwei Tage blieb ich im Bett. Geschüttelt von einer Mischung aus Fieber, Scham und Groll. Meinem Gefühl nach hatte ich laut geschrien, in Wirklichkeit aber nur stumm gedacht. Der Kutter war wieder ausgelaufen. Ich war mit Sophie allein im Haus. Sie bekam oft Besuch, tagsüber, abends, nachts. Von Anfang an hatte ich die Schatten bemerkt, das diskrete Kommen und Gehen zwischen dem Küstenweg und der lavendelblauen Tür. Hörte den Schlüssel im Schloss vor und nach jeder Visite. Sophie sperrte sich mit ihren Patientinnen ein, wie in der Anstalt. Doch empfing sie nur Frauen, oft allein.

Nur einmal, morgens, war ein Mann dabei. In Begleitung

eines Mädchens. Kam aber nicht rein, sondern wartete draußen auf einer Bank, bis die Visite vorbei war.

Ein andermal wurde ich nachts von Motorengeräuschen und ersticktem Weinen geweckt. Im gelben Scheinwerferlicht sah ich eine junge Frau mit breitkrempigem schwarzem Hut im Hof, am Arm einer älteren Dame. Ich öffnete meine Zimmertür einen Spaltbreit.

Und hörte sie unten vor der Treppe flüstern.

»Das hättest du vorher bedenken müssen, meine Tochter.«

»Das ist nicht sehr hilfreich!«

»Was denn? Soll ich dir dazu gratulieren?«

»Aber Mama ...«

»Nicht so laut, bitte, da ist noch jemand im ersten Stock.« Sophies ruhige Stimme.

Der Schlüssel wurde umgedreht. Und dann erstickte die blaue Tür die Stimmen.

Ein paar Tage früher, wir kamen gerade vom Fischen, Ronan und ich, saßen wir auf dem Karren des alten Moses. Der sang ein bretonisches Lied für Henri Queuille. Das war sein Ding, die Bretagne. Nur sie allein. Auf seinem Karren klebte neben einer Jungfrau mit Kind ein Stich von Königin Anne. Und zwischen den Seitenwänden klemmte eine kleine bretonische Fahne. Wenn der Alte sein Glas hob, stemmte er sich theatralisch von seinem Sitz empor und rief: *»Breiz Atao!«*

Wenn wir auf der Straße an Bildstöcken vorüberfuhren, bekreuzigte er sich, wenn eine Trikolore auftauchte, wandte er den Blick ab. Frankreich bezeichnete er als *»Toull Foer«*,

Scheißloch. Er war ein Anhänger der bretonischen Nationalpartei. Wenn man in seiner Gegenwart Francis erwähnte, Sophies Feuerkreuzlerbruder, zog er hörbar den Rotz hoch und spuckte zwischen seinen Stiefeln und seinem Pferd aus.

An diesem Abend hatte ich Ronan gefragt, was Sophies Patientinnen eigentlich fehlte. Was diese Schatten quälte, die heimlich durch die blaue Tür ins Krankenzimmer schlichen. Er betrachtete den Kopf seiner Pfeife, riss ein Streichholz an und tat einen tiefen Zug, den Blick in die Wolken gerichtet. Grauer, leichter, dann schwererer, fetter, duftender Rauch stieg auf. Er genoss ihn mit geschlossenen Augen.

»Frauenleiden«, sagte er schließlich.

Ich sah ihn an. Er beobachtete das Licht am Horizont, das schon vom Herbst kündete.

»Frauenleiden?«

Er wandte den Kopf, lächelte mir zu.

»Ja, Frauenleiden.«

*

Es fiel Perig nicht leicht, seinen Platz an Bord wieder einzunehmen. Mir auch nicht. Er der Verräter, ich der Verratene, geteilte Scham, gemeinsame Abscheu.

Sophie hatte versucht, ihn zu beruhigen.

Ich hatte ihm geholfen, die Sardinen zu schichten, vierhändig im Fisch.

»Bist du mir böse?«

Ich dachte an den winzigen Verrat Camilles, den Chautemps gezwungen hatte, Auzenet anzuschwärzen. Und an seinen zerschundenen Leib.

»Ich bin dir nicht böse, Jungmann.«

Alain zog das Ruder ein und brummte: »Zum Glück hab ich den Scheiß wieder ausgebügelt!«

Er und Pantxo hatten Geld geschnorrt, von Zufallsfreunden, Verbündeten aus Eigennutz und Angebern, die sich nur allzu gern wichtigmachten. Wie der eingebildete Le Du, der mit dem neuen Dieselmotor am Arsch seines Kutters die Luft in der Bucht verpestete. Oder Biard, Besitzer eines Dreimastschoners, der Spaß daran hatte, die Sardinenfischer in seinem Kielwasser hüpfen zu lassen. Aber was konnte er ihnen sagen? »Wir verstecken einen Ausbrecher an Bord der *Sainte-Sophie* und werden von unserem ehemaligen Decksjungen deshalb erpresst«? Undenkbar.

Also beschlossen sie, Line Mével posthum die ganze Last aufzubürden. Und strickten um sie herum eine perfide Legende.

Sie habe getrunken und mit Geistern gesprochen. Jahrelang habe sie im Geheimen Kartenlegerinnen, Wahrsagerinnen, Heilkundige aufgesucht und sämtliche Seherinnen der Insel konsultiert. Sie sei dabei gesehen worden, wie sie auf dem Grab von Naïa, der Hexe von Rochefort, tanzte und auf einer Druidenversammlung merkwürdige Gesänge anstimmte. Sie habe gelernt, aus Thymianblättern und Kaffeesatz die Zukunft zu lesen, und auch, wie man andere verflucht und sich selbst vor Flüchen schützt. Irgendwelche Quacksalber hätten ihr eingeredet, dass Ronan und sein Boot im Banne eines Zaubers stünden und ihre bedauernswerte Tochter von einem Korrigan der Dolmen verführt worden sei. Außerdem habe Line im Rahmen eines geheimen Ritus Merlin zu einem Pakt mit Ankou überredet, damit der Todeskarren sie nicht mitnehme.

Natürlich sei das alles Betrug und Spökenkiekerei gewesen, aber die Alte habe felsenfest daran geglaubt und, was noch schlimmer sei, einen Batzen Geld für diesen Unsinn bezahlt. Am Ende habe sie bis zum Hals in Schulden gesteckt. Nichts habe sie hinterlassen, weder ihre Familie noch die Pfarrei oder die Gemeinde hätten etwas geerbt. Infolgedessen sei sie wie eine Bettlerin beerdigt worden, weshalb sich auch ihre Kinder über das Begräbnis in die Haare geraten seien.

Jetzt würden Sophie und Ronan für ihre Schulden aufkommen und einem Zauberer in Locmaria eine hohe Summe bezahlen. Um den Ruf von Line Mével nicht zu beschädigen und ihr Andenken in Ehren zu halten.

Diese Geschichte hatten sie im Großen und Ganzen allen Geprellten erzählt.

Alain grinste.

»Arme Line!«

Schließlich hatten sie mit ein paar Anekdoten aus dieser exemplarischen Katholikin und Todfeindin der *»folklore breizhou«*, wie sie sagte, eine heidnische Hexe gemacht.

Was sie behaupteten, war ungeheuerlich. Aber es hatte funktioniert. Und jeder, der die Geschichte geschluckt hatte, hatte auch bezahlt.

12.
GEJAGTES KIND

Einmal brachte Alain einen kleinen Mann zu uns mit.

»Jules, erinnerst du dich an den Herrn?«

Ja, ich erinnerte mich. Es war der Dichter aus dem *Freibeuter*, den wir erst für einen Bullen gehalten hatten.

Seither hatte er sich dreimal mit Alain getroffen, der musste Vertrauen zu ihm gefasst und ihm schließlich von mir erzählt haben. Das war mir sofort klar, als er ins Zimmer kam. Er gab Ronan und Sophie die Hand, ohne sie eines Blickes zu würdigen. Mich dagegen verschlang er geradezu mit den Augen. Die Zigarette zwischen den Lippen, schenkte er mir ein trauriges Lächeln, nachdem er seinen Hut gezogen hatte. Diese Fratze kannte ich. Und zwar von den feinen Damen, die an stillen Sonntagen die Anstaltsinsassen auf der Straße an sich vorbeidefilieren sahen.

Offensichtlich wusste das Männlein, wer ich war. Alain hatte mich verraten. Da war ich mir sicher.

Ich saß am Tisch, als die beiden hereinkamen. Erhob mich langsam, ohne den Fremden aus den Augen zu lassen.

Alain machte ein paar Schritte auf mich zu.

»Warte, Decksjunge, ich erklär's dir.«

»Was?«

Der Pariser kam näher. Zu nahe. Nagte schon an meinem Freiraum.

Er warf Alain einen fragenden Blick zu.

»Wenn Sie wollen, kann ich es ihm auch selbst erklären.«

Er hatte eine ernste, tiefe Stimme, rau von Wein und Tabak.

»Was erklären?«

Er blieb einen Meter vor mir stehen und streckte die Hand aus.

Ich nahm sie nicht.

Der Mann neigte lächelnd den Kopf zur Seite.

»Seien Sie versichert, junger Mann, dass ich nicht um Ihre Hand anhalte!«

Er machte eine kleine Verbeugung.

»Aber ein Händedruck wäre mir angenehm.«

Er war ein wenig außer Atem und hatte einen leicht verwaschenen Pariser Akzent.

Ich war wie versteinert und rührte mich nicht.

Sophie nahm mich am Arm.

»Am Tisch ist es doch viel besser!«

Ich setzte mich als Erster. Keine Ahnung, warum. Aber ich gab nicht klein bei, sondern fasste wieder Mut. Alain nahm gegenüber Platz, an der Seite des Dichters. Der nahm automatisch sein schwarzes Heft und seinen Stift heraus. Mir gefiel das nicht. Der ließ sich einfach hier nieder. Sophie machte eine Flasche Wein auf. Der Kerl glotzte mich immer noch an. Hob lächelnd sein Glas.

»Ihr Freund Alain hat mich Poet genannt, was höchst liebenswürdig von ihm ist.«

Er beugte sich vor.

»Wollen Sie wissen, was ich wirklich bin, Monsieur Jules?«

Der Kerl kannte sogar meinen Vornamen!

Er pausierte, den Finger erhoben, und machte runde Augen. Anscheinend erwartete er eine Antwort.

»Mir egal.«

Wieder lächelte er.

»Das ist ein guter Anfang.«

Er leerte sein Glas und hielt es gleich wieder Sophie hin.

»Eigentlich bin ich auch Träumer und Filmkünstler.«

»Weißt du, dass er einen Film gemacht hat?«, fragte Alain.

»Das Ding ist geschaukelt«, murmelte der Pariser.

Kumpelhafter Rippenstoß für Alain.

»Das ist der Titel«, sagte er lachend.

»Aber darum sollte sich unser Gespräch eigentlich nicht drehen.«

»In Paris wollten die Kameraden deines Bruders das Kino anzünden, in dem der Film lief«, erklärte Alain an Sophie gewandt.

Der Dichter prostete ihr zu.

»Seine Familie kann man sich eben nicht aussuchen.«

Sie nickte stumm.

»Was willst du, Poet?«

Meine Stimme, hart wie eine Faust.

Er hob die Hände. Spielte den Ertappten.

»Ich will gar nichts, Herr Wachtmeister!«, meckerte er.

Ich wollte schon aufspringen. Aber Ronan legte mir seine Hand auf den Schenkel. Der Mann gegenüber zündete sich eine Zigarette an.

»Ich bin hier im Urlaub. Und auf dieser Insel sind Dinge passiert, die mir nicht passen.«

Er beobachtete mich.

»Wollen Sie wissen, was?«

»Mir egal.«

»Sie haben recht, es ist nie zu spät, nichts zu tun.«

Er klappte sein Notizheft zu. Drehte sich um, um seinen Hut zu nehmen, den er auf die Stuhllehne gehängt hatte. Ich ärgerte mich über mich selbst. Das hier war nicht das Besuchszimmer der Anstalt. Und mir gegenüber saß nicht François-Donatien de Colmont mit seinen Bestien in Uniform, sondern ein Tourist, der gern lachte und mir nichts Böses getan hatte. Er war nicht mit dem Ochsenziemer gekommen, sondern mit seinem Stift. Wenn jemand zu viel geplaudert hatte, dann Alain. Und wenn dieser Kommunist und Streithammel, der Bullen und Pfaffen gleichermaßen gefressen hatte, ihm so viel erzählte, musste er verdammt viel Vertrauen in den kleinen Kerl haben.

Und jetzt hielt er ihn zurück.

»Warten Sie, Jacques!«

Beugte sich mit drohender Miene zu mir hin.

»Für wen hältst du dich, Decksjunge?«

Legte eine Hand auf die Schulter des Mannes.

»Dieser Herr hier verdient deinen Respekt.«

Der Dichter verneigte sich leicht.

»Wenigstens meine Absichten verdienen seine Aufmerksamkeit.«

»Und du redest mit ihm wie mit einem Schließer oder einem Schisser, das ist nicht richtig!«

Da hatte er recht.

»Der Mann macht nämlich auch Theater. Und zwar nicht für die Bürger. Er führt seine Stücke in besetzten Fabriken auf, für die Streikposten, die Arbeiter von Citroën, die Arbeitslosen oder so Nullen wie uns. Und du? Was machst du so in deinem Leben, Decksjunge?«

Noch hielt ich dem Blick des Dichters stand. Aber es fiel mir immer schwerer. Meine Augen brannten, seine lachten. Keine Chance. Er zündete sich noch eine Zigarette an. Und zog heftig daran.

»Was die Schattenseiten betrifft, sind Sie mir weit überlegen, Monsieur Bonneau.«

Ich sank auf meinem Stuhl zusammen.

»Ich mag keine Fremden«, stammelte ich.

»Und ich mag keine Gendarmen, keine Wärter, keine Ordensträger. Mangelnde Disziplin ist mein Treibstoff. Wir könnten uns verstehen, Monsieur Bonneau.«

Alain hatte ihm also auch meinen Nachnamen verraten. Aber das war jetzt auch schon egal.

Die Kröte verkroch sich wieder in ihrer Höhle.

Ronan hatte das bemerkt. Er nahm die Hand von meinem Bein. Sophie machte noch eine Flasche auf. Der Dichter legte seinen Hut wieder hin und strich mit der Handkante sein aufgeschlagenes Heft glatt.

»Wo waren wir?«

Den Wein, der in seinem Glas hin und her schwappte, ließ er dabei nicht los.

»Ach ja!«

Ein Schluck, dann wandte er sich wieder mir zu.

»Nachts habe ich in der Nähe meines Hotels Kinder schreien hören.«

Er war ans Fenster gegangen und dann hinaus vors Hotel. Dort sah er zwei Jungs, die Hände mit Gürteln hinter dem Rücken gefesselt, umgeben von einem Menschenauflauf.

Er blätterte in seinem Heft. Überflog seine Notizen. Und sprang vom Stuhl.

»Erwischt! Das war's!«

Er schaute mich an, den Stift in der Hand.

»Eine Frau hat gesagt, zwei hätten sie erwischt.«

Er habe nicht gleich begriffen, was da vor sich ging. Er hörte die Sirene vom Fort und die vom Leuchtturm, das Hupen und den Rumor auf der Straße, konnte sich aus den Einzelteilen aber kein richtiges Bild machen.

»Ich dachte, das waren Diebe.«

Mit der Zigarette auf den Lippen folgte er der kleinen Menge.

»Dem Pöbel!«, sagte er abfällig.

An einer Kreuzung hätten zwei Gendarmen einem dritten Kind Handschellen angelegt.

»Da sind mir erst ihre Gefängniskittel aufgefallen.«

Unsere schmutzigen weißen Hemden über den grauen Hosen.

»Und da …«

Er stöberte in seinen Notizen.

»Und da sagte mir einer von den Gesetzeshütern, dass sie ausgebrochen sind. Aber von wo?«

»Aus Haute-Boulogne«, war die Antwort.

Über die von Journalisten so genannten »Strafkolonien für

Kinder« habe er einmal einen Artikel im *Paris-Soir* gelesen. Mettray, Eysses und Belle-Île kamen am häufigsten vor.

»Da habe ich es begriffen. Und mir gleich aufgeschrieben, was so eine alte Krähe hinter den Kindern hergekrächzt hat.«

Er schnappte sich ein Wischtuch vom Tisch, band es sich um den Kopf, verzerrte sein Gesicht zu einer scheußlichen Grimasse und schrie: »Räuber!«

Ich zuckte zusammen. Fast hätte ich gelacht, aber das war nicht lustig. Er riss sich das Megärentuch vom Kopf und umklammerte sein leeres Glas.

»Arme Kinder!«

Schweigen am Tisch.

»Und ich konnte nichts tun.«

Sophie faltete das Tuch, um ihre Hände zu beschäftigen. Alain starrte auf seine Fäuste, Ronan schaute mich an. Der Poet blätterte in seinem Heft.

»Und sehen Sie, als ich Monsieur Alain das erzählt habe, konnte er sich nicht zurückhalten.«

Alains entschuldigender Blick.

»Voller Stolz hat er berichtet, dass ein Kind entkommen konnte.«

Mit den Worten des Poeten und ein paar Schluck Wein hatte mein Zorn sich verflüchtigt.

»Nur dass es ein Geheimnis war«, sagte ich mit tonloser Stimme.

Der Poet winkte müde ab. Dann reckte er einen Finger zur Decke.

»Wie Jean Cocteau schrieb: ›Ein Geheimnis hat stets die Form eines Ohrs.‹«

Er überflog seine Notizen. Wir beobachteten ihn schweigend.

»Ich habe einige von den sogenannten ehrbaren Leuten befragt. Einer hat mir erzählt, dass sich auch Sommerfrischler an der Kinderjagd beteiligt haben. Stimmt das?«

Die Frage ging an mich.

Ja, das stimmte. Sie waren mit Strohhüten, kurzen Hosen, Schmetterlingsnetzen und Rettungsringen unterwegs. Und stürzten sich voller Begeisterung in dieses unverhoffte Ferienabenteuer.

»Waren Sie dabei, als es losging?«

Ja, ich war dabei. Ich berichtete von Loiseau und dem Käse, der Schlägerei, dem Schlüsselbund des Schließers.

Der Dichter hob seinen Stift.

»Er hat ihm mit dem Schlüsselbund die Zähne ausgeschlagen.«

Er zündete sich eine neue Zigarette an.

»Ich notiere das, ich notiere.«

Ich erzählte von der Flucht, wie es weiterging und vom Ende.

Sophie runzelte sorgenvoll die Stirn.

»Ich möchte nicht indiskret sein. Aber was wollen Sie aus dem allen machen?«

Er wartete mit der Antwort, bis sie sein Glas nachgefüllt hatte.

»Den Schrei eines Kindes.«

»Einen Film?«, fragte Ronan.

Der Dichter lächelte.

»Wer weiß … erst einmal ein Gedicht.«

Ein Gedicht? Ich war enttäuscht. Gedichte waren da, um uns einzuschläfern. Zuckrige Wiegenlieder. Der Typ war für mich ein Reicher, der auf arm macht. Und Muscat aus Stielgläsern trinkt. Der von Mühe und Arbeit nichts versteht. Und höchstens an sich selber leidet. Ein Tänzer in Strumpfhosen. Seine Geschichten hatten mit uns nichts zu tun, seine Farben gab es nicht, seine Worte waren zu schlau, um in unsere Schädel zu gehen. In Haute-Boulogne hatte ich mal einen gekannt, der Gedichte schrieb. Er hieß Goujon und reimte *mer* auf *amer* oder *mur* auf *murmure*. Angeblich kam er aus Paris. Und hatte mit dreizehn schon eine Sammlung seiner Verse in einer Zeitschrift veröffentlicht, die auf den Boulevards angepriesen wurde. Ich glaube, das war gelogen. Ein einziges Mal hatte ich ihn ein Gedicht rezitieren hören. Hinter einem Mäuerchen, versteckt vor Wärtern und Kapos, vor Hohn und Spott. Ich erinnere mich nur an ein paar Worte: *»par-delà le vague des vagues«*. Was sollte das heißen, jenseits des Vagen der Wellen? Er ging mir auf die Nerven mit seinen Worten, seinen Gesten, seinem Getue. Er hielt sich für bedeutender als uns. Also zwangen Klein Malo und ich ihn, auf Knien sein Gedicht zu fressen. Zitternd kaute er auf dem Blatt herum. Und schluckte schließlich sein Gedicht.

»Mal sehen, ob du jetzt Reime scheißt«, sagte ich.

Und alle lachten.

Der Gast verstand unser Schweigen.

»Ein Gedicht ist für mich eine Form der Anklage.«

Er schlug sein Heft auf und sah uns der Reihe nach an.

»Wollen Sie ein paar Worte hören?«

Sophie nickte.

»Wollen Sie ein Stück davon hören, Monsieur Bonneau?«

Ich gab keine Antwort. Mir lag nichts daran. Eigentlich scherte es mich einen Dreck. Das würde mich bestimmt nicht über den Ozean tragen und auch Camille nicht zu uns zurückbringen.

Trotzdem stand er auf. Lehnte sich an die Wand. Wie Goujon, der Dichterling von Haute-Boulogne, wenn er sich entspannte.

»Soll ich?«

Alain nickte. Sophie sagte Ja. Ich starrte in mein Glas.

»Räuber! Taugenichts! Dieb! Strolch!
Über der Insel sieht man Vögel schweben,
Die ganze Insel ist von Wasser umgeben.«

Ich scharrte mit meinem Stuhl. Aber das war keine Absicht, das schwör ich.

»Sag, was dies Heulen bedeute?
Es ist die kinderjagende Meute
der tapferen ehrbaren Leute.«

Er klappte sein Büchlein vorsichtig zu.

»So weit bis jetzt.«

Schweigen.

»Und es wird *Gejagtes Kind* heißen.«

Alain schaute mich an.

»Nicht übel, was?«

Sophie hatte das Kinn auf ihre verschränkten Hände gelegt.

»Das sind ja gar keine Verse!«

»Nein, Worte.«

»Worte?«

Er hob das Glas an die Lippen.

»Ja, Worte. Manche nennen es Prosa.«

Da war er wieder, der nervige Ton von Goujon.

»Deshalb ist man auch gleich drin«, sagte Sophie.

Der Poet lächelte mich an.

»Gefällt es Ihnen?«

Ich wusste nicht, was ich sagen sollte. Er schlug sein Heft wieder auf.

»Und natürlich wird auch der Wärter vorkommen, der Ihrem Freund mit den Schlüsseln die Zähne ausschlägt.«

Ronan rückte sich auf seinem Stuhl zurecht und lächelte breit.

»Ich finde es gut.«

Der Dichter nickte ihm freundschaftlich zu.

»Schicken Sie es uns, wenn es erschienen ist?«

»Wenn ich wieder zurück bin, versprochen.«

»In Paris?«, fragte Sophie.

»In Saint-Germain-des-Prés.«

»Ist das ein Viertel?«

Er schüttelte den Kopf.

»Eher eine Angewohnheit.«

Ich hatte mein Glas ausgetrunken und leicht einen sitzen. Jetzt noch einen letzten Giftpfeil abschießen!

»Ich hatte einen Kumpel wie dich, der hat immer Sachen vorgelesen, um sich wichtigzumachen.«

Der Dichter stand auf.

»Ich mache das nicht, um mich wichtigzumachen, Monsieur Bonneau, sondern um Sie wichtig zu machen.«

Aber wen interessierte denn unser Leben? Die Anstalt, die Ungerechtigkeiten, die schlechte Behandlung, unsere klägliche Flucht? Wer würde sich ein Gedicht anhören, das mit »Räuber« anfing? Der Pariser wedelte mit den Händen.

»Alle, Sie werden sehen. Das schlägt jetzt schon die ersten Wellen.«

Er zog eine eingerollte Zeitung aus der Innentasche seiner Jacke.

»Hören Sie! *Détective*: ›INSEL DER REBELLEN‹. Der Titel geht über die ganze erste Seite«, erläuterte er, »und er ist mit dem Foto eines Zöglings illustriert, der ein Rad treibt. ›Ohne Pause, ohne Hoffnung, an ihre triste Pflicht geschmiedet wie der Zuchthäusler an seine eiserne Kugel, überleben die kleinen Gefangenen auf Belle-Île-en-Mer nur dank einer Illusion: dem Ruf des offenen Meeres folgen und fliehen.‹«

Er schlug mit dem Handrücken gegen das Papier.

»Ist das nicht schön?«

Er warf mir einen Blick zu.

»Hören Sie, Bonneau: ›Die meisterhafte, ergreifende Reportage unseres Sonderbeauftragen Henri Danjou‹!«

»Der ist mir am Hafen über den Weg gelaufen«, warf Ronan ein.

»Und da, schauen Sie!«, fuhr der Gast fort. »Vier Seiten nur über Sie!«

Er breitete die Zeitung inmitten von Gläsern und Weinrändern aus.

»Das müssen Sie sich mal vorstellen: Das größte französische Wochenblatt mit Lokalnachrichten macht am 6. September 1934 mit einem Titel und vier Seiten über Sie und Ihre Freunde auf.«

Er steckte die Hände in die Taschen.

»Und jetzt sagen Sie nochmal, dass sich keiner für Sie interessiert, Bonneau!«

Ich griff nach der Zeitung. Und sah Fotos von drei gut frisierten Männern, die offenbar zu unseren Verfolgern zählten, bei einem Glas auf der Terrasse eines Cafés in Le Palais.

»Die Herren Lorec, Kerjouan, Huchet auf der Suche nach den Meuterern.« Dann noch ein Bild von Gendarmen auf der Lauer.

Ich wollte ihm die Zeitung zurückgeben, aber er wehrte ab.

»Nein, behalten Sie sie. Das steht Ihnen rechtsfrei zu.«

Dann setzte er seinen Hut wieder auf, zündete sich eine neue Zigarette an und hustete.

»Heute ein Artikel, morgen ein Gedicht. Jetzt geht's los, sage ich Ihnen.«

Er war umwerfend. Während er sein Glas leerte, sah er mich die ganze Zeit an.

»Eine Bitte: Spotten Sie nie über einen Dichter, das macht Sie einem Gendarmen zu ähnlich.«

Sein sanfter, offener, herzlicher Händedruck.

»Ich habe mich noch gar nicht vorgestellt.«

Er hustete wieder.

»Jacques Prévert.«

Seine schützende Hand um meine, antwortete ich: »Jules Bonneau.«

13.
DIE FEUERKREUZLER

9. September 1934

Ich würde zu der Versammlung von Francis' Freunden gehen, sagte ich noch einmal.

»Aber warum, Herr im Himmel?«, fragte Ronan.

Das wusste ich nicht. Ich wollte mir diese Feuerkreuzler mal näher betrachten. Ich wollte hören, was sie zu sagen hatten. Sie stanken nach Schlägerei, das gefiel mir.

»Und was bringt dir das?«

»Er sollte mehr haben im Leben als die Sardinen und uns.«

Ronan lächelte über die Bemerkung seiner Frau.

»Wenn die dir ihre dreckigen Faschoideen in den Kopf setzen, bist du geliefert.«

»Mir setzt keiner was in den Kopf.«

»Die sind schlau, du wirst sehen.«

Du wirst sehen, hatte er gesagt. Ohne es gutzuheißen, hatte er gerade gebilligt, dass ich da hinging. Und warum auch nicht? Die Versammlung fand an einem öffentlichen Ort statt, und ich war der Neffe eines angesehenen Kapitäns. Was sollte daran gefährlich sein?

»Du könntest dort einen aus der Anstalt treffen. Das sind doch genau solche Leute, oder?«

Diese Bemerkung überhörte ich.

Auch Alain war einverstanden, dass ich zu dem Treffen ging, unter zwei Bedingungen: dass ich mich als kommunistischer Spion auf Erkundungsmission betrachtete und dass ich an einer Parteiversammlung der Kommunisten teilnähme.

»So kannst du dich zwischen ihnen und uns entscheiden.«

Ich wusste, dass er sich über mich lustig machte, und nahm es hin. Ich hatte die Waffen gesenkt.

»Eigentlich seid ihr nur neidisch auf seine Neugier«, sagte Sophie lächelnd.

Das gefiel mir.

Sophie fuhr mich hin. Sie ließ mich nicht direkt vor der Brasserie aussteigen, in der die Versammlung stattfand, sondern etwas weiter weg an einer Straßenecke.

Ich hatte mein Messer in der Tasche.

Vor dem Eingang standen zwei Fahnenträger Wache. Ehemalige Frontkämpfer mit Helm auf dem Kopf und Kriegskreuz am Revers. *Volontaires nationaux, Section de Lorient* stand auf den rot-weiß-blauen Standarten.

Einer warb für seine Zeitung: »Nicht blau, nicht weiß, nicht rot – verlangt das Monatsblatt der wahren Franzosen!«

Ich senkte den Kopf und zog mir die Mütze in die Stirn. Niemand fragte mich etwas. Das Hinterzimmer für die Versammlung war nicht sehr groß. Keine Bühne, kein Podest, nur ein Dutzend Bänke, vier Pulte für die Redner, ein Schreibtisch und eine Wasserkaraffe mit Gläsern. Ich setzte mich nah an der Tür auf eine der hinteren Bänke. Vor mir nur Rücken. Größtenteils Männer. Ein Priester in Soutane, ansonsten sommerliche Anzüge, Strohhüte, ein paar leichte Krawatten, Orden an den Aufschlägen. Ein paar Gehstöcke, zwei fehlende Arme, ein Rollstuhl aus Weidengeflecht neben der Tür. Und ein paar gepuderte Frauen, die mit ihren Männern da waren.

Francis Mével erkannte mich. Kam quer durch den Saal auf mich zu.

Ich stand nicht auf.

»Bist du den Bolschewiken entkommen?«

Er lachte.

Ich lächelte.

Seine sehr beweglichen Augen überwachten die Eintretenden, die Zögernden, das ganze Durcheinander.

Dann legte er mir seine Hand auf die Schulter.

»Scherz beiseite, es war mutig von dir, zu kommen.«

Er hockte sich neben mich. Deutete mit einer Kopfbewegung auf einen dicken Mann.

»Siehst du den Typen dort?«

Er hatte seinen Hut abgenommen und wischte sich die Stirn.

»Er heißt Cuvillier. Ist extra aus Lorient angereist.«

Jetzt fuhr sich der Mann mit dem Taschentuch unter den Hemdkragen.

»Der ist bei der Sûreté, ein Bulle.«

Ich erstarrte.

»Aber auch ehemaliger Frontkämpfer, also uns wohlgesinnt.«

Er stand auf, beugte sich zu meinem Ohr.

»Keine Angst. Sein Aufgabenbereich ist die Politik, nicht irgendwelche Ausbrecher.«

Er zwinkerte mir zu und kehrte mir den Rücken.

Ich klemmte meine Hände zwischen die Schenkel. Hatte aufgehört zu atmen. Die Augen geschlossen. Ein Satz wie ein Schlagstock. Oder wie ein lederner Ball, der von der Wand abprallt und mich brutal am Kopf, in den Bauch, ins Kreuz, ins Herz traf. Ich war wie von Kälte erstarrt.

Keine Angst.

Was wusste er?

Ich wäre am liebsten abgehauen. Zu spät. Die Redner hatten schon hinter dem Tisch Platz genommen. Zwei Männer, eine Frau. Sophies Bruder war nicht dabei. Er lehnte an der Wand wie ein Dutzend weitere Männer mit Barett, schwarzen Handschuhen, blauen Hemden, Wehrgehänge über der Schulter, Reithose und Dressurstiefeln. Zum Schutz der Versammlung. Alle trugen eine blau-weiß-rote Schärpe mit Totenkopf in Bronze, Feuerkreuz und den beiden vergoldeten Schwertern, ein Abzeichen, das ich bei der Beerdigung am Revers von Napoléon und von Sophies Bruder gesehen hatte. Heute Abend war Hauptmann Mével kein Offizier, sondern ein einfacher Soldat.

Der erste Redner entschuldigte zunächst den Chef der Sektion Lorient.

»Ein glückliches Ereignis hielt unseren werten Kameraden zu Hause fest.«

Das Publikum klatschte.

Dann hielt er zwei Zeitungen hoch.

»In meiner Rechten seht ihr unsere Zeitung, *Le Flambeau Morbihannais*.

Beifall.

»In meiner Linken *L'Ouest Républicain*.«

Ein paar Pfiffe, ein Buhruf.

»Also, was sagt unsere Fackel diesen Monat?«

Er setzte seine Brille auf.

»Ich zitiere hier unseren lieben Freund Jacques Péricard, katholischer Journalist und nationalistischer Autor, dessen Feder, wie ich weiß, auf Ihre Wertschätzung zählen kann: ›Wer nicht in Verdun gekämpft hat, weiß nichts von menschlichem Leid!‹«

Beifall.

»Und jetzt, sechzehn Jahre danach, während unseren Waffenbrüdern die kämpferische Parole ›Debout les morts!‹, die sie damals auf den Lippen hatten, noch in den Ohren klingt, jetzt greift der deutsche Feind erneut zu den Waffen! Jetzt setzt er seinen Stahlhelm wieder auf! Jetzt bereitet er mit wütendem Eifer die Einverleibung des Saarlands vor! Und warum? Wegen einer vom Versailler Vertrag erzwungenen Volksabstimmung! Was sollen wir jetzt tun, da die barbarischen alten Fermente wieder an die Oberfläche treiben? Was ist aus unseren stolzen Frontkämpfern geworden, den brüllenden Löwen von Verdun? Sie sind zu kriechenden Hunden geworden!«

Hochrufe. Zwei Frauen klatschten stehend.

»Adolf Hitler heißt den Schwertadel willkommen und ruft die Veteranen, die im Krieg gekämpft haben, dazu auf, das Deutschland von morgen zu regieren! Und unsere Politiker? Ergehen sich zögernd und nörgelig in Spitzfindigkeiten und Winkelzügen und haben sich in einem Waffenstillstand, den wir mangels Besserem Sieg nennen, bequem eingerichtet!«

Ich ertappte mich dabei, auch zu klatschen. Ich verstand nicht alles, was der Mann sagte, aber das Publikum hatte sich erhoben, und der Bruder beobachtete mich.

Was er mir zugeflüstert hatte, übertönte fast die lärmende Versammlung. *Keine Angst.*

Bisher hatte ich mich durchlaviert.

»Die germanische Presse verherrlicht den Geist von 1914. Und was machen unsere tollen französischen Gazetten? Nachdem sie ewig über ein paar kleine Gauner herumgejammert haben, die aus einer Erziehungsanstalt geflüchtet sind, überlassen sie nun dem deutschen *Reichsführer* das Wort!«

Empörung im Publikum.

Theatralisch schwenkte er die andere Zeitung.

»Ja, meine Kameraden, ja, liebe Berufssoldaten, ja, ihr Söhne und Töchter der *Volontaires nationaux,* heute, am Sonntag, dem 9. September 1934, ist auf der Titelseite des *Ouest Républicain* die vollständige Rede Hitlers in Nürnberg abgedruckt!«

Aufruhr im Saal.

»Und so kommt es, dass der stolze Viehzüchter in Locmaria, der tapfere Fischer aus Le Palais unmittelbar aus dem Munde des Führers die Zukunft erfährt, ich zitiere: ›Die deutsche Lebensart ist für *die nächsten tausend Jahre* endgültig festgeschrieben.‹«

Der Mann von der Sûreté notierte sich den Satz in einem Heft. Das Publikum hielt es nicht mehr auf den Sitzen.

»Wir wollen kein tausendjähriges Deutsches Reich und kein tausendjähriges Moskowiterreich, das uns die Kommunisten versprechen, genauso wie Sozialisten und Ra…«

»… und Juden!«, keifte eine Frau.

»Nieder mit den Juden!«, eine andere.

Der Redner wedelte mit den Händen, um Ruhe herzustellen.

»Sozialisten und Radikale, wollte ich sagen!«

Applaus.

Mein Herz war woanders. Ich hielt es mit beiden Händen fest. Vielleicht war es ja nur ein Zufall, dass Sophies Bruder etwas von Ausbrechern gesagt hatte. Oder ein Scherz. Vielleicht machte ich mir ganz umsonst Sorgen? Doch sein Augenzwinkern bewies das Gegenteil. Und die Art, wie er meinem Blick standgehalten hatte.

Der Nächste las seine Rede ab. Er zählte die Veranstaltungen des Monats auf, die der Bulle mit großem Ernst und gesenktem Kopf notierte. Der Redner murmelte, wie ein uralter Priester die Messe liest: Protestversammlung gegen den vom Innenministerium vorgeschriebenen Tag des trockenen Brotes aufgrund der Sonntagsschließung der Bäckereien im großen Saal des *Hôtel des Voyageurs*, Guéméné-sur-Scorff. Vortrag von Colonel Chevassu über die verbrecherische Evakuierung von Rhein- und Saarland, in Anwesenheit seiner Adjutanten Capitaine Fauchet und Commandant Nicaise in Lorient, Cercle Auguste-Brizeux. Treffen in Auray …

Ich wollte gehen. Meine Nervosität war zu groß. Ob die Einladung eine Falle war? Und ich, der Ausbrecher Jules Bonneau, vielleicht als Hauptgericht vorgesehen?

*

Die Gendarmen blockieren die Ausgänge, der Bock betritt das verrauchte Hinterzimmer, hinter ihm Le Goff und Chautemps mit gezücktem Knüppel. Zwei Nationale Freiwillige packen mich. Sophies Bruder zeigt auf mich und geißelt mit markigen Worten »*die obrigkeitshörige Lügenpresse*«.

»Sie haben behauptet, alle Ausbrecher von Haute-Boulogne sind wieder in der Anstalt. Und sie haben euch wieder einmal betrogen!«

Er nimmt sein Barett ab und wendet sich an die Damen in der ersten Reihe. Er ist ein Frauentyp.

»Journaille und Obrigkeit wollten verhindern, dass Sie um Ihre Töchter zittern, und fürchteten einen Gesichtsverlust. Deshalb haben sie Ihnen verschwiegen, dass diese Banditen immer noch frei auf der Insel herumlaufen.«

Er nimmt Haltung an und setzt sein Barett wieder auf.

»Aber was diese Pfeifen in der Regierung bis heute nicht hinkriegten, haben jetzt wir Feuerkreuzler für Sie erledigt.«

Er kommt auf mich zu, gefolgt vom weißen Strahl eines Scheinwerfers.

»Wir haben Jules Bonneau, den letzten Ausbrecher von Haute-Boulogne!«

*

Ich war eingeschlafen.

Und wachte vom Applaus auf, der einer Dame am Rednerpult galt.

»Deutschland hätte uns niemals angegriffen, wenn wir zehn Millionen mehr gewesen wären.«

Ein Raunen ging durchs Publikum.

»Für unsere Kinder, für unsere Männer, für unsere Väter, die unter der Fahne unseres Landes gefallen sind, müssen wir Patriotinnen daran arbeiten, Frankreich wiederzubevölkern!«

Sie reckte ihre Faust, die von einem schwarzen Spitzenhandschuh umhüllt war.

»Der Geburtenrückgang ist eine nationale Gefahr!«

Sie schwelgte in ihren eigenen Worten.

»Ein Verbrechen gegen die französische Rasse!«

Ich stand auf, wie alle anderen auch.

»Kämpfen wir gegen die Geburtenkontrolle!«

Sie hatte die Hände vor der Brust gefaltet, die Nasenlöcher zusammengekniffen, die Augen geschlossen.

»Hören Sie, meine Damen? Gegen diese Bedrohung unserer Nation müssen wir mehr Kinder gebären!«

Sie zeigte auf den leeren Stuhl hinter dem Schreibtisch.

»Nehmen wir uns ein Beispiel an Kamerad Leroy, der heute Abend nicht anwesend sein kann, weil er unserem Vaterland eine neue Seele geschenkt hat.«

Applaus. Sie nahm einen Schluck Wasser.

»Klagen wir also ohne Scheu die Engelmacherinnen an, diese verkommenen, ehrlosen Weiber! Verurteilen wir sie ohne Zittern und Zagen und verlangen eine strenge Bestrafung!

Schieben wir dem Antinatalismus einen Riegel vor, meine Damen! Das ist unsere Mission!«

Der Saal tobte. Männerhüte flogen in die Luft.

»Bevölkerungswachstum ist unser heiliger Schlachtruf!«

*

Sophie wollte mich abholen kommen. Aber ihr Auto war nicht da. Also wartete ich. Bis der Saal leer, das Licht erloschen und die letzten Zuschauer mit einem Lied für Frankreich auf den Lippen in der Dunkelheit verschwunden waren. Francis ging vorbei, sah mich und winkte.

»Haben die Antifaschisten dich hängelassen, mein Junge?«

Ich senkte den Kopf.

»Ihre Schwester wollte mich holen kommen.«

Er lachte laut. Ordinär. Ein Kapo-Lachen.

»Steckt sie vielleicht im Stau?«

Er suchte nach Zigaretten.

»In Moskau ist jetzt ja Hauptverkehrszeit.«

Ich drehte mich um und ging den Straßenrand entlang.

»Wohin willst du?«

»Nach Port-Belloc.«

Sein Lachen in meinem Rücken.

»Wenn du ordentlich Gas gibst, brauchst du dafür höchstens eine Stunde!«

Ich schlug den Jackenkragen hoch, zog die Mütze in die Stirn und ging zügig weiter.

Der Blick des Bruders war wie eine Sturmglocke. Er wusste es, ganz sicher. Aber er ließ sich Zeit. Um mit mir zu spielen. Ein Auto hielt gegenüber. Ich duckte mich in ein Gebüsch. Ein anderes fuhr hinter mir her, die Scheinwerfer ausgeschaltet. Ich hörte nur das Motorengeräusch in der Dunkelheit. Es überholte mich und hielt an. Ich wollte Richtung Meer laufen.

»Steigst du ein, Neffe?«

Francis Mével beugte sich aus dem Fenster. Ein Citroën 5 CV.

Mir stockte der Atem. Ich dachte an die glückliche Familie in Laval und das kolorierte Foto an meiner Zellenwand. Meine Hoffnungen auf die Freiheit.

»Los, Beeilung, es regnet gleich.«

Er setzte zurück, öffnete die Beifahrertür.

Er trug einen Regenmantel über seiner Uniform.

»Du hast zu viel Stolz in dir, Kleiner.«

Wir fuhren schweigend dahin. Ich streichelte die Bank. So sehr hatte ich davon geträumt, einmal in der kleinen Zitrone zu sitzen, dass ich mich sogar an die Narbung des Leders erinnern konnte.

Die ersten Regentropfen prasselten auf die Windschutzscheibe.

Francis lenkte mit einer Hand, den linken Ellbogen ließ er aus dem Fenster hängen. Das schwarze Verdeck hatte er geschlossen.

»Und? Was hältst du von den Faschisten, so auf den ersten Blick?«

Ich gab keine Antwort. Ich war auf der Hut.

»Findest du, dass ich aussehe wie Mussolini?«

Er sah in den Rückspiegel und beobachtete die Straße, als ob er fürchtete, verfolgt zu werden.

»Oder vielleicht sogar wie ein Nationalsozialist?«

Er winkelte seinen Unterarm an und beobachtete mich aus den Augenwinkeln.

»Sieg Heil!«

Er lachte.

»Praktisch, dieser Faschismus, oder? Nur dass Frankreich komplizierter ist.«

Er wollte mir etwas erklären, sprach aber im Grunde mit sich selbst. Auf Belle-Île gebe es nur eine Handvoll Feuerkreuzler, drei Bauern und einen Fischer, die einigermaßen heil von der Front heimgekehrt seien. Die Redner, die Milizionäre in Uniform und die Hälfte der Zuhörer kamen vom Festland. Auch ein paar Touristen waren da, um ein wenig zu schaudern, bevor sie in den Herbst zurückfuhren. Einer aus Paris hatte Francis erzählt, nachdem ihm Colonel de La Rocque auf einer Demonstration die Hand gedrückt habe, habe er sie eine Woche lang nicht gewaschen.

Diesen Namen hatte ich schon mal im Radio gehört und ein Foto dazu im *Excelsior* gesehen. Anscheinend war das der oberste Chef von Francis und seinen Kumpels. Er ähnelte einem Schließer aus dem ersten Block, der ein brutaler Schläger, aber strohdumm war. Wir nannten ihn Rindvieh.

Mével beobachtete mich heimlich. Und lächelte.

»Wenn du einen Faschisten mit einem Veteranen verwechselst, dann hast du ein Problem.«

Die Straße war voller Schlaglöcher. In der ganzen Bretagne war der Asphalt nirgends so kaputt wie im Morbihan.

Er fuhr sehr konzentriert.

»Und was wirst du den Roten erzählen?«, fragte er mit seiner ausdruckslosen Stimme.

Ich zuckte mit den Schultern.

»Nichts.«

»Wie, nichts?«

Die Scheinwerfer eines entgegenkommenden Wagens erhellten sein hartes Gesicht.

»Hast du ihnen denn gar nichts zu sagen?«

Ich schwieg.

»Du hast doch ganz nette Dinge gehört, oder?«

Ich sagte noch immer nichts.

»Ein paarmal habe ich dich sogar klatschen sehen.«

Er zündete sich eine Zigarette an.

»Und mir hast du auch nichts zu erzählen?«

Ich bekam Angst. Schnell, eine Idee! Die Fahrertür war durch das Reserverad blockiert, nur die Beifahrertür ließ sich öffnen. Ich hätte während der Fahrt aus dem Auto springen können, über die Böschung hinunterrollen, loslaufen und in der Dunkelheit untertauchen. Bis er seinen Wagen zum Stehen gebracht hätte und auf meinen Sitz hinübergerutscht wäre, hätte ich mir schon einen Vorsprung erarbeitet. Gut, und dann? Und dann das Meer, immer noch. Seit meinem ersten Tag in der Anstalt war ich auch ein Gefangener des Meeres. Beim Fischen trugen mich die Wellen nicht, sondern umzingelten mich. Der Ozean beherrschte meine Tage und verfolgte mich bis in die Träume. Wenn ich die Augen aufschlug, versperrte er mir den Horizont. Wenn ich sie schloss, verschlang er mich. Ich war selbst zu einer Insel geworden. Zu einem inmitten des Wassers ankernden Gefängnis. Die Flucht war mir nicht gelungen. Ich ging im Kreis wie ein Maultier auf dem Küstenweg.

In dieser Nacht fletschte der Ozean die Zähne. Gleich unterhalb der Landstraße. Die weißen Wellenkämme leuchteten in der Dunkelheit. Ich legte meine Stirn an die Scheibe.

»Weißt du, eigentlich bin ich kein übler Typ.«

Schweigen.

»Ich kann dir sogar helfen, von hier wegzukommen.«

Er fuhr sich durch die Haare. Seine Zigarette leuchtete auf.

»Die Geschichte mit dem Neffen habe ich euch nie abgenommen.«

Ich schloss die Augen.

»Ausgerechnet am Tag nach dem Ausbruch taucht wie aus dem Nichts so ein Kerlchen hier auf?«

Er lachte.

»Aus dem Märchenalter bin ich raus.«

Antworten! Nur was? Ich war nicht nur enttarnt, sondern geliefert. Da gab es nichts mehr zu leugnen, nichts zu erklären. Und er schmiss mir das alles vor die Füße. Was wollte er damit?

»Ich war mir nur noch nicht hundertprozentig sicher, bevor der Decksjunge bei uns am Tisch saß.«

Matthieu Bihan?

Er lachte wieder.

»Wir haben ihm solche Angst eingejagt, dass er sich in die Hose gemacht hat.«

Der Regen hatte aufgehört.

»Der Bastard hat letzten Dezember nach einem Benefizspiel die Kasse geklaut.«

Er hieb mit beiden Händen aufs Lenkrad.

»Pech für ihn, dass unsere Jungs mit dem Ortsausschuss für die Anti-Tuberkulose-Briefmarke so dicke waren.«

Er beobachtete meine Reaktion.

»Das waren mehr als sechstausend Franc. Kannst du dir das vorstellen?«

Er zog lange an seiner Zigarette.

»Eine Woche später haben wir ihn geschnappt. Da hat er sich angepisst.«

Wir hielten an.

Der Hauptmann parkte seinen Wagen an der Böschung.

»Wir hätten das Schwein auch schlachten können, aber wir haben beschlossen, mit ihm zu spielen.«

Er bot mir eine Zigarette an.

Ich lehnte dankend ab.

»Da war uns also der Decksjunge eines kommunistischen Bootsbesitzers ins Netz gegangen. Sehr praktisch!«

Sie ließen ihn laufen. Ein paar Monate lang forderten sie von ihm Auskünfte über Ronan, Alain und Pantxo, was dieser sagte, was jener machte, welche Kontakte sie auf dem Festland hatten, welche Zeitungen sie lasen, welche Veranstaltungen sie besuchten.

»Und dann, eines schönen Morgens, fiel ein Neffe vom Himmel.«

Er streckte sich ausgiebig.

»Das habe ich aber für mich behalten.«

Er zuckte zusammen. Ein Hase war über die Straße gelaufen.

»Ich wollte nicht, dass meine kleine Schwester Ärger mit der Organisation bekommt.«

Er lächelte.

»Du siehst, ich liebe meine Familie wie mein Vaterland.«

Er schwang sich wieder ins Auto. Drehte an der Kurbel. Der Wagen war alt, reagierte aber gut.

»Und dann hatte ich die Idee mit der Erpressung.«

Er war der Schatten, der Matthieu bei der Lösegeldübergabe begleitete. Und die Summe für ausreichend befand.

»So was wie sein Chef«, hatte Perig gesagt.

Vor der Kurve hatte er die Scheinwerfer ausgeschaltet.

»Ab hier geht's geradeaus weiter. Du weißt, wo wir sind?«

Ja, wusste ich. Ohne ein Wort zu sagen, stieg ich aus. Ich war wie vor den Kopf geschlagen. Konnte mich kaum auf den Beinen halten. Als ich mich schon auf den Weg machen wollte, kurbelte er das Fenster herunter.

»Jetzt haben wir zwei ein kleines Geheimnis, ich und du.«

Ein Geheimnis hat immer die Form eines Ohrs.

Ich hätte schreien können. Der ganze Aufwand umsonst.

»Und da du meine Schwester ja gernhast, werden wir beide alles tun, damit ihr nichts passiert, nicht wahr?«

Ich nickte.

»Der Rote wird bezahlen, einverstanden?«

Er wartete auf einen Blick von mir.

»Und du wirst mir dabei helfen.«

Das war eine Feststellung.

Ich betrachtete die Böschung, die Kurve in der Landschaft, die ziehenden Wolken.

»Du hast keine Wahl.«

Es hatte wieder angefangen zu regnen. Ich schlug den Jackenkragen hoch.

»Es ist das Beste für dich und für meine Schwester.«

Seine Augen durchbohrten mich.

»Du hast immer von der Flucht geträumt, erinnerst du dich? Ich kann sie dir ermöglichen!«

Sturm dräute. Ich kannte die Vorboten seines Zorns. Der Hauptmann folgte meinem Blick Richtung See, die sich gerade in Stellung brachte.

»Ich bin wie Moses. Ich teile für dich das Meer.«

Ich kehrte ihm den Rücken.

»Keine Angst. Vor Ende des Monats bist du in Quiberon.«

*

Er startete und fuhr los. Das Motorengeräusch verlor sich in der Stille des Ozeans. Ich heulte. Heulte wie damals im Käfig und hämmerte mit den Fäusten gegen die Wände. Lief nach Hause. Rutschte im feuchten Gras aus und fiel hin. Kroch auf allen vieren, bis ich hinkend aufstand. Ein Werwolf nach seiner Untat. Der Regen fraß meine Tränen. Ich schlug mir mit den Fäusten auf die Schläfen. Als ich am Grottenfelsen vorbeikam, verstand ich, warum die beiden Brüder sich in die Fluten gestürzt hatten. Sie breiteten ihre Arme aus, um den Wind zu täuschen. Ihn glauben zu machen, sie seien Vögel. Ich sah, wie sie erschöpft den irdischen Weg für den Himmel verließen. Diese Verrückten, die glaubten, sie wären leichter als fallende

Blätter im Herbst. Diese Kinder, die mir glichen in ihrer Angst. Ich blickte in den Abgrund. Der Höllenschlund sprach nicht von Unglück. Mütterarme streckten sich nach mir aus. Freundeshände erhoben sich aus weißer Gischt. Im schäumenden Meer erkannte ich friedvolle Gesichter. Aufrecht stand ich dort über dem Tod. Oder der Erlösung. Meine Beine zitterten. Ich trat einen Schritt zurück, dann zwei. Der Wind stieß mich wieder auf die Straße.

Und ich begann zu laufen.

Vor dem Haus stand ein fremdes Auto. Bevor ich den Kiesweg betrat, hörte ich eine klagende Frauenstimme. Ich erstarrte. Mein Herz konnte nicht noch ein Drama ertragen.

»Das wird schon, Madame!«

Sophies Stimme.

»Nein, scheiße, es geht nicht! Das sehen Sie doch!«

Dann die Stimme einer dritten Frau, die das Wehklagen übertönte.

Ich rannte die letzten Meter zum Haus. Auf den steinernen Stufen vor der Eingangstür saß eine junge Frau, eine braune Decke um die Schultern gelegt. Ihr graues Kleid war zerrissen. Ich bemerkte ihre nackten Füße und den Ansatz der Oberschenkel. Überall Blut. Die Stirn, die Wangen, die Arme blutbespritzt. Auch Sophies weißer Kittel. Sie hob die Verletzte auf, um sie ins Auto zu tragen. Ich bremste und schlitterte über den Kies. Alle drei sahen auf.

»Wer ist das?«, fragte die ältere Frau ärgerlich.

»Mein Neffe. Er wohnt hier«, erwiderte Sophie mit entschuldigender Miene.

»Dann komm und hilf uns, statt hier rumzustehen und zu träumen!«

Der Ton, die Stimme, die Haltung wiesen die Frau als eine Person aus, die es gewohnt war, Befehle zu erteilen.

Ich warf Sophie einen fragenden Blick zu, sie nickte.

Das Blut auf der Treppe und auf den Fliesen im Flur hatte ich noch gar nicht gesehen. Die junge Frau war bleich und hatte dunkle Ringe unter den Augen. Jetzt jammerte sie nicht mehr, sondern weinte. Sie musste mein Alter haben. In den Händen hielt sie eine Zelluloidpuppe. Die ältere Frau schaute mich böse an.

»Nehmen Sie sie unter den Achseln!«

Ich tat wie geheißen.

»Nein!«

Sie stürzte auf mich zu.

»Sie fassen meine Tochter nicht an!«

Ich hob die Hände wie vor der Polizei.

»Aber Sie haben doch gesagt …«

»Gar nichts hab ich gesagt!«

Sie stieß mich zurück.

»Ich dulde keine Männerhände auf meinem Kind!«

Ich stand immer noch mit erhobenen Armen da.

»Nie mehr, verstanden?«

Ich nickte. Und fühlte mich schuldig.

Sophie nahm meinen Platz hinter der jungen Frau ein und hob sie auf. Die Mutter nahm ihre Beine. Auf dem Kiesweg hatten sie zu kämpfen.

»Die Autotür!«

Ich lief zum Wagen und öffnete die Beifahrertür.

»Die hintere, Idiot!«

Ich nahm mich zusammen.

Dabei hätte ich ihr mit zwei Fingern das Genick brechen können.

»Nur die Ruhe, Jules!«, raunte Sophie mir zu, als sie an mir vorbeiging.

Das hatte die Ältere gehört. Als unsere Blicke sich kreuzten, sah sie meine Wut. Und wurde blass.

Die Puppe war zu Boden gefallen. Ich hob sie auf. Ein typisches Reichenspielzeug. So was hatten die Rolin-Brüder aus Mayenner Häusern geklaut und unter der Hand auf dem Flohmarkt von Laval verscherbelt. Die Puppe hatte schön gewelltes gemaltes Haar, korallenfarbene Lippen und lange Wimpern über den Schlafaugen.

Ich nahm sie mit in die Küche. Auf ihrem rosa Tüllkleid und dem Mäntelchen bis hinunter zu den weißen Söckchen und Schnürstiefelchen waren Blutspritzer. Mit einem feuchten Tuch versuchte ich, sie wegzurubbeln. Das Blut war frisch. Durch die offene Tür hörte ich, wie Sophie zu der Frau sagte, sie brauche sich keine Sorgen zu machen, die Blutung sei gestoppt. Ihre Tochter müsse sich nur noch erholen. Nein, vor morgen früh gehe keine Fähre. Hoffentlich fänden sie noch einen Platz für ihr Auto. Vor ihrer Rückkehr nach Vannes müssten sie aber in einem anderen Hotel übernachten. Nein, keinesfalls hier im Haus, das sei viel zu gefährlich. Sophie nannte die Adresse einer Pension in Le Palais. Und den Namen der Frau, die ihnen nachts den Dienstboteneingang öffnen würde. Das sei eine Freundin von ihr. Es fing wieder an zu regnen. Sophie musste Mutter und Tochter beruhigen. Ihre Freundin sei die

Besitzerin der Unterkunft. Ob sie für sie die Hand ins Feuer legen könne? Wie für sich selbst. Sie seien zusammen zur Schule gegangen und hätten sich seitdem nie aus den Augen verloren.

»Bei jedem Schicksalsschlag war sie für mich da.«

»Schicksalsschlag«. Sophies Wort.

Mir fiel der Tag meiner Ankunft ein. Als Sophie nicht wollte, dass ich dablieb. Und Ronan sagte, dass ich ins Zuchthaus käme, wenn ich geschnappt würde. Und sie, dass sie ins Gefängnis müsste, wenn sie mich versteckten. Jetzt wusste ich, dass die beiden ein Geheimnis hatten.

Erst die gerollten Geldscheine und dann das Blut im Haus.

Ich hörte das Auto starten. Schnell wischte ich die Puppe sauber, das lächerliche Fräuleinchen-Gesicht mit den auf- und zuklappenden Lidern, den flatternden Wimpern, dem ständig verzückten Lächeln. Fast hätte ich auf dem Hinterkopf ein bisschen Blut in den gemalten Haaren gelassen. Als Hinweis auf die Dramen, die sie von jetzt an erleben würde. Aber ich überlegte es mir anders und entfernte sorgfältig die letzten Spuren der Tragödie.

Dann klappte ich mein Messer auf und zerschnitt das Band meiner Mutter. Ohne nachzudenken. Die Augen der Puppe hatten dieselbe Farbe wie die Seide: ein von Tränen verwaschenes Silbergrau. Eine Hälfte des Bandes knüpfte ich der Puppe um den Hals. Die andere steckte ich in die Tasche.

Als ich die Tür öffnete, fuhr das Auto schon. Ich rannte los, lief quer durch den Garten, überwand eine Brombeerhecke.

»Jules!«, rief Sophie panisch.

Sie hatte die Puppe in meiner Hand nicht gesehen. Nur dass ich mit großen Gesten und laut schreiend aus dem Haus rannte. Ich erklomm das Mäuerchen, sprang auf der anderen Seite hinunter und landete auf der Straße, direkt vor dem Auto, im Scheinwerferlicht. Stand breitbeinig und mit ausgebreiteten Armen auf der Straße.

Die Mutter bremste. Durch die Windschutzscheibe sah ich ihr entsetztes Gesicht. Ich hielt ihr die Puppe mit ausgestreckten Händen entgegen, als ich mich dem Wagen näherte. Langsam, einen Schritt nach dem anderen. Weil ich fürchtete, sie könnte Gas geben und mich überfahren, aber das machte sie nicht. Ihre Tochter saß hinten, die Decke wie ein Tuch über den Kopf gezogen. Ich klopfte mit dem Finger an die Scheibe. Ließ die Puppe hüpfen wie einen Hampelmann. Mit offenem Mund starrte sie durchs Fenster. Dann sah sie auf ihre Arme, ihre Knie und schüttelte die Decke. Jetzt erst begriff sie: Die Puppe war nicht bei ihr.

»Mein Baby!«

Sie machte große Augen und streckte die Hände aus. Die Mutter beugte sich nach hinten und kurbelte das Fenster herunter.

Ich gab dem Mädchen die Puppe. Sie riss sie mir aus der Hand und drückte sie an sich.

»Sag schön Danke zu dem Herrn!«, befahl die Mutter.

Das Mädchen schlug die Wimpern nieder und senkte den Blick. Dann wurde das Fenster wieder hochgekurbelt.

Die Reichen hatten mich entlassen.

*

Überall Blut. Den Flur entlang bis zu der blauen Metalltür. Von der Liege hatte es auf die Bodenfliesen und an die Wände gespritzt. Zuerst dachte ich an ein Verbrechen. Wie es in den Zeitungen steht. Irgendein Schwein, Vater oder Mann, hatte auf seine Tochter eingestochen, die Mutter hatte sie hierhergebracht, um ihr Leben zu retten. Die beiden Frauen sahen einander unheimlich ähnlich. Die gleiche blonde Haarfülle, das gleiche graue Gesicht, die gleiche dicke runde Brille. Die Jüngere war verzweifelt. Ein Selbstmordversuch vielleicht? Sie wollte vor Kummer sterben und hatte sich die Pulsadern aufgeschnitten. Oder es war die Mutter. Genau, die Mutter! Sie hatte versucht, ihre Tochter zu töten, und dann tat es ihr leid. Als sie das Blut von ihrem eigen Blut fließen sah, bekam sie es mit der Angst zu tun. Sie wusste von der Krankenschwester an der Straße nach Port-Belloc und kam schreiend an, ihr geliebtes Kind, die Jüngste, in den Armen.

»Hilf mir, Jules!«

Sophie füllte zwei Eimer mit Wasser, dann putzten wir, mit Besen und Stahlbürste. Wrangen schweigend triefrote Wischtücher über dem Eimer aus. Ich hatte noch nie so viel Blut gesehen. Eine geplatzte Lippe, ein aufgeschürftes Knie, eine zerschlagene Stirn, das ja, aber so was noch nie. Nicht einmal im schlimmsten Moment des Aufruhrs. Nie war ich an menschlichem Blut kleben geblieben.

Ich wollte gerade Wasser über den Kies gießen, da setzte Sophie sich auf die steinernen Stufen vor der Tür, zog ein Päckchen Zigaretten aus der Tasche und bot mir eine an.

»Es war ein Unfall«, sagte sie kaum hörbar.

Die beiden seien gestern gekommen. Sie habe die Tochter nach allen Regeln der Kunst operiert. Aber statt nach Vannes zurückzukehren, seien sie über Nacht in Le Palais geblieben, im Hotel *Zum Leuchtturm*.

»Und dort begannen die Schmerzen.«

Ich hörte schweigend zu.

»Das hätte nie passieren dürfen.«

Sie schüttelte den Kopf. Die roten Haare waren hochgesteckt.

»Und es passiert auch nie.«

Ich sah auf meine Zigarette, auf ihre niedergeschlagenen Augen.

»Was passiert nie?«, fragte ich atemlos.

Sie schaute mich an.

»Na das, so ein Unfall! Das passiert nie!«

Sie zog an ihrer Zigarette.

»Acht bis zehn Tage dauert es normalerweise bis zur Blutung.«

Sie hatte den Kopf in die Hände gestützt.

»Zu viel Mutterkorn vielleicht?«

Wovon redete sie?

Mit geschlossenen Augen suchte sie nach einer Antwort.

»Das Borwasser!«

Sie sprang auf.

»Das war's!«

Sie nahm mich zum Zeugen.

»Ich habe es falsch dosiert!«

Diese Sophie kannte ich nicht. Ihr Gesicht war länger geworden und ihre Lippen schmaler, ihre Augen antworteten nicht mehr, und die abstehenden Strähnen ließen sie wie eine Irre aussehen.

»Ich verstehe nichts, Sophie!«

Forschend sah sie mich an.

»Was verstehst du nicht?«

Ich sank in mich zusammen.

»Alles. Alles, was du sagst.«

Sie beugte sich zu mir.

»Dass ich nicht die ganze Jodtinktur hätte nehmen sollen?«

Ich schüttelte den Kopf.

»Jodtinktur? Wovon redest du?«

Sie machte große Augen. Und schlug sich die Hände vor den Mund.

»Mein Gott, Jules!«

Das flüsterte sie dreimal durch ihre Finger.

Niedergeschlagen nickte sie.

»Du verstehst kein Wort.«

Ich lächelte schwach.

»Hab ich doch gesagt.«

Sie stand auf und faltete die Hände, den Blick auf das drohende Unwetter gerichtet.

»Verstehst du wirklich nicht, wovon ich rede?«

Ich machte eine hilflose Geste.

»Ich helfe Frauen in Not, Jules.«

Ich sagte nichts.

»Begreifst du es jetzt?«

Ich war mir nicht sicher.

»Die sich gegen ihren Willen was eingefangen haben.«

Ich fragte nicht nach und rührte mich nicht.

»Ich mache Engel, Jules.«

Der Schleier zerriss. Ich erinnerte mich an die Rednerin auf der Veranstaltung, die die Entvölkerung Frankreichs durch die Engelmacherinnen beklagt hatte. Ich hatte mir nicht vorstellen können, dass es so etwas gab. Als sie harte Strafen für »diese verkommenen, ehrlosen Weiber« verlangte, hatte ich lauter als alle anderen applaudiert. Hitler, die Kommunisten, die Feuerkreuzler – Bücher mit sieben Siegeln. Und ob Alain Francis hasste oder Francis Alain, war mir ziemlich egal. Genauso wie die Typen, die ihre Bomben in die bretonische Fahne hüllten. Das war alles Politik. Von Leuten, die uns mit schönen Phrasen, Reden, Versprechungen übers Ohr hauten. Sie hatten Millionen gestohlen? Dann sah man sie fürstlich gekleidet auf Zeitungsfotos. Wir hatten ein Brot geklaut? Dann landeten wir in der Zelle und wurden von drei Wärtern verprügelt. Was diese Leute, aus welchem Lager auch immer, sagten, ging mir zum einen Ohr rein und zum anderen wieder raus. Ich ließ sie einfach reden. Alain mit seinem ewigen Lenin oder Pantxo, der sich ärgerte, wenn man ihn für einen Spanier hielt. Sogar Ronan, der immerhin Käpt'n war. Deshalb hatte ich auch in der Versammlung zwei Mal gegähnt. Parolen, Parolen, Parolen, ob blau-weiß-rot oder nur dunkelrot, es war doch immer dasselbe Gerede und entsetzlich langweilig!

Aber als diese Frau auf der Versammlung über die Engelmacherinnen sprach, war ich fassungslos gewesen. Meine Mutter hatte sich verpisst, als ich fünf war. Ich hatte von ihr nur den feuchten Geruch ihres Halses und das graue Seidenband behalten, das sie mir ums Handgelenk geschlungen hatte. Ich war eine Waise. Das stand auf meiner Stirn, in meinem Herzen und in meinen Fäusten. Meine Mutter hat mich verlassen. Das war gemein, aber wenigstens hat sie mich nicht umgebracht. Sie hat mich verschont. Wie kann eine Mutter ihr Kind töten? Das war für mich unbegreiflich. Und ich wollte es auch nicht verstehen. Vor meinen Augen schaukelte die Zelluloidpuppe. Ich stellte mir vor, dass die Babys im Bauch ihrer Mutter schon angezogen waren.

Sophie kam wieder ins Haus. Ich setzte mich auf den Kies. Ich wollte erst schlafen gehen, wenn sie in ihrem Zimmer war. Ich wollte ihr nicht begegnen, ich hatte ihr nichts zu sagen. Sie brachte die Kinder anderer Leute um. Nie wieder könnte ich ihr ins Gesicht sehen.

*

Ronan kam im Morgengrauen heim. Die ganze Nacht hatte er mit seinen Männern den Kutter kalfatert und gedichtet, nachdem der auf einen Stein gelaufen war. Die nächste Woche war arbeitsfrei. Pantxo hatte ein Ragout gekocht. Und Alain Chouchen mitgebracht.

»Der Nektar der Götter? Dass ich nicht lache! Ein Fusel für die Touristen ist das!«, sagte der Käpt'n und lachte.

Seine Stimme weckte mich. Tief und schwer drang sie aus dem Wohnzimmer. Als ich hinunterkam, saßen Sophie und Ronan am Tisch auf ihren üblichen Plätzen. Sophie mit dem Rücken zur Tür. Er ihr gegenüber, bereit, es mit jedem Eindringling aufzunehmen. Als sie mich in der Ecke sah, setzte Sophie Kaffee auf.

»Ohne Jules hätte ich es nicht geschafft.«

Ronan sah mich an.

»Danke, dass du ihr geholfen hast.«

Ich war wütend. Auf sie. Auf mich. Ich war gerade Zeuge und Komplize eines Verbrechens geworden. Ich erinnerte mich an meinen ersten Tag, an ihre Angst wegen meiner Anwesenheit.

»Wenn sie ihn kriegen, geht er ins Zuchthaus!«

»Und ich ins Gefängnis.«

Jetzt hatte ich es verstanden. Sophie war Engelmacherin. Deshalb wollte sie nicht, dass ich blieb. Weil ihr das Ärger einbringen konnte.

Die beiden sahen mich an, aber nichts war mehr wie vorher. Etwas war zerbrochen. Sie schleppten ein Geheimnis mit sich herum, das mir zu schwer war.

»Sag etwas«, bat Ronan.

Und was?

Ich zündete die Zigarette an, die Sophie mir angeboten hatte.

»Wer keine Fragen stellt, kriegt auch keine Antworten.«

Seit ich im Hafenbecken fast untergegangen war, hatte ich nicht so gezittert.

»Warum bringt ihr Kinder um?«

Sophie stieß den Rauch aus und ließ den Kopf sinken.

»Das sind keine Kinder, Jules.«

Ich grinste böse.

»Was denn? Ratten?«

Die Kröte war wieder da. Sie hatte seit Tagen geschlafen.

»Es sind sechs Wochen alte Föten.«

Sie versuchte, mein Misstrauen einzuschläfern.

»Später mach ich so was nicht mehr.«

»Und was ist ein Fötus? Ist das nicht der Anfang vom Kind?«

Sophie verschränkte die Hände auf dem Tisch.

»Das ist ein zehn Millimeter großer Keim, Jules.«

Auf meiner Hose war noch Blut.

»Und warum machst du die weg?«

Ich war vor dem Tisch stehen geblieben.

»Was haben sie dir getan?«

Ronan zog einen Stuhl heran.

»Setz dich, Decksjunge. Dein Kaffee wird kalt.«

Ich zögerte. Und setzte mich.

»Das Mädchen von vorhin heißt Garance.«

Sophie wich meinem Blick aus.

»Ihr Bruder hat sie vergewaltigt. Als sie gemerkt hat, dass sie schwanger ist, hat sie versucht, sich umzubringen.«

Ich schwieg.

»Sie hat zu ihrer Mutter gesagt, dass sie lieber sterben würde als das Kind austragen. Deshalb sind sie zu mir gekommen.«

Der Kaffee war heiß. Ich hielt meine Tasse in beiden Händen und bohrte meine Augen in die von Sophie. Sie erzählte mir von Mädchen und Frauen, von Angst und von Scham. Einmal kam ein vierzehnjähriges Mädchen zu ihr und flehte sie an. Seit dem Tod ihrer Mutter musste sie mit dem Vater im Ehebett schlafen.

»Und was soll ich mit dem allen machen, Jules?«

Ich starrte auf meinen Kaffee.

»Antworte mir, bitte.«

Ronan gab einen Schuss Schnaps in seinen Becher.

»Ihr redet immer nur von Vergewaltigung, das ist zu einfach.«

Sie lächelte. Ein Schatten flog über ihr Gesicht.

»Du hast recht. Es ist nicht nur das. Und es ist auch nicht so einfach.«

Nun ließ sie alles Elend der Welt aufmarschieren. Die Erschöpfte mit den zehn Kindern an den Hacken, die beschließt, das elfte nicht mehr zu kriegen. Die Verratene, durch eine Rose, ein Versprechen, ein Liebeslied verführt, die eines Morgens plötzlich allein ist mit ihrem dicken Bauch. Die Geschlagene, geschwängert von ihrem Peiniger, der sie aber dann für sich allein haben will. Die Arme, die nicht mehr weiß, wie sie all die hungrigen Mäuler stopfen soll. Die Jungfrau, die niemand gewarnt hat und die sich erstaunt fragt, warum sie nicht mehr blutet.

Mir schwirrte der Kopf. Vor mir saß eine Frauenrechtlerin der Alliance nationale. *Bevölkerungswachstum ist unser heiliger Schlachtruf!*

»Weißt du, was Frauen alles tun, wenn ihnen keiner hilft?«

Wusste ich nicht, nein.

»Sie vergiften sich, um es loszuwerden. Sie trinken Sadebaumöl. Sie mischen Beifuß mit Chinarinde. Sie tun Arsen oder Blei in ihren Tee. Sie provozieren Blutstaus und Wehen, erbrechen absichtlich, nehmen so viel Abführmittel, dass ihnen die Scheiße unten rausrinnt!«

Ronan war aufgestanden. Er öffnete die Tür, um den Morgen hereinzulassen.

»Und wenn das alles nicht klappt, stochern die Unglücklichen mit einer Stricknadel, einer Feder, einer Hutnadel oder einem Stück Kupferdraht in sich herum, mit allem, was ihnen in die Hände fällt.«

Sie verstummte.

»Und dann sterben sie. Es ist ein Gemetzel.«

»Das vorhin war auch ein Gemetzel.«

Sophie nickte. Das Mädchen sei am Vorabend gekommen. Sophie habe die Scheide mit einer Mischung aus Borwasser, schwarzer Seife, Jodtinktur, Roggen und Essig gespült, damit das Ei sich löste. Bevor der Muttermund aufgehe und die Blutungen einsetzten, hätten ihre Patientinnen normalerweise ein paar Tage vor sich. Das war diesmal anders. Nach den ersten Blutungen kamen Mutter und Tochter mitten in der Nacht aus dem Hotel *Zum Leuchtturm* zu Sophie und baten um Hilfe.

»Und was kriegst du dafür?«

Sie winkte ärgerlich ab.

»Falls du Geld meinst: nichts«, antwortete Ronan an ihrer Stelle. »Manche Ärzte verlangen bis zu fünfhundert Franc, wenn sie es unter der Hand machen sollen. Sophie nimmt nur zwanzig. Für das Risiko, die Zeit und die Handtücher.«

»Was für ein Risiko?«

Er beugte sich zu mir.

»Knast.«

Sophie war ganz woanders, Trauer verschleierte ihr Gesicht.

»Als ich gehört habe, dass es für jeden eingefangenen Zögling eine Zwanzig-Franc-Münze gibt, musste ich weinen. Ob tot oder lebendig – zwanzig Franc sind der Preis für ein Kind.«

Sophie rückte ihren Stuhl näher zu ihrem Mann und legte den Kopf auf seine Schulter. Ich hatte nur noch Weinen und Klagen im Kopf. Und Märtyrerinnengesichter. Sophie konnte gut erzählen. Ich entschuldigte mich. Ich hätte schlecht geschlafen und wollte mich bis zum Mittagessen ausruhen.

»Ich auch«, sagte Sophie lächelnd.

Wieder einmal hatte sie die Kröte in ihre Höhle geschickt.

Und mich gelehrt, dass man nicht aus einer Laune heraus abtreibt, sondern aus Unglück.

Als ich von der Veranstaltung heimkam, wollte ich Sophie alles sagen. Dass ich aufgeflogen war. Dass ihr Bruder mir einen Handel vorschlug. Ich sah seine Augen vor mir. *»Der Rote wird bezahlen, einverstanden?«*

Er hatte mich in der Hand. Ich war seine Waffe gegen den Mann, von dem er seine Schwester trennen wollte. *»Befreien«*, wie er sagte. Die Mutter war gestorben, bevor sie ihre Tochter zur Vernunft bringen konnte. Nun übernahm er die Staffel. Er wollte sie überreden, die Insel zu verlassen und ihm nach Lorient zu folgen. Ein neues Leben mit einem anständigen Franzosen anzufangen. Ihm keine Schande mehr zu machen. Im Gedenken an ihre Mutter. Und ihren Vater, den kleinen Mann, den sie gebrochen hatte.

Aber ich sagte nichts.

Da war zu viel Elend um Sophie herum, zu viel Weinen und Klagen, als dass sie meine Panik verstehen könnte.

Und zu viel Blut an ihren Händen, um sie mir zu reichen.

14.
EINE BLUTROTE ZITRONE

11. September 1934

Am nächsten Abend holte Hauptmann Mével mich ab. Er hatte die Abfahrt des Käpt'ns beobachtet. Abgewartet, bis der alte Moses ihn mit dem Pferdekarren zum Trockendock brachte. Dann stellte er seine kleine Zitrone auf dem Grünstreifen ab und wartete, an die Wagentür gelehnt.

»Dein neuer Freund«, rief Sophie lachend von der Treppe herauf.

Ich schaute durchs Fenster, er rauchte und sah in den Himmel. Ich ging hinunter.

»Weißt du, was er von dir will?«

»Er wollte mir ein, zwei Bücher über seinen Verein leihen«, log ich.

Sophie machte eine ärgerliche Geste.

»Das ist kein Verein, Jules. Das ist eine Gang!«

Ich antwortete nicht. Als ich zur Tür ging, hielt sie mich am Arm fest.

»Kein Wort davon zu Ronan, die beiden hassen sich.«

»Na und?«

Was für ein lächerlicher Trotz! Sie seufzte.

»Es geht nicht nur um die Ideen. Ronan ist eifersüchtig.«

»Eifersüchtig?«

Sie klopfte mit dem Zeigefinger an die Stelle meines Herzens.

»Was glaubst du denn? Er hat seinen Decksjungen sehr gern. Und keine Lust, ihn zu teilen.«

Ich öffnete die Tür. Sie trat sie mit dem Fuß zu.

»Vor allem, wenn es ein Feind ist, der immer um ihn herumschleicht.«

Sophie gab die Tür frei.

»Und kein Wort über gestern. Das würde mich ins Gefängnis bringen.«

Sie streichelte mit zwei Fingern meine Wange.

»Das Einzige, worum ich dich bitte, ist, dass du dich nicht rekrutieren lässt.«

Ich machte die Tür weit auf. Der Bruder hatte alles gesehen. Mit gerunzelter Stirn ging er langsam zur Straße. Ich hob eine Hand. Alles in Ordnung!

Ohne mich aus den Augen zu lassen, kurbelte er das Auto an.

Der Motor hustete und spuckte.

»Haben sie dich aus der Anstalt in ein anderes Gefängnis verlegt?«

Er lachte.

»Steig ein.«

Ich rührte mich nicht.

»Wohin fahren wir?«

Er drehte die offenen Handflächen nach oben.

»Zur Gendarmerie, um dich anzuzeigen. Oder um deine Fahrkarte nach Quiberon zu lösen.«

Er setzte sich ans Steuer.

»Das liegt an dir.«

Sophie hatte die Tür wieder zugemacht und beobachtete mich durchs Fenster. Lachend hob sie die linke Faust wie Alain am Sarg ihrer Mutter.

Ihr Bruder hatte es gesehen.

»Willst du meiner lieben Schwester nicht antworten?«

Das machte er dann auf seine Art: Hand an der Schläfe zum Salut.

»Noch ein Monat in diesem Haus und du wärst nicht mehr zu retten.«

Das Auto fuhr los.

»Glücklicherweise habe ich alles im Blick.«

»Wohin fahren wir?«

Er machte eine vage Handbewegung.

»An einen ruhigen Ort, um über Gott und die Welt zu reden.«

Ich ließ mich in den Sitz sinken. Ein schöner Tag kündigte sich an, das Verdeck war zurückgeklappt.

*

Die Wäscherin des Hotels *Zum Leuchtturm* war eine Freundin von Francis Mével. Eine sehr enge Freundin, wie in Sauzon gemunkelt wurde. Angeblich hatte sie ihn ab und zu beherbergt, wenn er dummerweise die letzte Fähre zum Festland verpasst hatte. Sie war mir auf der Feuerkreuzler-Versammlung aufgefallen, als sie diskret sein im Rücken verdrehtes Wehrgehänge richtete. Eines Morgens hatte das Zimmermädchen sie um Hilfe gebeten. Eine Mutter und ihre Tochter, die für eine Nacht im Hotel abgestiegen waren, hatten das Zimmer noch vor Tagesanbruch verlassen und das Geld für die Rechnung mit einem kurzen Entschuldigungsschreiben am Empfangstresen hinterlegt. »Ein heftiges Unwohlsein« habe das Mädchen befallen. Also hätten sie den Rest der Nacht in ihrem Wagen auf die erste Fähre gewartet. Außerdem entschuldigte sich die Mutter für die »entstandenen Unannehmlichkeiten« und ließ im Zimmer Geld für den angerichteten Schaden liegen. Diese Geschichte stimmte doch hinten und vorne nicht!

Das Zimmermädchen hatte nämlich im Mülleimer vier vollgeblutete Handtücher und blutige Unterwäsche gefunden. Und war ziemlich bestürzt, das junge Ding, dachte zuerst sogar an ein Verbrechen. Deshalb habe es die Wäscherin geholt. Die wiederum ihren Feuerkreuzler-Freund informierte. Jedenfalls waren das keine normalen Blutspuren. Das Blut war klebriger, dicker als bei einer Regelblutung. Also musste es von einer Schwangerschaft herrühren. Hauptmann Mével hatte einen grandiosen Auftritt als Soldat, Polizist, Inquisitor. Holte Mutter und Tochter von der Pier, während ihr Auto an Bord gehievt wurde. Präsentierte sich als »Patriot«, der ihnen nichts Böses wolle. Beweis? Er sei allein gekommen. Am Abend davor habe er noch eine Schwadron von Feuerkreuzlern kommandiert, die sich liebend gern mit Kommunisten oder Antinatalisten geprügelt hätten, diesen vaterlandslosen Gesellen, die Frankreich gern aussterben sähen. Er hätte seine Männer mitbringen können, Binde am Arm und Trillerpfeife im Mund, trotzdem sei er allein und unbewaffnet.

Er fuhr und erzählte. Manchmal wandte er mir den Kopf zu, um meine Reaktion zu beobachten.

Er hatte die Frauen beiseitegenommen, und sie trotteten ihm mit gesenktem Kopf hinterher. Der Hauptmann mit seinem Barett, dem Totenkopfabzeichen, den Reitstiefeln, dem langen beigen Regenmantel und seinem Geh- und Kampfstock flößte ihnen Respekt ein. Er musste nicht einmal die Stimme erheben. Mit theatralischer Geste wickelte er eine blutige Windel aus einem Tuch und legte sie vor sie hin. Er sprach sie sogar mit Namen an, weil sie sich im Hotel damit angemeldet hatten. Sie hatten nicht einmal den Versuch einer Verschleierung unternommen.

»Wenn Sie mir den Namen der Engelmacherin verraten, lasse ich Sie in Ruhe abreisen.«

Er lächelte.

»Du hättest sehen sollen, wie erleichtert die waren.«

Ein schneller Blick zu mir.

»Das Ende kennst du ja.«

Ich gab keine Antwort.

»Auf meine Frage, ob der Mann der Krankenschwester ihr assistiert hat, sagten sie: Nein, der Neffe.«

Noch so ein Blick.

»Ausbrecher und Engelmacher, da kommt ganz schön was zusammen!«

Nahe der Pointe du Vieux Château stellte er seinen Citroën am Straßenrand ab. In all dem Grün sah man nichts als die kleine Zitrone, gelb wie blühender Stechginster im Frühling.

»Wir gehen zu Fuß weiter.«

Ich folgte ihm. Schweigend gingen wir Richtung Küste.

»Schneller, es wird früh dunkel hier.«

Als ob er einen Hund an der Leine hätte.

Der Pfad führte zu den Klippen der Steilküste.

Ich blieb stehen.

»Was machen wir hier?«

»Ich hab dir doch gesagt, du kriegst dein Billet nach Quiberon.«

Er steckte die Hände in die Taschen.

»Oder ins Zuchthaus. Was du willst.«

In einem Felsentor direkt vor der Steilküste war eine Grotte. Wie die, in der die Ausbrecher Zuflucht gesucht hatten. Er kletterte als Erster hinein, ich kam hinterher. Dann nahm er auf dem Stein Platz, während die Wellen an den Fels schlugen.

»Setz dich.«

Er zündete sich eine Zigarette an, die er mit der hohlen Hand gegen den Wind abschirmte.

»Was machen wir hier?«

»Nichts. Warten, bis es dunkel wird.«

Ich wollte aufstehen.

»Sitz!«

Sein Blick war jetzt anders, der Ton, das Gesicht.

Er wühlte in einer Tasche seines Regenmantels. Und nahm zwei Terrakottakugeln heraus. Eine schwarze und eine rote. Hielt sie mir vor die Nase, wie für einen Zaubertrick, und warf sie in den Sand.

»In einer Stunde ist es Nacht. Nacht ist, wenn du nicht mehr zwischen der roten und der schwarzen Kugel unterscheiden kannst. Bis dahin denk gut nach. Wenn die Zeit gekommen ist, musst du auf meine Frage antworten.«

Ich betrachtete ihn, die Kugeln, den Ozean. Die Szene war absolut lächerlich. Zwei Jungs auf einem Ferienfelsen bei der Verfertigung eines Spionageromans.

Mechanisch nahm ich mein halbes Seidenband aus der Tasche. Streichelte es wie einen Rosenkranz. Der Typ war doch geisteskrank. Vielleicht tat er mir noch etwas an.

»Bist du bereit, Ronan Kadarn zu verraten, um dein eigenes Leben zu retten?«

»Ja«, platzte es aus mir heraus. Laut und klar, ohne den Schatten eines Zweifels.

Er war unschlüssig. Beäugte mich. Ich sah die Zweifel auf seiner Stirn, in seinem Blick, um seine Lippen spielen.

»Du kannst es dir überlegen, bis es dunkel ist.«

Das Rot und das Schwarz widersetzten sich der Dämmerung.

Es war feucht und kühl. Francis schlug den Kragen seines Regenmantels hoch.

Ich seufzte: »Mir läuft die Zeit davon.«

Ich flehte: »Ich will nicht zurück in die Zelle.«

Sein Blick lag auf meinen nervösen Händen.

»Sie werden mich nach Eysses verlegen. Dort ist es viel schlimmer!«

Ich kratzte an meiner Handfläche.

»Und dann schicken sie mich nach Cayenne.«

Ich könne keine Mauern mehr ertragen, keine neue Schikane, keinen einzigen Schlag. Ich sei es müde, mich zu verstecken. Erschöpft, eine Rolle zu spielen. Ich müsse diese Insel verlassen, koste es, was es wolle. Ihr für immer und ewig den Rücken kehren, um jeden Preis.

»Um jeden?«

»Ja, um jeden.«

Ihn verwirren, sein Misstrauen einschläfern. Und dann mal sehen. Ich würde schon einen Weg finden, diesen Schwelbrand auszutreten. Aber zuerst müsste ich dieses Wasserloch verlassen und wieder ins Auto steigen. Ab ins Licht! Mich fröstelte in dieser Grotte, in seiner Gegenwart, sein Blick ließ mich schaudern. Was wollte er von mir? Zum ersten Mal seit Langem hatte ich Angst. Ich wäre gern in die Arme von Sophie und Ronan geflüchtet. Damit sie mir halfen, mit mir gemeinsam kämpften. Dieser Drecksack hatte uns in der Hand.

Auf einmal seufzte er und gab den Kugeln einen Tritt.

»Also machen wir's so.«

Er stand auf.

»Bleib sitzen, ich erklär's dir!«

Er redete eine Weile. Entfaltete einen Schlachtplan. Ich sollte Dokumente in Ronans Haus und auf seinem Boot unterbringen. Anarchistische Zeitungen, kommunistische Flugblätter, eine Bauanleitung für eine Bombe. Planungen für Anschläge auf die Kathedrale von Rennes, das Arsenal von Lorient und die Feuerkreuzler. Die Skizze für einen Ausbruch aus dem Gefängnis von Vannes. Namen und Adressen von Polizisten.

Er ging vor mir in die Hocke.

»Außerdem zwei Pistolen und eine deutsche Granate.«

Er setzte sich wieder hin.

»Das wär's«, fügte er abschließend hinzu.

Der Käpt'n müsste ins Gefängnis. Ebenso Alain und Pantxo. Vielleicht sogar Perig. Keiner von ihnen hätte eine Chance zu entkommen. Da könnten sie noch so laut Komplott schreien, protestieren, schwören, fluchen, niemand würde auf sie hören. Polizisten, Juristen und Journalisten würden darüber feixen. Ich sah schon den Titel des *Ouest Républicain* vor mir: »Die Verschwörer von der *Sainte-Sophie*«.

Die Kugeln im Sand waren jetzt schwarz.

»Und meine Schwester kommt billig davon.«

Im Dunkel fühlte ich seine Gegenwart und die Bedrohung.

»Und ich?«

Er lachte.

»Du bist dann weit weg und wirst nicht einmal etwas hören von dem Ganzen.«

»Und mit welchem Geld soll ich das bezahlen?«

»Na, mit deinem eigenen! Mit dem Erlös eurer kleinen Kollekte.«

Er klatschte in die Hände. Überheblich und selbstzufrieden.

»Das steht dir zu. Und fast 10 000 Franc Startkapital sind doch nicht schlecht für den Anfang, oder?«

Er stützte die Hände auf die Schenkel und stand auf.

»Wir gehen.«

Mir war schlecht. Meine schweren Beine schmerzten. Mein Kopf wurde zermalmt. Steine rumpelten in meinem Bauch. Ein milchiger Mond stieg in den Himmel. Ich stolperte.

»Das ist der falsche Zeitpunkt, ins Wasser zu fallen, ich brauche dich nämlich.«

»Wo haben Sie das alles her?«

Er drehte sich um.

»Was?«

»Die Flugblätter, die Pläne, die Waffen?«

Er machte ein wichtiges Gesicht.

»Gar nicht wenige sind mit Amtssiegel von unseren Freunden bei der Polizei, ein paar Marke Eigenbau, wie das mit der Kathedrale von Rennes. Man braucht halt ein bisschen Fantasie.«

»Und die Waffen?«

»Das war ich«, sagte der Hauptmann, ein wenig düster.

»Was ist, wenn die Feuerkreuzler erfahren, dass Sie Ihr eigenes Süppchen kochen?«

In der Dunkelheit blitzte sein Blick auf.

»Wer soll ihnen das stecken? Du? Der Ausbrecher?«

Der Wagen leuchtete schwach gelb in der Ferne.

»Wann fahren deine Kameraden wieder aufs Meer?«

Der Hauptmann drehte sich nicht um. Er war auf dem Gefechtsstand.

»Nächsten Montag.«

»Am Sonntag übergebe ich dir das Material. Und du verteilst es halbe-halbe auf Kutter und Haus.«

Ihm war noch etwas eingefallen. Er hob den Finger.

»Und du notierst alle Verstecke genau, damit die Gendarmen gezielt suchen können.«

Ronans Metallspind fiel mir ein. Ich könnte die Flugblätter in die alte Seekarte einrollen und die Granate auf dem Schrank mit den Geldbündeln verstecken. Die Lade der Standuhr wäre ein guter Platz für die Namen der Polizisten, die auf der Abschussliste standen. Ich sah mich sogar auf See die Revolver unter die Taue schieben.

»Und wer zeigt sie an? Sie?«

»Nein, natürlich nicht! Das machst du, Junge! Gleich nach deiner Flucht gibst du einen schön geschriebenen Brief auf.«

Er lachte.

»Dann kriegst du auch nie wieder Ärger mit den Bullen!«

Wir waren nur noch ein paar Meter vom Wagen entfernt. Er drehte sich zur Küste um.

»Friedlich hier, nicht?«

Öffnete die Autotür, um sich ans Steuer zu setzen.

»Jetzt weißt du, dass es gar nicht so schwer ist, vom kleinen Strolch zum Patrioten zu werden.«

Ich hielt mein Messer wie einen Dolch. Seit wir die Grotte verlassen hatten, war ich bereit zuzustechen. Aber ich wollte den richtigen Moment abwarten. Irgendwann würde der Typ aufhören zu gehen, zu sprechen, zu lachen, zu atmen. Und ich allein wollte bestimmen, wann. Ein schwindelerregendes Gefühl.

»Friedlich hier, nicht?«

Das war das eine Wort zu viel.

Nein, doch nicht.

In meinem Leben war es nie friedlich zugegangen.

Zuerst versenkte ich das Messer bis zum Heft in seinen Rücken. Es drang durch den Baumwollregenmantel, die Jacke, das Hemd. Dann spürte ich, wie die Haut nachgab. Einmal, zweimal. Stach weiter unten zu, mit angelegtem Arm. Er drehte sich um, die Hände erhoben, um sich zu wehren. Es war zu dunkel, um seine Augen zu sehen, und das war mir nur recht. Ich war dabei, einen Mann ohne Blick zu töten. Ohne etwas Menschliches, das mich in den Nächten verfolgen könnte.

Dann durchbohrte ich seine Kehle. Zwei Mal. Mit hoch geführtem Messer. Wie im Schützengraben, wenn der Feind schläft. Er fiel auf die Knie, dann auf den Bauch, stumm, ohne ein Wort, nicht einmal für einen Schrei reichte es. Mit meinem ganzen Gewicht ließ ich mich auf ihn fallen, ein Knie in seinem Kreuz. Durchlöcherte ihn beidhändig, streckte ihn nieder. Traf ihn in Hals und Nacken und verpasste ihm den Gnadenstoß.

Ich träumte nicht. Arm und Schulter schmerzten. Das war echt. Die kleine Zitrone war voller Blut. Es floss in kleinen Rinnsalen über die glückliche Familie, den schnauzbärtigen Vater, die Mutter mit dem hübschen Schultertuch und den Sohn, der hinten fast platzte, das Gesicht verschmiert von Johannisbeergelee.

Ruhig wischte ich das Messer am Ärmel seines Regenmantels ab. Ohne zu zittern. Mein Zorn war mit seinem letzten Atemzug verraucht. Ich ging durch die schwarze Landschaft und fragte mich, ob der Regen das Blut abwaschen würde. Aber ich drehte mich nicht um. Ich hatte vor nichts Angst. Nicht davor, dass mir nachts jemand über den Weg laufen könnte, nicht davor, dass mich jemand gesehen haben könnte. Ich war von meiner Last befreit. Als toter Mann war ich aus dem Citroën gestiegen, als Mörder kam ich zurück. Ohne Scham oder Schuldgefühl. Er oder ich. Ich hatte keine Wahl gehabt und musste mit diesem Verbrechen leben. Und das war mir recht.

15.
DER UNRUHESTIFTER

Die Leiche wurde am frühen Morgen von einem Krabbenfischer gefunden. Laut *L'Ouest-Éclair* hatte die Polizei die Selbstmordhypothese ebenso verworfen wie einen möglichen Unfall. *L'Ouest Républican* dagegen meldete einen »mutmaßlichen Mord an einem Versicherungsagenten aus Lorient, der als Ehrenmann bekannt war«. Beide Zeitungen zitierten einen Zeugen, der von fern »Blut auf der Karosserie des gelben Citroën« gesehen haben wollte. Erst knapp eine Woche später stand in den Regionalblättern, dass das Opfer den »dispos« angehört hatte, dem bewaffneten Arm der Feuerkreuzler. Und wahrscheinlich in einen Hinterhalt geraten war. Einen Monat nach seinem Tod zierte Mévels Foto die Titelseite des *Flambeau* unter der Überschrift: »Feiger Mord«. Darunter stand etwas von »zwei Kugeln im Rücken« und »aufgesetztem Schuss«, auch »die kommunistischen, anarchistischen Kanaillen« wurden erwähnt, bevor die Verbandszeitschrift endgültig verstummte. In der folgenden Ausgabe keine Zeile, kein Wort darüber in den Monaten danach. Es gab inzwischen Zweifel an ihrem Helden.

Bei einer Durchsuchung seiner Wohnung in Le Palais hatten die Ermittler die Namen zahlreicher Polizisten aus Morbihan samt Adresse und Autokennzeichen entdeckt plus handschriftlicher Notizen über ihre Gewohnheiten und die Schule ihrer Kinder. Ferner hatte der Hauptmann offenbar mehrere Anschläge geplant, einen davon gegen die Kathedrale von Rennes. In den beschlagnahmten Dokumenten war die Rede von »zwei Höllenmaschinen«, die in der Kirche deponiert werden sollten, die erste am flämischen Altaraufsatz, die andere im Eichenholzgehäuse der großen Orgel verborgen. In einem Sack mit Holzschrauben und -nägeln war eine Anleitung zum Bombenbau aus Kaliumchlorat, Dünger und Zucker versteckt. An Mévels Wohnsitz in Lorient fand die Polizei eine umfangreiche Sammlung anarchistischer, kommunistischer und antifaschistischer Dokumente. Bücher, Flugblätter, Plakate sowie 6000 Franc in bar. Aber vor allem zwei Pistolen samt Munition und eine funktionstüchtige deutsche Granate.

»Versicherungsagent oder Agent provocateur?«, fragte die *Action française* in einem Artikel ganz unten auf einer Seite. Bekam aber nie eine Antwort. Und dann fegte der Tod Raymond Poincarés, des »ehemaligen Präsidenten der Republik, der sich um sein Land hochverdient gemacht hat«, alle Mutmaßungen hinweg.

»Spinnen die Journalisten oder hat er sein Spiel so gut getarnt?«

Alains Nachruf. Ein Lächeln, ein Satz und ein Achselzucken.

»Nein, die spinnen, die Journalisten«, erwiderte Ronan ernst.

Sophie war erschüttert. Sie war als Einzige eingeweiht.

In jener Nacht war ich zu Fuß nach Hause gekommen, mit Blut auf meiner Matrosenbluse, das ich mit reichlich Wasser auswusch. Auf der Treppe gestand ich ihr alles hinter der geschlossenen Tür. Dass ihr Bruder alles gewusst und mich damit erpresst hatte. Dass ich Ronan kompromittieren sollte, sonst wollte er sie anzeigen. Sie schnitt mir mit einer Handbewegung das Wort ab.

»Sag mir, dass du ihn nicht kaltblütig ermordet hast, ich flehe dich an!«

Sie nahm mich mit beiden Händen an den Schultern. Ich verstand nicht, was sie von mir wollte.

»Sag mir, dass er sich auf dich gestürzt hat!«

Ich senkte den Blick. Sie schüttelte mich.

»So sag doch irgendwas! Dass du dich nur verteidigt hast, dass es ein Unfall war, sag es!«

Sie weinte. Ich hatte sie noch nie weinen gesehen. Wie ein verstörtes Kind.

»Sag mir die Wahrheit, verdammt!«

Ich hielt ihrem Blick stand.

»Das ist die Wahrheit, Sophie.«

Dein Bruder hat mitgekriegt, dass ich aus der Anstalt ausgebrochen bin. Er hatte mich in der Hand. Und hat das ausgenutzt. Weil er Ronan loswerden wollte. Also hat er von mir verlangt, dass ich Waffen auf dem Kutter verstecke und eine Granate in eurem Haus, außerdem Attentatspläne, die Bauanleitung für eine Bombe und verbotene Schriften. Er wollte den Käpt'n und seine rote Mannschaft zu Fall bringen. Und dich zurückholen, Sophie. Er wollte dich aus den Klauen des Mannes retten, der seiner Meinung nach einen schlechten Einfluss auf dich hat. Du solltest bei und mit deinem Bruder leben. Er hat mit Mutter und Tochter gesprochen, Sophie. Und sie haben alles zugegeben. Also habe ich mich bereit gezeigt mitzuspielen, weil er uns sonst angezeigt hätte. Mich, den Flüchtling, und dich, die Engelmacherin. Er hätte dich lieber im Gefängnis gesehen als in den Händen eines Piraten. Du willst die Wahrheit, Sophie? Eine andere gibt es nicht.

Sie glaubte mir nicht, wollte das Ganze nicht wahrhaben. Sie war so wütend, dass sie wochenlang kaum mit mir sprach.

»Schmollt sie?«, fragte Ronan lachend.

Ich bin nicht auf das Begräbnis des Bruders gegangen. Es fand weit vor den Enthüllungen über ihn statt. Seine Freunde und Kameraden waren gekommen, sein Ruf noch makellos. Er wurde mit militärischen Ehren beigesetzt.

»Unseren Toten!«

Dem Ruf der Trompete folgend, neigten sich die Fahnen am Rand seines Grabs.

Sophie war in Halbtrauer. Ein nachtblaues Kostüm tat es auch.

Und dann brachte eine Freundin ihr eines Morgens die Zeitungen mit. In denen »das Doppelleben des Feuerkreuzlers« enthüllt wurde. Er sei ein »Unruhestifter« gewesen, habe »ein Komplott« geplant. Und nur Sophie wusste, dass ihr Bruder »die Beweise seiner Falschheit«, von denen die Gazetten ausführlich berichteten, selbst fabriziert hatte, um ihren Mann in den Untergang zu stürzen.

Ich kam mit dem Fahrrad vom Hafen, Ronan war noch bei der Fischauktion. Sophie erwartete mich im Hof, auf der steinernen Bank, die Zeitung auf den Knien. Sie war völlig aufgelöst. Ich breitete die Arme aus, damit sie darin Zuflucht fand.

»Vergib mir, Jules!«, schluchzte sie.

Sie weinte über den Verrat ihres Bruders. Und ihre Zweifel an mir.

Sie weinte aus Trauer und Groll.

16.
GUERNICA

26. April 1937

Drei Jahre später waren mein Gesicht, mein Name, ja, meine Existenz vergessen. Die Geschichte von dem verschwundenen Ausbrecher hatte sich nicht länger gehalten als das Zeitungspapier, auf dem sie gedruckt war. Nun war ich wirklich frei. Die Leute, denen ich tagtäglich begegnete, hatten keine Augen für mich. Ich hatte wieder Haare, wahrscheinlich die braunen Locken meiner Mutter. Und meine innere Ruhe. Im Ort war ich Kadarn oder »der Neffe«. Die Bäckerin sprach mich mit »Monsieur Jules« an. Im Hafen war ich der Decksjunge der *Sainte-Sophie*. Nach Le Palais kam ich selten. Weniger aus Angst vor einer gefährlichen Begegnung denn aus Aberglauben. Wenn ich die Mauer oder die Zitadelle sah, senkte ich den Blick. Einmal war Le Goff mit einer dicken Madame, wahrscheinlich seiner Frau, bei der Auktion. Selbst auf dem Sonntagsanzug trug er seine Orden. Eines Morgens begrüßte ich Abbé Bricout am Hafen von Sauzon. Ich nahm meine Mütze ab.

»Guten Tag, Vater.«

Er verbeugte sich leicht, mit unruhigem Blick, wie immer. Ich spürte, dass er sich nach mir umdrehte. Ich kam mit der entsprechenden Kleidung vom Fischen, auf der Schulter ein löchriges Netz. Ich sah wie jeder aus, also wie niemand. Ein anderes Mal begegnete ich Chautemps am Anleger. In Begleitung eines Mädchens ohne Lächeln wollte er offenbar nach Quiberon. Und mir war nach Spielchen. Also ging ich zu ihm hin und fragte sehr höflich, ob er mir sagen könnte, wann die nächste Fähre ging. Er starrte mich an. Misstrauen blitzte in seinen Augen auf, er zog die Augenbrauen zusammen, ein Schatten flog über seine Stirn. Dann besann er sich eines anderen und sah auf seine Taschenuhr. Ich hätte noch genau dreiundzwanzig Minuten, bis die Schiffssirene ertönte und die Gangway eingezogen würde. Seine Stimme klang zivilisiert und melodiös. Keine Spur von der Dogge, die ich kannte. Ich bedankte mich. Lächelte der jungen Frau zu, die keine Reaktion zeigte, und setzte als anständiger Junge meinen Weg fort.

An der Straßenecke klatschte ich lachend in die Hände. Ich, Jules Bonneau, aus der Korrektionsanstalt von Haute-Boulogne entflohen, hatte gerade den Oberaufseher meines Gefängnisses nach der nächsten Fähre zum Festland gefragt. Verrückt.

Ein anderes Mal wurde mein Herz schwer. Sonntag. Ich war mit dem Rad unterwegs, als ich die ersten Töne unserer Blaskapelle hörte. Auf einer Böschung blieb ich stehen. Nicht um Camille zu winken oder ihn mitzunehmen, nur um ihn heimlich zu sehen. Aus Vorsicht zog ich meine Mütze ganz tief in die Stirn. Kinder sind schlauer als die Männer mit dem arroganten Ton.

Sie kamen im Gleichschritt marschiert, fünfzig als Matrosen verkleidete Unglückliche. Mit gebügelten Fischerhemden, Uniformjacken, Bommelmützen, Kinnriemen, Trompeten, Flöten und Militärtrommeln. Sie stampften mit ihren Holzschuhen auf den Boden, als wollten sie sich an ihm rächen. Eine Träne entwischte mir. Fast hätte ich mich zur Mauer gedreht. Brillat das Würstchen und Klein Malo waren dabei, in Reih und Glied, und verschlangen die Kinder, die ihnen zusahen, mit den Augen. Wieder einmal suchte ich vergebens nach Camille. Er fehlte mir. Mit seinem Eierkopf, den schmächtigen Beinchen, den Augen wie von einem gehetzten Tier und der Ernsthaftigkeit, mit der er sein Instrument spielte. Als Jesson mit seiner Trommel an mir vorbeikam, konnte ich nicht mehr an mich halten und klingelte. Keine Ahnung, ob das Dummheit war, Angeberei oder Schabernack. Jedenfalls betätigte ich mit dem Daumen den Klöppel meiner Fahrradglocke. Drei Mal hintereinander. Ein metallischer Salut. Jesson hob den Blick. Riss den Mund auf. Grinste übers ganze Gesicht. Ich zwinkerte ihm zu und schwang mich wieder in den Sattel. Er drehte sich tollkühn nach mir um.

»Wir schauen geradeaus«, bellte Napoléon, als er das sah.

Jesson nahm Haltung an. Und trommelte wie nie zuvor, ließ die Stöcke wirbeln, ein junger Tambour im Angriff, umgeben von den alten Haudegen der Napoleonischen Garde. Er würde schweigen. Aber ich wusste auch, dass beim Zapfenstreich, gut versteckt hinter schweren Augenlidern, die Kröte bei ihm auftauchen würde. Im Sonntagsstaat, auf einem Gitane-Rad mit silberner Glocke. Die für ihn geklingelt hatte. Um ihm mit einem Augenzwinkern zu versichern, dass man aus diesem verfluchten Gefängnis auch ausbrechen konnte.

Mehrere Monate lang hatte ich davon geträumt, die Insel zu verlassen. Ronan hatte den Vorschlag gemacht. Aber was dann? Nirgends wurde ich erwartet. Nicht in der Mayenne, nicht in Paris, das mir ohnehin zu groß war, noch in sonst einer Stadt, in keinem Dorf und von keiner Familie. Ich war Jules Ganzallein. Dann begriff ich allmählich, dass mein Zuhause hier war. Wo es Arbeit gab. Ich bettelte nicht um Brot, ich verdiente es mir. Bezahlte jeden Monat mein Zimmer beim Käpt'n. In meiner Ecke vom Kutter war der Abdruck meiner Stiefel, auf dem Esstisch stand mein Teller, auf dem Kneipentresen mein Schnapsglas. Und überall durfte ich sein. Ich hatte mir die Freiheit erkämpft, jetzt schmiedete ich mir Stück für Stück meine Würde. Zwei Mal, in Fiebernächten, kehrte ich zu der blutroten Zitrone zurück. In diesen Albträumen hatte Hauptmann Mével meinen Blick. Er starb mit meinen Augen, und ich tötete ihn mit den seinen.

*

Ronan hatte drei Jahre gebraucht, um mich ganz und gar zu adoptieren. Aus dem geflohenen Zögling, der seine Haut mit Douk-Douk und Fäusten verteidigte, war ein Fischer wie alle anderen geworden. Ein echter Decksjunge. Und ein vollwertiges Mitglied seiner Mannschaft, der jeden Freitag seine Heuer bekam und sein Glas bei den *Freibeutern* genoss. Wenn der Fang gut war, nannte er mich »Sohn«.

Für Sophie war es schwieriger. Mit dem Tod ihres Bruders war etwas zerbrochen. Nicht zwischen uns, sondern in ihr. Sie wusste, dass es mir nur darum gegangen war, uns zu schützen, trotzdem blieb ich der Mörder ihres großen Bruders. Bald nach seinem Tod veröffentlichte das Magazin *Détective* Einzelheiten der Tat. »Einunddreißig Messerstiche«, stand da. Der Rechtsmediziner habe von einem »Gemetzel« gesprochen, das in einer Art »Blutrausch« erfolgt sei. Einunddreißig Wunden. Warum nicht? Nach allem, was passiert war! Ich hatte mit geschlossenen Augen zugestochen, wie man sich erleichtert. Dann hatte ich es vergessen. Das Chaos auseinandergenommen und mir ein akzeptables Verbrechen zurechtgelegt. Da und dort ein paar Schnitte. Wie chirurgische Eingriffe. Das stimmte wohl nicht. Laut den Ärzten hatte ich ihn regelrecht zerfetzt. Sophie sah einen Schlächter vor sich, im Wohnzimmer, am Hafen oder sonntagvormittags im Café. Der Junge, den sie in der Anstalt versorgt hatte, war zu einem Mann geworden, der ihren Bruder massakriert hatte. Jedes Mal, wenn ich mit ihr zu Abend aß, fühlte ich ihren Blick auf meiner Hand. Der mit dem Messer.

Pantxo wiederum hatte die Lust am Leben verloren. Beim Anstoßen hob er traurig sein Glas und nahm höchstens ein paar Löffel von der fetten Cotriade. An Bord drückte er sich vor dem Einholen der Netze und ergriff nur widerwillig das Ruder. An Land ging er uns aus dem Weg. Auch mir, den er sonst zärtlich »Räuber« nannte.

Einmal, als wir vom Hafen kamen, sagte Ronan leise zu ihm: »Du bist zum Kotzen, Baske!«

Dem Käpt'n tat es um ihn und um uns alle leid.

Seit einem Jahr durchlebte die Mannschaft mit ihm die dunkelsten Stunden seines Landes.

Im Juli 1936 kam er morgens einmal zornentbrannt an Bord. Zum ersten Mal betrat er das Boot, ohne zu lächeln und uns die Hand zu geben. Spanische Soldaten hatten in Marokko gemeutert. Das sei erst der Anfang, meinte er, und sollte damit recht behalten. Als die ersten Kasernen gegen die Frente Popular aufstanden, fing er mit uns Streit an.

»Ihr habt auch nur Sardinen im Kopf!«

Ronan erinnerte ihn daran, dass unser Leben von dieser Arbeit abhing.

»Eure Arbeit ist mir egal«, schrie Pantxo mit verzerrtem Gesicht.

Auf das rote Halstuch Alains antwortete er mit seinem schwarzen. Pantxo war Anarchist. »Libertär«, sagte er. Er hatte in Quiberon ein altes Radio von TSF Manufrance gekauft, es repariert und auf Kurzwelle eingestellt, um das offizielle Programm der republikanischen Regierung empfangen zu können. Jeden Abend um 21.20 Uhr saß er vor dem Gerät und suchte auf einer Wellenlänge von 30,43 Meter die Stimme Madrids. Und war jeden Morgen, wenn er an Bord ging, noch schlechter drauf als am Vortag.

Am 29. April 1937 blieb er einfach auf der Bank liegen. Er hatte geweint. Und sein Gesicht war weiß von einer schlaflosen Nacht. Also ging ich ans Ruder.

Drei Tage davor hatten Hitlers Bomber im Verein mit den Faschisten eine Stadt in seiner Heimat zerstört, die strategische Bedeutung hatte. Laut dem loyalistischen Radiosender hatten die deutschen Bomber und italienischen Jagdflieger den Befehl, die Zivilbevölkerung zu terrorisieren. Pantxo konnte nicht begreifen, dass jemand Bomben auf Kinder warf. Es war das erste Mal, dass ich aus seinem Mund den Namen Franco hörte. Er spuckte ihn mit seiner erloschenen Zigarette über Bord.

Nach dem Anlegen hatte Alain uns diskret die erste Seite der *Humanité* vom Vortag gezeigt. »TAUSEND BRANDBOMBEN LEGEN DIE STADT GUERNICA IN SCHUTT UND ASCHE.«

»Armer Kerl«, grummelte Alain. »Das gibt ihm den Rest.«

»Und ich sage, wir werden ihn verlieren«, fügte der Käpt'n hinzu.

*

Zum ersten Mal setzten wir uns im *Freibeuter* an einen Tisch. Das machten wir sonst nie – abgesehen von dem einen Mal mit dem Dichter. Unser Revier war an der Theke, unter der Wasserpfeife aus blauem Glas, die der Wirt aus Nordafrika mitgebracht hatte. Ohne ein Wort zu sagen, brachte Cothias eine Flasche Lambig mit vier kleinen Gläsern, damit er länger hielt.

»Ich höre, Pantxo«, sagte Ronan mit seiner ruhigen Stimme und einem Blick aus seinen hellen Augen. Zu Wasser und zu Lande war er der Kapitän.

Der Baske breitete die Arme aus.

»Was willst du hören?«

»Was du mir zu sagen hast.«

Pantxo trank sein Glas in einem Zug aus. Was er zu sagen hatte?

»Danke.«

Er dankte Ronan, Alain, den anständigen Menschen, die ihn als einen der ihren aufgenommen hatten. Sophie, die ihm die Fischerwohnung eines auf See verschollenen Onkels überlassen hatte – ein großes Zimmer im Erdgeschoss, eine Küchenecke, ein Schlafzimmerchen mit Alkoven. Dem Kutter, dass er ihn getragen, und dem Ozean, dass er ihn verschont hatte. Er dankte für zehn Jahre in Sauzon. Und mir, seinem kleinen Räuber, dass ich seine Launen ertragen hatte.

»Klingt wie ein Epitaph«, knurrte Alain.

Pantxo kannte den Begriff nicht.

»Nachwort«, übersetzte Alain.

Ich weigerte mich, zu verstehen.

Ronan beugte sich zu Pantxo.

»Und dein Entschluss steht fest?«

»Seit Guernica.«

Ronan nickte.

»Klar, Guernica.«

Alain verzog das Gesicht.

»Scheiß Deutsche!«

Er legte den Kopf in den Nacken, leerte sein Glas und knallte es auf den Tisch.

Dann Schweigen. Das Schweigen der abgegriffenen Worte, die zu oft gesagt worden waren, um etwas zu sagen. Das Schweigen am Ende der Sätze, am Ende der Blicke. Das Schweigen des Abschieds.

Plötzlich haute Ronan mit beiden Fäusten auf den Tisch.

Wir zuckten zusammen.

Er stand auf.

»Los, auf, Rudergänger!«

Der zögerte. Und schob dann entschlossen seinen Stuhl zurück.

»Dich gehen zu lassen, heißt doch auch ein bisschen, deiner Republik zu helfen, oder?«

Der Baske lächelte. Zum ersten Mal seit Monaten.

Er gab Ronan die Hand.

»*Milesker.*«

»Richtig so, plappere du nur in deinem Kauderwelsch, Genosse«, stammelte der Käpt'n.

Er war sehr bewegt.

Wischte sich mit einem Ärmel die Augen.

Und versenkte seine Hand in der von Pantxo.

17.
CAMILLE LOISEAU

2. Mai 1937

Es klopfte an meiner Zimmertür.

»Jules?«, flüsterte Sophie.

Es war ein langer Tag gewesen, ich hatte noch geschlafen. Setzte mich auf.

Sophie trug einen Regenmantel über dem Kittel. Sie kam direkt aus der Anstalt. Zögernd trat sie näher und setzte sich dann zu mir aufs Bett. Sie hatte geweint. Eine Mascaraspur zog sich über ihre Wange.

Ich hielt den Atem an.

»Was ist?«

Sie senkte den Blick, nahm meine Hand.

»Camille Loiseau.«

Ich zermalmte ihr fast die Finger.

»Was ist mit Camille?«

Sie zog ihre Hand weg.

»Was ist mit Camille passiert?«

»Er hat sich erhängt.«

Das sagte sie so, in einem Atemzug.

Ich sprang auf. Nackt, wie ich immer schlief.

Sophie wandte den Blick ab und ging aus dem Zimmer.

Ich sperrte die Tür zu.

Setzte mich mit verschränkten Armen aufs Bett. Mein linkes Bein drehte durch.

Ich schloss die Augen.

Ich musste hier raus.

*

Ich ziehe mir meine Wut über. Beschmiere meinen Körper mit Kot. Stürme zur Anstalt. Der Bock öffnet das Tor und breitet die Arme aus, um die anderen zu beschützen, Chautemps, Le Goff, Toupet, Napoléon. Ich stürze mich auf sie. Zerfetze sie mit den Zähnen.

Da bin ich wieder, gehe über den Hof und reiße die Türen der Werkstätten auf, Zimmerei, Seilerei, Tischlerei. Zerschlage die Fenster, ziehe den Wärtern ihre betressten Käppis über die Augen. Da bin ich wieder, tanze mit dem Satan durch die Kapelle, werfe Kirchenbänke um und verstreue Gebetbücher auf dem Boden. Da bin ich wieder, laufe brüllend wie ein Raubtier durch die Gärten und zerstöre die Segel des Schulschiffs im großen Hof. Da bin ich wieder, am Fuß der hölzernen Hühnerleiter, die zum Schlafsaal des zweiten Blocks hinaufführt, und viele sind mir gefolgt.

Du hängst in einer Ecke des Raums. Das Kinn zur Brust gesunken, die Arme am Körper baumelnd. Das aus der Seilerei geklaute Tau hat dir das Genick gebrochen. Du bist barfuß, Camille Loiseau, mit deinem grauen Gesicht und den riesigen Augen. Deine Zungenspitze steht hervor. Wie bei einem Schafskopf in der Auslage eines Fleischers. Ich lockere den Knoten, und du fällst mir in die Arme. Ich nehme dich mit, trage dich wie ein krankes Kind die Treppe hinunter, eine Hand unter den Schultern, die andere unter den Knien. Die anderen weichen zurück und geben uns das Geleit. Der Spielmannszug von Haute-Boulogne eröffnet die Prozession. Jesson schlägt seine Trommel, die zur Sturmglocke geworden ist. Klein Malo und das Würstchen Brillat folgen im Trauermarsch. Heute spielt das Orchester nicht für die Anstalt. Weder für den Stolz des Direktors noch für den kleinen Schauder der Familien nach der Messe. Ihre Musik beweint dich, Camille. Dich, den in Windeln Ausgesetzten und auf den Stufen einer Kirche Verlassenen. Dich, den Zarten, von den Wärtern kaputtgehauen und von den Kapos beschmutzt. Dich, das Kind der Schande, von der Justiz vor den braven Leuten versteckt, aus Feigheit, Faulheit, Dummheit. Dich, den fröhlichen Ausbrecher, den die Schwestern Derrien für einen Silberling verraten haben.

Wir verlassen das Gefängnis durch das große Tor, die anderen hinter uns her, laut stampfend. Eine kriegerische Prozession mit düsteren Blicken und zusammengepressten Lippen. Ein Trauermarsch zum Grottenfelsen, von dem die zwei Brüder sich in den Ozean stürzten.

Ich trage dich durch die Stadt mit ihren geschlossenen Fensterläden, verlassenen Straßen und dem ausgestorbenen Hafen. Ich platze fast vor Lust, fremde Leute aufzuwecken, um dir eine Familie zu erfinden, nur für dein Begräbnis. Aber es gibt nur uns, dein Federgewicht in meinen Armen und den Himmel, der das Gewitter in sich trägt.

Die anderen lassen mich allein vorgehen bis zum Höllenschlund. Ich habe sie mit Fackeln ausgestattet, damit sie das Dunkel vertreiben. Das Meer donnert an die schwarzen Felsen. Dein zerbrochener Körper liegt in meinen Händen. Mit beiden Armen erhebe ich ihn über den Kopf und übergebe ihn dem tobenden Ozean.

Und schreie deinen Tod in die Welt.

*

»Mach die Tür auf, Jules!«

Ronans Stimme, dann die von Sophie.

»Mach auf, ja?«

Schläge wummerten gegen die Tür.

Ich stand nackt im Zimmer, einen Stuhl in der Hand. Stellte ihn lautlos an seinen Platz, drehte den Schlüssel um und öffnete die Tür. Sophie wandte den Kopf ab.

»Zieh dich an, verdammt!«, schimpfte Ronan.

Er blieb bei mir im Zimmer. Passte auf mich auf. Bis ich Hose, Hemd und Jacke anhatte.

»Warum hast du geschrien? Wir hatten Angst um dich.«

Das Bett zerwühlt, die Bettlaken zerfetzt, die Kissen ausgeweidet. Ein Tischbein gebrochen, ein Hocker kaputt, eine Nachttischlampe umgestoßen, die zwei Zinnsoldaten auf den Boden gefegt. Ronan bückte sich. Hob den Franzosen auf, der sein Gewehr mit dem aufgepflanzten Bajonett nachlud. Und den Deutschen mit seiner Pickelhaube in der Haltung des liegenden Schützen. Legte sie auf den Tisch.

»Das ist Alexandres Zimmer.«

Ich sah ihn an. Ich war zu weit gegangen. Und hasste mich dafür.

»Und das da sind seine Spielsachen.«

Ich wusste nicht, was ich sagen sollte. Ich stellte die Lampe wieder auf, schob den Tisch zurück, sammelte das Bettzeug ein.

»Du fragst gar nicht, wer Alexandre ist.«

Ich ahnte es.

»Dein Sohn?«

»Unser Sohn, ja. Er ist mit sechs gestorben.«

Ich platzierte die Kopfkissen auf der Nackenrolle. Er half mir nicht. Beobachtete mich.

»Kann ich rein?«, fragte Sophie leise.

»Ja«, sagte Ronan. Sie tauchte im Türrahmen auf.

»Ich hab ihm das von Alex gesagt.«

Eine Vase war zerbrochen. Und die bunte Papierblume lag unterm Schrank. Ich bückte mich, um sie aufzuheben.

Sophie sah mir zu.

»Aber du weißt schon, Jules, dass du gemeint warst, als Ronan dich eingesammelt hat und ich dich aufgenommen habe.«

Ich hob die Terrakottascherben und die Papierblume auf.

»Warum sagst du das?«

»Damit du es weißt. Dass es nichts mit der Erinnerung an unseren Sohn zu tun hat.«

»Oder du seinen Platz einnimmst«, ergänzte Ronan.

Ich hatte meinen Nachttopf unter dem Bett verschüttet.

Es tat mir so leid. Mir fehlten die Worte.

*

Am Tag darauf reiste Pantxo ab. Ronan wollte mit ihm nach Quiberon fahren. Als Mensch sei er unersetzlich, aber die

Sainte-Sophie brauche noch einen Rudergänger. Alain klappere alle Häfen ab und habe schon zwei, drei Ideen. Seemänner, mit denen er sich verstehen könnte, bei den *Freibeutern* wie auf der Ruderbank.

»Organisierte Seebären gibt's nicht so viele hier. Die muss man umwerben, Käpt'n.«

»Hauptsache, man kann sich auf sie verlassen.«

Dafür wollte Alain sich verbürgen.

Wir saßen am Esszimmertisch. Mein Bein hatte sich beruhigt, Herz und Hirn noch nicht.

»Woran ist Alexandre gestorben?«

Ronan sah nicht auf. Er saß über seinem dicken Wollpullover und stopfte ein Loch am Ellbogen.

»An einer Hirnhautentzündung«, sagte Sophie.

Ich spielte nervös mit dem Band meiner Mutter.

»Das mit seinem Zimmer tut mir leid.«

Ronan hob den Kopf und sagte lächelnd: »Jetzt ist es ja deins.«

*

Alain kam mit einem Namen aus Le Palais zurück. Das sei bestimmt der Richtige für die Mannschaft. Ronan war skeptisch und wollte erst alles über ihn wissen.

»Er ist in der CGT, seit er einundzwanzig ist«, verkündete Alain stolz.

»Das war nicht die Frage.«

Er sei aus Nantes, Sohn eines Glasaalfischers und einer Arbeiterin bei Lefèvre-Utile. Zwei Jahre habe er auf der *Cornouaille* gearbeitet, einem Sardinenfischer aus Quimper. Während der Saison sei er dort Erster Rudergänger, den Winter verbringe er als Zimmermannsgehilfe auf einer kleinen Werft in Camaret.

»Und ein super Gewerkschafter«, beharrte Alain.

Ronan lächelte.

»Zwei Rote an Bord? Das ist dann nicht mehr die *Sainte-Sophie*, sondern der Panzerkreuzer Potemkin!«

Alain lachte und kramte in seiner Tasche.

»Hier, Decksjunge, für dich!«

Er warf den *Paris-Soir* und ein zerknittertes Blatt Papier auf den Tisch. Ich glättete es. Ein korallenrotes Flugblatt des *Comité de défense sociale* in Paris. Ronan holte eine Flasche Cidre.

»Liest du, Decksjunge?«

Ich schaute zu Alain hoch.

»Bin dabei.«

»Vorlesen, bitte, dass alle was davon haben.«

Sophie setzte sich zu uns.

Das Bild des erhängten Camille verfolgte mich.

Alle waren verstummt.

»Kinderknäste – Vorzimmer der Zuchthäuser und der Strafkolonien in Afrika.«

Alain haute mit der Faust auf den Tisch. Sein Blick ruhte auf mir.

»Geht gut los, was?«

Ich antwortete nicht. Er riss mir das Blatt aus der Hand.

»Scheiße, Jules. Du könntest wenigstens irgendeine Reaktion zeigen!«

Dann las er weiter, mit erhobener Stimme, wie ein Tribun. Und beobachtete uns.

»Ihr, Männer und Frauen mit Herz, die sich um ihre Kinder sorgen und auf deren geringste Klage bestürzt reagieren, ihr könnt nicht unempfänglich sein für unseren Appell ...«

Er hob den Zeigefinger.

»Hör zu, Decksjunge: ›Tagtäglich werden Kinder in Korrektionsanstalten, wo sie wegen Nichtigkeiten eingesperrt sind, gefoltert!‹«

»Das ist für dich, Decksjunge! ›Sie rufen um Hilfe. Hört auf den Schrei der Verzweiflung und kommt zahlreich zu unserem Treffen in ...‹«

Er zeigte auf die leeren Zeilen am unteren Seitenrand.

»Da kann jede Ortsgruppe die Stadt, den Veranstaltungsort und die Zeit eintragen. Und die Namen der Redner.«

Ich war wie versteinert. Alain war enttäuscht. Fast zornig.

»Jetzt sag doch mal was, verdammt! Ist es nicht das, was du wolltest?«

Er legte das Blatt auf den Tisch. Stand riesengroß in der Mitte des Raums.

»Stell dir vor, in Paris gibt es sogar eine Demo für die Abschaffung dieser Scheißanstalten!«

Eine Demo in Paris, ja, das hatte ich verstanden.

»Es sollten doch alle wissen, oder?«

Ich starrte ihn schweigend an.

»Na also, jetzt ist es so weit. Jetzt wissen es alle, Decksjunge. Dass das keine Ferienkolonie ist, sondern eine Strafkolonie! Und du bist aus so was ausgebrochen, Junge!«

Sophie, die mir gegenübersaß, stand auf und setzte sich zu mir.

»Ein Freund von ihm hat sich dort heute Nacht erhängt«, erklärte Ronan.

Alain sank in sich zusammen.

»Sophie hat sich um seine Leiche gekümmert.«

Nein, ich. Nur ich kümmere mich um ihn. Trage ihn wie einen König über die Insel. Eröffne den Trauerzug mit unserem Musikkorps. Umhülle ihn mit Licht, rede mit ihm, beruhige ihn und verspreche ihm, dass wir uns bald wiedersehen.

»Tut mir leid, Decksjunge. Ich bin manchmal etwas grob«, sagte Alain verlegen.

Ich lächelte ihn an.

Sophie legte ihre Hand auf meine. Und meinen Kopf auf ihre Schulter.

»Dein Camille wäre stolz, wenn er das wüsste.«

»O ja, verdammt, das wäre er!«, rief Alain.

Er schlug eine andere Zeitung auf, *Paris-Soir*.

»Warte, es geht noch weiter.«

Der Pariser Journalist Alexis Danan nannte Haute-Boulogne ein Strafarbeitslager. Nach seinen Recherchen wären wir nicht bloß Häftlinge, sondern Sklaven, die als Zimmerer, Kupferschmiede, Seiler, Klempner, Fischer oder Fabrikarbeiter eingesetzt würden. Unsere Werkstätten produzierten für die restliche Bevölkerung. Die Landwirtschaft von Bruté ernährte die ehrenwerte Gesellschaft. Die Bravsten unter uns würden von Bauern, Geschäfts- und Privatleuten in der Umgebung als

Arbeitskräfte gerühmt, doch ihren Lohn streiche die Anstalt ein. Haute-Boulogne habe den Ehrgeiz, autark zu sein, und die ganze Insel profitiere davon.

»Und das steht im *Paris-Soir,* unglaublich, was?«

Über eine Million Auflage! *Le Petit Parisien* sei ein Klacks dagegen. Unsere Lokalzeitungen? Ein Witz. Alain lächelte.

»Und das ist noch nicht alles.«

Er zog ein schmales Heft aus seiner Tasche und stand auf.

»Mesdames, Messieurs, ich bitte um Ihre ungeteilte Aufmerksamkeit.«

Ronan pfiff durch die Zähne, Sophie applaudierte. Alain gab alles, um mich aufzuheitern. Wie ein Chansonnier auf der Bühne. Die anderen beiden amüsierten sich über seinen Auftritt.

»Ja, eine Rede, eine Rede!«

»Nein, ein Gedicht«, erwiderte Alain ernst.

Und erntete von beiden ein Lächeln.

»Erinnerst du dich an Jacques, den Pariser?«, fragte er mich.

Ich nickte.

»Der Bulle in Zivil?«

Er lachte.

»Genau. Der Bulle, der keiner war.«

Er schlug das Heft auf.

»Er hat uns doch versprochen, ein Gedicht zu schreiben.«

Ich erinnerte mich daran.

»Erst dachte ich, das ist ein Schwindel. So wie die Touristen jeden Scheiß erzählen, um uns zu beeindrucken.«

»Nur dass es diesmal wahr ist«, sagte Sophie.

»Ja, Chefin. Wirklich wahr«, antwortete Alain wie verwundert. »Er hat das Gedicht geschrieben. Und eine Zeitschrift hat es abgedruckt.«

Alain legte eine Pause ein. Dann fing er an zu lesen. Mit der hochtrabenden Attitüde des Truppenunterhalters.

»*Gejagtes Kind*
Räuber! Taugenichts! Dieb! Strolch!
Über der …«

Stirnrunzelnd brach er ab.

»Nein, Scheiße, das geht so nicht!«

»Mach weiter, bitte!«, murmelte Ronan.

Ärgerlich winkte Alain ab.

»Mit meiner Krächzstimme klingt es wie Knüttelverse.«

Er reichte es an Sophie weiter.

»Da, lies du! Ich kann nur Parolen schreien.«

Sophie stand auf. Nahm das Heft in die Hand und schob die andere Hand unter den Arm ihres Mannes. So stellten sie sich vor mir auf, Seite an Seite, wie Schauspieler. Ich dachte an Alexandre. Alain war sein Pate gewesen. Ronan und Sophie sahen mich an wie einen Sohn.

»Räuber! Taugenichts! Dieb! Strolch!
Es ist die kinderjagende Meute
Der tapferen ehrbaren Leute
Er sagte: Ich habe genug vom Erziehungshaus
Und die Wächter schlugen ihm mit Schlüsseln die
 Zähne aus

Und ließen ihn liegen und gingen hinaus
Räuber! Tau…«

Ich stand auf. Sophie verstummte. Sanft nahm ich ihr das Gedicht aus der Hand. Sie war nicht überrascht. Alain auch nicht. Und Ronan war es von Anfang an klar gewesen. Das war alles ziemlich hart für mich.

»Ich lese es lieber allein, danke, Alain.«

Ich war zu traurig, um mit den anderen zusammen zu sein. Unsere Gläser waren voll. Und der Käpt'n würde gleich die Barschfilets zu den Endivien und Karotten in den Kochtopf geben. Alain blieb zum Essen.

Ich drückte das Heft an mich.

»Danke euch allen, wirklich.«

18.
DIE BESTRAFUNG

3. Mai 1937, 2 Uhr morgens

Ich las das Gedicht von Jacques Prévert. Es flog und floss so klar dahin wie ein trauriges Kinderlied.

»Um Kinder zu jagen, bedarf es des Jagdscheins nicht
Drum sind die Guten so drauf erpicht …«

Dann schlummerte ich, bis es dunkel war. Unruhig wie an einem schlaflosen Tag nach schlechtem Wein, den ich aber nicht getrunken hatte. Von einer quietschenden Matratze, gedämpften Gesprächen, einer zuschlagenden Tür und dem Seufzen des Windes im Kamin daran gehindert. Ich hatte mich nicht ausgezogen, sondern samt Stiefeln und Mütze in die Decke gerollt.

Und gewartet.

Ich roch den Kochdunst, hörte Ronans Räuspern, das Knistern des Radios, Sophies Lachen, die Geräusche eines trägen Abends. Ich öffnete die Fensterläden ein wenig. Ich wollte das Ende des Tages erleben und die ersten Tropfen der Nacht spüren. Die weißen Wolken und die letzten Schatten sehen.

Ich wartete.

Hörte die beiden durch den Flur und die Treppe hinaufgehen, erst Sophies leichte Schritte auf Zehenspitzen, dann Ronan. Und die Zeremonie des Zubettgehens. Sie schlugen das Bett auf und legten sich hin, löschten das Licht, flüsterten noch ein wenig miteinander und schliefen dann ein.

Mein Messer ließ ich liegen, neben dem gepackten Seesack. Zu Camilles Kompass, Camilles Wasserflasche, Camilles Seekarte, Camilles Feuerzeug, dem silbernen Becher und dem Teller mit den blauen Blümchen hatte ich noch Klamotten, ein Paar Schuhe und meine Ersparnisse hinzugefügt. Ronan bezahlte seine Leute anständig, manchmal legte er noch einen Schein obendrauf.

»Da hat der Ozean geblinzelt«, pflegte er zu sagen, wenn einer nachzählte.

Mit den Schuhen in der einen und einer Taschenlampe in der anderen Hand ging ich die Treppe hinunter. Öffnete geräuschlos die Tür zum Flur. Zog die Eingangstür zu. Lief in Socken über den Kies. Trug Ronans Rad bis zum Lehmweg. Erst dort, im Schutz der Hecken und des brausenden Windes, zog ich meine Schuhe an, stieg auf und fuhr zum Teil querfeldein Richtung Kerzo. Von den zwei Benzinkanistern in der Scheune hatte ich einen auf dem Gepäckträger.

Wieder war Mathias' Mühle verwaist. Im ersten Stock schlug ein Fensterladen im Wind. In dessen Schatten versteckte ich mich, an den kalten Stein gelehnt.

»Und was soll ich tun?«

»Du bleibst bei der Mühle und wartest.«

Das war fast drei Jahre her. Ich hätte Camille nicht allein gehen lassen dürfen. Immer noch hörte ich sein Schreien, sein Flehen und das dumpfe Geräusch, als sein Schatten wie ein Sack hinten in den Lieferwagen flog. Seit jener Nacht hatte ich auf den passenden Moment gewartet, um nach Kerzo zu fahren, das Gärtchen der Schwestern Derrien zu durchqueren, ihre Fahrräder umzustoßen und gegen die Tür zu treten.

Aber noch wartete ich.

Als das letzte Licht im oberen Stockwerk erloschen war, hämmerte ich mit der Faust an die Tür. In ein großes schwarzes Tuch gehüllt, tauchte die Jüngere hinter einer Scheibe auf. Ich war mir sicher, dass sie das Fenster öffnen und sich in die Dunkelheit beugen würden. Erst die eine, dann die andere oder beide zugleich. Ich hatte einen schwarzen Schal über Kinn, Mund und Nase gezogen. Nur mein zorniger Blick war zu sehen.

»Wer ist da?«

»Ihre Strafe!«

Ich hatte die Szene hundertmal durchgespielt. Mir den Schrecken in ihren Augen ausgemalt und ihr Geschrei. Hundertmal hatte ich sie hektisch die Treppe herunterlaufen gehört. Und plötzlich machte mir eine von ihnen einfach die Tür auf. Ohne hinzusehen, ohne den Riegel vorzuschieben, ohne jede Vorsichtsmaßnahme. Als sie mich sah, schlug sie die Tür wieder zu. Ich stemmte die Schulter dagegen.

»Émilienne, ein Landstreicher!«

Von oben hörte ich einen Entsetzensschrei. Ein dreckiges Meckern. Die hässliche Stimme kannte ich.

Sie hatte Camille einen Päderasten genannt.

Da schlug ich zu. Mit dem Ellbogen auf die Gurgel. Sie fiel um. Ich lief ins obere Stockwerk. Die Deckenlampe im Schlafzimmer brannte.

»Mörder!«

Mit ausgebreiteten Armen stürzte sich die andere auf mich, die Finger wie Raubvogelkrallen. Ich sah weder Furcht noch Schmerz in ihrem Gesicht, nur Wut und Hass. Sie ohrfeigte mich, biss mich in die Hand. Ich quetschte ihren Kiefer. Packte sie an den Haaren und schleifte sie die Treppe hinunter. Behandelte sie, wie sie Camille misshandelt hatten.

Dann legte ich sie quer vor die Tür. Die andere hielt sich mit beiden Händen den Hals und atmete pfeifend durch den offenen Mund. Ich warf sie aufeinander. Wie zwei alte Stoffpuppen. Mit den gleichen wirren, verfilzten grauen Haaren, die ihnen bis zur Taille gingen, mit dem gleichen violetten Blümchenschlafrock, den gleichen abgenutzten Pantoffeln. Ich hatte genügend Seil mitgebracht, um sie zu fesseln. Und ihnen ein solches Entsetzen einzuflößen, dass sie für ihr Leben erstarrten. Nacheinander zerrte ich sie in den Garten. Die Jüngere an den Beinen, die Ältere am Kragen. Dann setzte ich sie Rücken an Rücken ins Gras und schnürte sie zusammen. Die Jüngere mit den angstgeweiteten Augen, die Ältere mit dem Killerblick. Wenn ich in ihre Reichweite kam, räusperte sie sich und spuckte mir ins Gesicht.

»Mistvieh!«

Ihre Schwester winselte, sie keifte. Schimpfen und Spucken waren ihre Verteidigungswaffen. Beide waren barfuß. Und schmutzig. Nicht von der fetten Erde oder dem nassen Gras, durch das ich sie geschleift hatte, nein, sie waren schmutzig, weil ungepflegt. Sie hatten sich gehen lassen. Ihre Hände waren gerötet, die Füße grau, die Nägel schwarz. Sie glichen einem Zögling nach drei Tagen Einzelzelle ohne Wasser und Seife. Die Jüngere gab sich geschlagen, ihr Kinn sank auf die Brust. Sie atmete fiepend, piepsend wie ein kleines Tier. Die andere hatte sich ein Gorgonengesicht zurechtgelegt, mit wildem Blick und schiefem Mund, von grauen Strähnen umzüngelt wie von Schlangen.

Fast hätte ich aufgegeben. Diese unendliche Müdigkeit. Zu viele Tränen. Zu viel Schrecken für nichts und wieder nichts. Und dann sah ich Camille an seinem Seil hängen. Die weißen Augen. Die graue Zunge.

Ich hatte zwei 20-Franc-Stücke mitgebracht. Ich wollte ihnen kein Geld stehlen, sondern welches dalassen. Die erste Münze legte ich in den Mund der Jüngeren und versiegelte ihre Lippen mit einem Klebeband, einem langen Zellulosestreifen, den ich ihr dreimal um den Kopf wickelte. Die Lefzen hochgezogen, die Nasenlöcher erweitert, versuchte die Ältere, mich zu beißen. Sie wackelte mit dem Kopf, um mir die Arbeit zu erschweren. Ich hielt sie an den Haaren fest. Sie spuckte die Münze aus. Wie ein wildes Tier. Ich stopfte sie ihr in den Hals. Dann knebelte ich sie und klebte das Band fest über ihren Mund. Es begann zu regnen, die ersten Tropfen fielen. Ich musste die Zeit abkürzen.

Ich kehrte ins Haus zurück, lief die Treppe hinauf und begann, Benzin zu verschütten. Aufs Bett, auf die Vorhänge, die Deckchen und die gestapelte Bettwäsche, die mein kleiner Knastbruder gewaschen und gebügelt hatte. Ich tränkte die

Bücher, die Strohstühle, die Kleider im Schrank, die Hüte, die Schuhe aus Tuch und Leder, die Haushaltsbücher, die offen auf dem Tisch lagen, und das große Ecksofa. Nahm das Kreuz über dem Eingang ab. Dann lief ich durchs Haus und legte überall Feuer, vom Speicher bis zu dem Weidenkorb an der Tür, in dem sie die Schirme abstellten. Im Schlafzimmer platzten die Scheiben. Ein mächtiger Luftzug. Die Flammen hatten ihre gesammelten Spitzen entdeckt. Die Explosion überraschte mich. Ich warf ihre Fahrräder ins Feuer. Und die mit Holzscheiten beladene Schubkarre.

Die Schwestern rührten sich nicht. Und protestierten auch nicht mehr. Sie saßen im feuchten Gras wie zwei Bestrafte und sahen in den roten Schein des Feuers. Ihre Fotos, ihr Geschirr, ihre Frühlingskleider, ihr kleines Stückchen Welt ging prasselnd in Flammen auf. Es war bestürzend. Einer der erschütterndsten Momente meines Lebens. Schrecken und Glück zugleich. Das Feuer reinigte das Hauptquartier des Verrats.

Ich ging zu den Schwestern hin. Die Jüngere hatte die Augen geschlossen. Die andere war tränenüberströmt. Ich hockte mich neben sie.

»Vor drei Jahren ist Camille Loiseau zu Ihnen geflohen«, sagte ich mit ruhiger Stimme und mattem Blick.

Die Jüngere sah mich an.

»Ja, Madame Derrien. Der kleine Camille, der sich an deiner Wäsche aufgerieben hat.«

In den Augen ihrer Schwester tanzten die Flammen.

»Dieser kleine Camille hat sich erhängt.«

So, kein Wort mehr. Nur das Wesentliche. Was hätte es jetzt noch genutzt?

Ich schwang mich in den Sattel, radelte ein paar Meter und bremste. Die Reifen knirschten im Kies.

Ich ging noch einmal zurück.

»Ich bin übrigens die Kröte.«

Der Himmel über dem Haus war rot.

»Sagen Sie ihnen das: die Kröte. Und ich schwöre Ihnen, sie werden es verstehen.«

Dann warf ich ihnen das Kreuz vor die Füße.

19.
IRREPARABEL

3. Mai 1937, 5 Uhr früh

»Hast du was angestellt?«

Sophie im Nachthemd in meinem Zimmer. Als sie hereinkam, steckte ich das Messer in meinen Gürtel. Sie war blass und verschlafen und machte sich Sorgen.

»Mein Gott, du riechst nach Benzin, Jules!«, rief sie entsetzt.

Ronan hatte eine Hose über den Pyjama gezogen.

»Was hat du angestellt, Decksjunge?«

Ich zog meinen Seesack wieder zu.

»Die Derriens. Sie haben Camille verraten.«

Sophie riss die Augen auf.

»Das hast du nicht getan, Jules!«

Ronan sah mich an.

»Was hast du getan, verdammt? Antworte, Decksjunge!«

Ich holte tief Luft.

»Ich habe ihr Haus angesteckt, das ist alles.«

»Das ist alles?«

Ronan ging auf mich los, packte mich an den Schultern.

»Du hast ihr Haus in Brand gesteckt?«

Ich nickte. Machte mich los.

»Ich gehe mit Pantxo.«

Sophie war sprachlos.

Ronan verstellte mir die Tür.

»Ist dir klar, was passiert, wenn das herauskommt?«

Ich erstarrte.

»Der Ausbrecher, den alle für tot gehalten haben?«

Sophie hatte sich weinend aufs Bett geworfen.

»Der Neffe von Ronan Kadarn?«

Er packte mich am Kragen.

»Der berühmte Neffe von Ronan Kadarn?«

Sophie zitterte.

»Du bringst uns noch um, Jules.«

Sie knetete ein Taschentuch in den Händen.

»Das fällt alles auf uns zurück.«

Ronan stand immer noch vor der Tür.

»Hörst du die Leute, Decksjunge? Die Kadarns?, werden sie sagen. Zwei Lügner und eine Engelmacherin!«

Ich senkte den Kopf. Er hatte recht. Aber Camilles Selbstmord hatte alles andere verblassen lassen.

»Haben sie dich erkannt?«

»Ich habe gesagt, ich bin die Kröte.«

Aus Stolz.

Sophie senkte den Kopf.

»Du bist verloren, und wir sind geliefert.«

»Aber ich war maskiert!«

Ronan lachte höhnisch.

»Großartig, er hat sich maskiert!«

»Außerdem habt ihr ja nichts damit zu tun.«

»Was haben wir?«, schrie Ronan. »Und wem verdankst du deine Freiheit, na? Uns! Deinen nützlichen Idioten!«

Er ging in die Hocke. Ließ sich an der Wand hinuntergleiten und setzte sich vor die Tür.

»Du hast recht«, sagte er schließlich müde. »Hau ab, Decksjunge. Geh mit Pantxo.«

Er sah zu mir hoch.

»Für dich ist hier Schluss.«

Ich schaute auf den Seesack in meiner Hand.

»Und ich verliere einen Rudergänger, einen Decksjungen, einen Freund und ein Kind.«

Sophie sah ihren Mann an, ohne ein Wort zu sagen. Ging zu ihm hin und setzte sich neben ihn auf den Boden. Ich auch. Da saßen wir alle drei vor meiner geschlossenen Zimmertür.

»Wir kriegen das schon irgendwie hin«, murmelte Sophie.

Sie hatte die große Hand ihres Mannes ergriffen.

»Diese Krähen kennen Jules nicht. Sie haben sein Gesicht nie gesehen. Und keiner kann eine Verbindung zwischen ihm und uns herstellen.«

Ronan hatte die Finger mit denen seiner Frau verschränkt.

»Stimmt, aber am Tag nach dem Brand ist der Neffe verschwunden?«

»Nein, nur zwei Fischer, die eine bessere Arbeit gefunden haben.«

Ronan lächelte.

»Das ist bestimmt gut für meinen Ruf!«

»Oder, viel besser: Sie wollten nach Spanien, um zu kämpfen! Und du hast sie nicht davon abbringen können.«

»Oder wollen«, murmelte Ronan.

Die Spannung war verflogen. Ja, so könnte es gehen. Jules Bonneau, der verschwundene Ausbrecher von Haute-

Boulogne, hat eines Morgens vom Tod seines Freundes erfahren und ist auf die Insel zurückgekehrt, um ihn zu rächen. Nie und nimmer hat er drei Jahre in einer Grotte versteckt gelebt. Irgendwie muss er es ans Festland geschafft haben und ist nur für seine Tat auf die Insel zurückgekehrt. Das ist die einzig mögliche Erklärung. Oder die Schwestern zeigen die »Kröte« an, aber niemand stellt die Verbindung her. Wer hat ihn denn Kröte genannt außer ein paar Kumpels und drei Schließern aus dem zweiten Block? Drei Jahre sind lang. Wer soll sich daran noch erinnern? Und dann: Was für eine Blamage, was für ein Eingeständnis! Hatten Gendarmerie, Justiz und Anstaltsverwaltung nicht vor aller Welt Stein und Bein geschworen, dass sämtliche Ausbrecher ohne Ausnahme geschnappt worden seien? Und jetzt so was? War denn alles gelogen? Hat man uns schlicht verschwiegen, dass die Kröte, ein Kapo, und zwar einer der schlimmsten, die Ermittler ganz einfach ausgetrickst hat? Kann es sein, dass er ungestraft die Region plünderte und zurückkam, um ein Verbrechen zu begehen, ohne dass ihn jemand dran hinderte? Unvorstellbar! Die Schwestern müssen da was falsch verstanden haben. Außerdem hat der Regen den Brand schnell gelöscht. Die Schäden sind beträchtlich, aber nicht bedeutend. Die Gemeindeverwaltung sollte den Derriens großzügig unter die Arme greifen, sie hätten es verdient. Genauso wie ihre Eltern, diese fleißigen Bauern und Patrioten. Das mit der Kröte war sicher nur ein Missverständnis. Ein Anruf bei der Lokalzeitung, ein Höflichkeitsbesuch beim Chefredakteur und ein paar bezahlte Anzeigen im Regionalteil, und dieses läppische Vorkommnis wäre vergessen. Hatte die Gemeinde nicht auch das Vorkaufsrecht für das legendäre Ackerland des alten Rolland, auf das die Schwestern schon seit Jahren spitzten? Und wären sie nicht genau die Richtigen dafür?

»Das ist alles nur Politik und Co.«, sagte die ältere Schwester oft verächtlich.

Und so würde sie es eben noch einmal sagen, und die Geschichte wäre erledigt.

20.
DIE ÜBERFAHRT

3. Mai 1937, 7 Uhr morgens

Schweigend öffnete Pantxo mir die Tür.

Ronan hatte einmal zu mir gesagt: »Ein Freund ist einer, der dich mitten in der Nacht reinlässt, ohne Fragen zu stellen.«

So war der Baske. Obwohl ich weder aus seinem Land noch von seinem Meer stammte, hatte er in mir einen Saufkumpan gefunden. Ich kam öfter bei ihm vorbei, wenn wir im Hafen lagen. Auf einen Cidre, einen Wein, einen Zwischenstopp oder eine Frage. An seinem Tisch hatte ich von meiner verschwundenen Mutter und meinem abwesenden Vater erzählt, von den Schrecken der Kindheit, der Brutalität der Anstalt. Ich hatte für ihn die Wärter nachgemacht, Le Goff mit dem fehlenden Arm, Toupet mit seinem Fifi und den hochnäsigen Direktor. Ich hatte ihm den Großen Ball vorgeführt, wie wir bis zum Umfallen barfuß auf dem Brett gingen. Ich hatte ihm vom Brand in Bruté erzählt. Zehnmal ließ er mich die Geschichte von unserer Rebellion und Flucht wiederholen. Von ihm erfuhr ich wenig. Vor zehn Jahren hatte er mit seinem Boot in der Biskaya Schiffbruch erlitten. Von den acht Fischern an Bord wurde er als Einziger gerettet, von einem Schoner aus Le Palais. Ein paar Wochen lang dachte er über seine Heimkehr nach. Dann traf er Ronan. Der nahm ihn an Bord. Dort fühlte er sich zu Hause.

Noch nie hatte ich so früh an Pantxos Tür geklopft.

Er sah mich an und verschwand.

»Kaffee?«

Ich sagte Ja und fiel auf einen Stuhl.

Er bemerkte meinen Seesack.

»Auch weg?«

Ja. Zwei Worte, ein Nicken.

»Weiß es der Käpt'n?«

»Ja, weiß er.«

Der Baske stellte zwei dampfende Tassen vor uns hin.

»Dann ist es ja gut.«

Er setzte sich mir gegenüber und goss zwei Schluck Schnaps in unsere Becher.

Dann ließ er den Blick durch sein Zimmer schweifen. Alles war verschwunden, die Dutzend Fotos an der Tür, die Landkarte seiner Provinz, auch das große bunte Wappen von Gipuzkoa, auf dem zwei mit Knüppeln bewaffnete Riesen drei Eiben beschützten. Er hatte sie sorgfältig abgenommen, die Wände, den Boden, die Kacheln am kleinen Fenster geputzt, sogar auf den Fußleisten Staub gewischt und alles wieder so in Ordnung gebracht, wie es vor zehn Jahren gewesen war, als Sophie ihm den Schlüssel übergab.

Sein Leben passte in einen großen Koffer und einen Seesack, die vor der Tür standen. Seit über einer Woche war er zur Abreise bereit. Vor unserem letzten Fischzug und bevor er mit Ronan gesprochen hatte. Schrank und Garderobe waren leer, er lebte mit zwei Garnituren zum Wechseln, Hose, Unterzeug, Fischerhemd, die lagen auf dem Tisch. Der Rest war zusammengefaltet, weggeräumt, eingeschlossen, und er hatte sich geschworen, nicht daran zu rühren. Sachen aus seinem Seesack zu nehmen hätte bedeutet, dass er aufgab. Und seine Genossen im Stich ließ, die überall vor den feindlichen Kugeln auf dem Rückzug waren.

Pantxo schaute auf die Uhr.

»Hast du deine Sachen gepackt?«

Alles. Ich war bereit.

Er bat mich vorzugehen. Nur Ronan würde uns auf der *Émile Solacroup* begleiten. Sophie musste um neun bei der Arbeit sein, und Alain konnte Abschiede nicht leiden.

Die Fähre legte um 7.50 Uhr in Belle-Île ab. Ronan wollte uns am Geländer der Anlegestelle treffen. Ich hatte dem Basken nichts von dem Brand bei den Derriens erzählt. Wie ich Ronan den Tod seines Schwagers verheimlicht hatte. Von Kindheit an bedeutete nicht über Dinge zu reden für mich, ihnen die Existenz zu nehmen. Ich verschwieg sie, und sie verschwanden von allein. Ich war ein Reisender Richtung Festland. Sonst nichts.

Zuerst sah ich Alain auf dem Quai. Er saß auf einem Karren, mitten in der Menge, hatte seine Mütze auf dem Knie und rauchte eine Zigarette. Er winkte mir. Aber bewegte sich nicht. Ich winkte zurück. Dann ballte er die Hand zur Faust und führte sie lächelnd zur Schläfe. Ich hätte ihn gern umarmt. Aber es ging nicht. Gendarmen patrouillierten am Anleger zwischen Koffern, Taschen und Weidenkörben. Glotzten jedem, den sie trafen, ins Gesicht. Stellten dem einen eine Frage, dem nächsten zwei. Die Passagiere schoben sich langsam den Kai entlang.

Ein Junge mit Schiebermütze rief die Schlagzeile des *Populaire* aus: »FRANKREICH UND ENGLAND EVAKUIEREN ZIVILBEVÖLKERUNG VON BILBAO!«

Pantxo war am Hafen angekommen. Er hatte dem Jungen zwei Exemplare abgekauft und gab mir eines.

»Für die Bullen ist einer, der Zeitung liest, weniger verdächtig als einer, der sie angrinst.«

Mit Strohhut und blauem Schultertuch hatte Sophie sich unter die Menge gemischt. Sie wischte mir mit dem Handrücken einen Fleck von der Stirn, knöpfte meinen Hemdkragen zu und fuhr mir mit drei Fingern durch die Haare. Dann hielt sie mich von sich weg, trat einen Schritt zurück und neigte den Kopf zur Seite.

»Gut, für diesmal geht's, Monsieur Bonneau.«

Dann umarmte sie mich am Kai wie eine Mutter. Und musste sich retten.

Sie weinte.

Ronan wartete geduldig zwischen zwei Gemüsegärtnern. Er war auf Pantxo zugegangen, hatte ihn angerempelt und ihm etwas in die Tasche gesteckt. Dann kam er zu mir. Ich stand mitten im Gedränge – auf die Fähre passten über zweihundert Leute – auf der abschüssigen Pier, die zur Gangway führte. Er schlängelte sich bis zu mir durch und steckte mir das grauorange Ticket der *Compagnie morbihannaise de navigation* zu.

Wir hatten verabredet, getrennt zu reisen. Ich sollte hinten auf den Bänken sitzen, in einer heiteren Truppe von Strohhutträgern. Pantxo würde nach oben gehen, unter das Stoffdach. Es sollte aber nicht regnen. Er könnte im Freien stehen. Ronan hatte beschlossen, vorn zu sitzen. Zweite Reihe, am Rand. Von dort aus sähe er das Festland als Erster. Das Schiff tutete. Die Sirene des Leuchtturms antwortete. Alle standen dicht aneinandergedrängt auf der Pier und schrien durcheinander. Ich war so eine lärmende Menschenmasse nicht mehr gewohnt.

Dann ging es endlich an Bord. Erst einmal steil bergab. Der Beton der Pier war noch rutschig vom letzten Hochwasser. Drei Gendarmen waren auf jeder Seite der Gangway postiert. Ich hatte den Kopf gesenkt und den Seesack über der Schulter.

Mein Herz war schwer und mein Bauch hungrig.

Jetzt brach ich wirklich aus.

Hunderte Male hatte ich vom Duft dieses grauschwarzen Rauchs geträumt, vom Kohlenstaub, der zwischen den Zähnen knirschte, vom Klang der Sirene, den Trossen, die der Reihe nach von den Pollern am Kai gelöst wurden. Von den Neugierigen, die sich am Ufer drängten, zum Abschied winkten und die gezogenen Hüte schwenkten.

Ich spürte, wie das Schiff sich bewegte. Die Zitadelle, die Anstaltsgebäude, in der Ferne die Fischauktionshalle, die Lager, die Häuser der Fischer. Zehn Jahre. Vom 16. Mai 1927 bis zum 3. Mai 1937, fast zehn Jahre lang, war ich vom Ozean eingeschlossen gewesen. Davon sieben hinter Mauern.

Mein linkes Bein begann zu zittern. Ich ließ mir nicht die kleinste Schrunde in den Klippen entgehen, nicht den Schatten einer Grotte, kein einziges Sandkorn von den Massen, die so schwer zu schleppen waren. Als wir die Mole und die Hafenmeisterei passiert hatten, wurde der Ozean so wild, wie ich ihn liebte. Die Wellen spielten mit uns. Das Schiff tanzte. Wie schön! Um das Festland zu schätzen, muss man die wankelmütige See kennen. Dieses Unendliche, das sich uns stets entzieht, das unter dem Kiel verschwindet oder sich auf den Vorsteven stürzt wie ein wilder Stier. Die ganze Zeit hatte ich gehofft, ihm zu begegnen, diesem Ozean, in diesem einen Wind, dieser besonderen Strömung, in seiner ganzen Gewalt. Nicht dem, was wir uns hinter hohen Mauern über ihn ausdachten, sondern ihm persönlich. Diesem brüllenden Grau, das unser Boot mit seinen Meerarmen erdrücken könnte, zerbrechen und zu Kleinholz verarbeiten, um den Scheiterhaufen unserer Eitelkeiten anzufachen.

Dann stand ich auf. Stützte mich auf die hintere Reling. Sah zu, wie die Küste sich entfernte. Sich in die Wellen stürzte und versank. Ringsum nur noch Wasser. Überall. Kein Land in Sicht, keine Mauer, nichts. Nur der grenzenlose Himmel und das graue Meer.

Ich schloss die Augen. Ich war glücklich und stolz, unglücklich und traurig und alles zugleich. Ich hatte Camille nicht retten können, genauso wenig wie irgendeinen anderen meiner Gefängnisgenossen.

In meinem Bauch fühlte ich den Zorn grollen.

21.
DER ZINNSOLDAT

Kein Gendarm überwachte die Ankunft der Fähre in Port-Haliguen. Ein weißer Leuchtturm, eine Pier aus großen Steinen, ein paar Stufen. Kein Bulle, kein Richter, kein Wärter.

Lauter Passanten.

»Hier ist Hauptmann Dreyfus nach seiner Rückkehr von der Teufelsinsel von Bord gegangen«, hatte Alain mich gewarnt.

»Und hier wird Jules Bonneau nach seiner Flucht aus der Anstalt von Bord gegangen sein«, hatte ich erwidert.

Daraufhin verzog Alain das Gesicht.

Einmal hatte ich ihm vorgeworfen, dass er sich stets mit Giganten umgab.

»Das erhebt mich«, sagte er.

»Und uns zieht es runter.«

Ein kleiner Mann erwartete Pantxo.

Der gab ihm wortlos die Hand, bevor er sich mir zuwandte.

»Zeit für den Abschied, du Räuber.«

Seine Augen unter der riesigen Baskenmütze wurden feucht. Er breitete die Arme aus, und ich flüchtete mich hinein.

Er schob mich sanft zurück.

»Wirst du nach Barcelona gehen?«, fragte ich.

Er lachte.

»Militärgeheimnis.«

Dann schüttelte er den Kopf.

»In Barcelona schießen uns die Stalinisten in den Rücken.«

Ich legte ihm die Hand auf die Schulter.

»Komm mit mir nach Paris!«

Er lächelte.

»Ich bin ein Kämpfer, ein *gudari*, kein Flamencotänzer.«

Er breitete die Arme aus, spreizte die Finger und klapperte mit seinen eisenbeschlagenen Sohlen ein paar Schritte auf dem Boden. Er tanzte gut. Lachend zwinkerte er mir zu.

»Ich werde die Falangisten das Tanzen lehren.«

Dann gab er mir die Hand. Sah mir in die Augen. Nahm sein schwarzes Tuch ab und band es mir um den Hals. Ich fand ihn sehr schön, sehr rein. Und sehr verletzlich mit seinem kindlichen Lächeln. Die Typen mit ihrem »Viva la muerte!« auf den Lippen würden Hackfleisch aus ihm machen.

Ronan begleitete mich noch zum Bahnhof. Er trug sogar meinen Seesack, um mir eine Rolle Tausender hineinzustecken. Wir gingen über den Strand, als ob er wollte, dass ich meiner Arbeit auf See nachtrauerte oder ein letztes Mal den Ozean genoss. Der mit vollen Gabeln gesammelte Seetang, die braven Pferde, die mit Meeresalgen beladenen Karren.

»Riechst du es, Decksjunge? In Paris wirst du diesen Duft vermissen!«

Wir beschlossen, uns auf halbem Wege zu trennen. Zwischen quietschenden Karren, Frauen mit Schürze, an der Ecke eines plumpen Granitgebäudes. Auf dem Gehweg, neben der Korbflechterin mit ihren Weidenkörben. Es sollte nichts Tragisches haben. Auch nichts Theatralisches. Diese Straße in Quiberon war uns ganz recht. Sie würde unsere Trauer übertönen, wie der Regen die Tränen ertränkt. Ronan wusste, dass ich seit zehn Jahren von dieser Straße träumte. Mit geschlossenen Augen in einer verriegelten Zelle. Ich sollte sie allein entlanggehen, als freier Mann.

»So, jetzt.«

Er nahm mich in die Arme. Lange.

»Weißt du, warum ich dir am ersten Tag die Hand gegeben habe?«

Nein, das wusste ich nicht.

»Damit du die Faust öffnen musst.«

Ich lächelte.

Er sah mich schweigend an. Wie in der ersten Nacht auf dem Kutter, nachdem er mich entwaffnet hatte. Dann drehte er sich um, setzte sich in Gang, zögerte, blieb stehen, wühlte in seiner Jackentasche. Kam zurück mit einem von Alexandres Zinnsoldaten in der Hand. Dem kleinen französischen Gemeinen, der mit Helm und aufgepflanztem Bajonett in die Schlacht zieht.

Er hielt ihn mir hin.

»Da, Sohn, er gehört dir.«

Eine blöde Träne versengte mein Lid.

22.
BRIEF AN DEN DEUTSCHEN, DER MICH ERSCHIESSEN WIRD

Sonntag, 13. Dezember 1942

Du wirst heute niemanden töten, Deutscher, weil keiner mich beklagen wird.

Meine Mutter hat mich verlassen, mein Vater mich weggegeben.

Mein einziger Freund hieß Camille, und den hat Frankreich mit achtzehn gehängt.

Wenn du mich erschießt, tust du Frankreich nicht weh.

Denn Frankreich scheißt auf mich.

Ich habe nicht für Frankreich gekämpft, sondern gegen dich. Weil du das übelste Schwein bist.

Mein Frankreich, musst du wissen, ist ein bretonischer Fischer, eine Krankenschwester, ein Kommunist, ein baskischer Bruder und ein Feldhüter aus der Mayenne.

Sie sind meine Heimat. Sie haben mich verstanden, unterstützt und beschützt.

Das andere Frankreich, das Frankreich der Anständigen, wird dich eines Tages rausschmeißen.

Und was wird aus mir am Tag des Sieges?

Für die Kröte ist kein Platz beim Großen Ball der Trikolore.

Weißt du was, Deutscher? Frankreich wird sich bei dir bedanken.

Weil du ihm seinen miesen Job abnimmst.

Du produzierst keinen Helden für Frankreich, befreist es aber von einem kleinen Gauner.

Und ich, Deutscher, trete dich in den Arsch!

Jules Bonneau, im Gefängnis von Rennes

EPILOG

Im Januar 1942 wird Jules Bonneau von einer Patrouille der deutschen Armee festgenommen, als er in der Rue de Robien in Rennes kriegswichtige Telefonkabel durchtrennt.

Unter der Folter der Gestapo wird er zwei versuchte Brandstiftungen gestehen (gegen das Comité d'action antibolchevique in der Rue Chalotais und gegen das Rekrutierungsbüro der Waffen-SS am Boulevard de la Liberté) und einen Anschlag auf einen Hochspannungsmast in Chavagne.

Er erklärt, allein gehandelt zu haben, ohne Verbindung zur Résistance.

Am 14. Dezember 1942 wird er an einem Ort namens La Maltière in Saint-Jacques-de-la-Lande erschossen.

Er wurde 28 Jahre alt.

DANKSAGUNGEN

Dank an Sophie und Ronan, die Besitzer von Longue-Vue, einer Buchhandlung in Le Palais.

Dank an Alain und Pantxo, Brüder aus Irland und Euskal Herria.

Milesker an Sandra, Schwester des *Irrintzina*, des wilden baskischen Freudenschreis.